河南博物院

院刊　Henan Museum Journal

第四辑

河南博物院　编

中原出版传媒集团
中原传媒股份公司

大象出版社
·郑州·

图书在版编目（CIP）数据

河南博物院院刊.第四辑／河南博物院编.—郑州：
大象出版社，2021.7
ISBN 978-7-5711-1079-6

Ⅰ.①河… Ⅱ.①河… Ⅲ.①博物馆-河南-丛刊
Ⅳ.①G269.276.1-55

中国版本图书馆CIP数据核字(2021)第116691号

河南博物院院刊（第四辑）
HENAN BOWUYUAN YUANKAN(DISIJI)

河南博物院　编

出 版 人	汪林中
责任编辑	郑强胜
责任校对	安德华
装帧设计	王　敏

出版发行	大象出版社（郑州市郑东新区祥盛街27号　邮政编码450016）
	发行科　0371-63863551　总编室　0371-65597936
网　　址	www.daxiang.cn
印　　刷	河南瑞之光印刷股份有限公司
经　　销	各地新华书店经销
开　　本	890 mm×1040 mm　1/16
印　　张	10
字　　数	222千字
版　　次	2021年7月第1版　2021年7月第1次印刷
定　　价	125.00元

若发现印、装质量问题，影响阅读，请与承印厂联系调换。

印厂地址　武陟县产业集聚区东区（詹店镇）泰安路与昌平路交叉口
邮政编码　454950　　　　电话　0371-63956290

《河南博物院院刊》编委会

主　任：万　捷　马萧林

委　员：（按姓氏笔画排序）

丁福利　王海锋　左俊涛　史自强　冯　威

司秀琳　刘振江　刘　康　李政育　李　琴

张得水　张建民　武　玮　林晓平　单晓明

荆书剑　信木祥　徐　雷　龚大为　葛聚朋

翟红志

主　编：马萧林

副主编：张得水　武　玮

编　辑：向　祎　王莉娜　贺传凯

宋学义（狼牙山五壮士之一）华北解放纪念章

直径 3.8 厘米

河南博物院藏

目录 | CONTENTS

庆祝中国共产党成立100周年专题

001　英雄主义的赞歌
　　　——福建博物院"英雄的鲜血染红了它——革命先驱遗书展"
　　　策展综述　　　　　　　　　　　　　　　　　　张焕新

009　谈郑州存续的"二七"力量　　　　　　　　　　张　超

019　多媒体交互设计在革命旧址展陈中的策略及应用
　　　——以八路军驻洛办事处旧址为例　沈天鹰　李　婧　孔翠婷

025　河南扶沟发现的吉筠亭先生事略碑　　　　　　　周建山

考古探索

030　夏商时代中原地区东方文化因素分析　　　韩佳佳　缪小荣

文物品鉴

041　中国国家博物馆藏信阳长台关楚墓出土青铜器再认识　于　璐

053　豫西北黑陶小镇盆窑老君庙舞楼及舞楼碑刻考　　牛永利

060　画中有戏，画外"有戏"
　　　——陈子庄《豫剧状元打更》背后的画艺与哲思　胡　蔚

068　山西寺庙"皇帝万岁"碑额源流考
　　　——兼论古代祝圣文化　　　　　　　　　　　侯婷楠

史学发微

084　基于史书记载的伊尹传说考证　　　　　　　　　许小丽

博物馆学

089 试论高质量发展语境下的博物馆教育品牌战略
　　　　　　　　　　　　　　　　　　　　丁福利　丁　萌

096 以人为本　以用为本
　　——论博物馆人才管理　　　　　　　　司秀琳

113 博物馆创新与发展的实践与研究
　　——以内乡县衙博物馆为例　　　　王晓杰　闫子琦

121 浅谈文物视频供给侧服务
　　——河南博物院《中原藏珍》系列短片摄制推送的实践与思考
　　　　　　　　　　　　　　　　　　　　　　　王文析

130 馆藏图书资源建设与开发案例研究
　　——以中国现代文学馆作家文库为例　　　　姚　明

135 黄河流域博物馆体系建设的若干思考　　　　薛　华

文化遗产与保护

140 彩色3D打印技术应用于古陶瓷修复的初步研究
　　　　　　　　　　　戴维康　卜卫民　张珮琛　宋　宁

147 河南省馆藏纸质文物病害现状调查　　金玉红　曹　晋

英雄主义的赞歌

——福建博物院"英雄的鲜血染红了它——革命先驱遗书展"策展综述

张焕新
福建博物院

> **庆祝中国共产党成立100周年专题**

摘要：为庆祝新中国成立 70 周年（2019 年）和中国共产党成立 100 周年（2021 年），福建博物院成功举办了"英雄的鲜血染红了它——革命先驱遗书展"主题展览。本文通过对展览筹备的回顾、梳理、分析与研究，旨在进一步探索并丰富革命历史题材的展览呈现方式。

关键词：展览策划；革命历史；遗书

一、一封遗书 一次策展

福建博物院拥有 12 万余件的馆藏革命文物和红色文物，其中"黄花岗七十二烈士"之一林觉民的《与妻书》，是一件入选大陆及台港澳教科书的"明星藏品"和"镇馆之宝"，也是一封感人至深、催人泪下的伟大情书和革命遗书。

经过一年多的酝酿和创作，"英雄的鲜血染红了它——革命先驱遗书展"于 2019 年 9 月 30 日在福建博物院隆重启幕。（图 1，图 2）展览以林觉民《与妻书》为切入点，汇聚全国各地的一批遗书珍品，将文

图1 展览序厅

图 2 展览板

图 3 展览场景 1

图 4 展览场景 2

图 5 展览场景 3

图 6 展览场景 4

字背后的历史背景、人物情怀进行全面铺陈与深入解读，凸显大时代下人物的命运、信仰与抉择，彰显中华民族自古以来的家国情怀、脊梁精神及中国共产党领导下的光明之路，作为新中国成立70周年和建党百年的独特纪念。（图3，图4，图5，图6）

"三年以来，在人民解放战争和人民革命中牺牲的人民英雄们永垂不朽！三十年以来，在人民解放战争和人民革命中牺牲的人民英雄们永垂不朽！由此上溯到一千八百四十年，从那时起，为了反对内外敌人，争取民族独立和人民自由幸福，在历次斗争中牺牲的人民英雄们永垂不朽！"这是人民英雄纪念碑上的碑文，也是这个展览所要表达的精髓。

展览共展出来自中国国家博物馆、中国人民革命军事博物馆、重庆中国三峡博物馆、湖南省博物馆、东北烈士纪念馆、南京市雨花台烈士陵园管理局、江西省革命历史纪念堂等在内的十余家收藏单位的18件文物和23件当代知名人士的配套文章，以毛泽东诗词"人间正道是沧桑"等四句传唱歌词为开篇，从名人感悟的视角，满怀深情地介绍了为民族复兴呕心沥血的革命先驱，以及他们眼中的家国、亲情、友情和民族救亡与振兴大业。

展览共分四个部分："人间正道是沧桑"板块，介绍了林则徐、严复、林觉民三位先驱生平事迹及三封家书（图7）；"英特纳雄耐尔就一定要实现"板块，介绍了陈觉、赵云霄、何叔衡、杨开慧四位革命烈士生平事迹和四封遗书（图8）；"把我们的血肉筑成我们新的长城"板块，介绍了赵一曼、陈嘉庚、彭林初、周执中四位革命先驱生平事迹及四封遗书；"共和国的旗帜上，有我们血染的风采"板块，介绍了江竹筠、冼星海、程白沙等四位革命先驱生平事迹和四封遗书（图9）。除了上面的主体部分，还设计了一个"特殊板块"，展出了新中国成立后杜凤瑞（河南籍）、何文约、林世良、胜军四位英雄的生平事迹和遗书家信，介绍革命先驱遗志的传承。

二、精挑细选　精心打磨

革命遗书可广义理解为特殊背景下革命先驱遗留下来的书信，既包括英雄烈士的绝笔、告白，也包括革命先驱的家书、诗作和文章等。

展览从一开始便放眼全国，在众多的博物馆、档案馆和革命纪念馆中开展前期调研摸底，调查

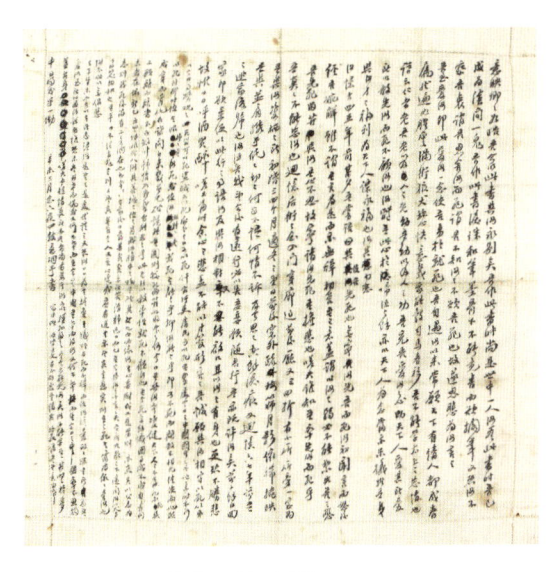

图7　展品——林觉民《与妻书》

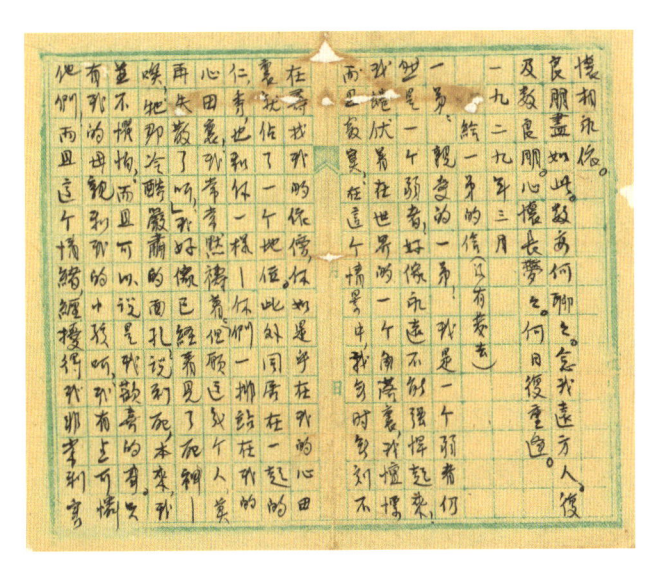

图8　展品——杨开慧《给一弟的信》

图9 展品——江竹筠《狱中给亲友的信》

寻找了近百封革命遗书，再从中精选了知名度较高、故事性和感染力较强的18封文物藏品，组织撰写陈列大纲，多次邀请全国博物馆专家进行论证。

一场场的研讨，一次次的论证。从最初概念的提出到展览标题的确定，从语言修辞的精简凝练到陈列形式的构思编排，从展品的精挑细选到细节的精心打磨，反映出无处不在的"工匠精神"。

在内容策划上，将展览分为四个部分，独具巧思地以"人间正道是沧桑""英特纳雄耐尔就一定要实现""把我们的血肉筑成我们新的长城""共和国的旗帜上，有我们血染的风采"等四句取自《七律·人民解放军占领南京》《国际歌》《国歌》《血染的风采》等经典诗和歌曲的歌词串联起陈列文本，将不同人物的遗书如同跳动的音符点缀其间，分别表现福建籍革命先驱的家国情怀、共产党人的坚贞信仰、抗日战争时期全民族的救亡决心、永不褪色的红色主旋律等四大主题内涵，歌颂人民英雄永垂不朽之精神。

在层次表达上，以当下视角对展品进行解读，实现跨时空对话，产生二元展品，促成了一个不一样的展览，从而打破博物馆传统革命题材展示的刻板印象。针对每份遗书，面向社会各界展开致敬先驱的征文活动，其中包括烈士后代，全国劳动模范，文博专家单霁翔、罗静，艺术家范迪安（图10），知名艺人张国立（图11），作家徐贵祥，音乐家印青，奥运会冠军侯玉珠，媒体工作者于蕾、鞠萍、董倩、崔永元，侨领许荣茂，排雷英雄杜富国以及海峡两岸的在校大学生。他们用真挚的笔触抒发敬意，形成对历史的呼应，作为遗书展的辅助展品同框展示，串联起过去与当代的时代脉络，引起当下社会的更多思考和关注，更彰显出一脉相承的精神传承。

在形式设计上，以简洁庄重为主旨。灵活运用灰、蓝、黄、红等色调于各个区域，营造革命热情、慷慨悲歌、深沉缅怀等不同的情绪氛围。

在展线安排上，考虑动线流畅及观展的舒适度，并预留一定空间，用于开展重温入党誓词、向福州市文林山革命烈士陵园捐款等主题活动，以提升展览的仪式感和观众的参与度。

在综合运用上，以雕塑、场景等辅助手段烘托氛围，版面丰富翔实并与文物合理搭配。运用视频播放等辅助电子设备虚拟展示，以提升展览内容及背景知识的深度与广度。（图12，图13，图14）

展览期间相应开展了"不忘来时路——爱国主义教育宣讲"活动。由讲解员和志愿者组成宣讲团，将展览主要内容重新串联，为"双百活动"签约学校、社区及部队、企事业单位开展宣讲。以主题宣讲的形式解读文物背后的故事，

图10　范迪安致敬林则徐

图11　张国立致敬杨开慧

图12　展览雕塑

图13　标语段落

图14　展览主厅

使观众感受到革命先驱对理想和信念的执着追求。（图15，图16，图17，图18，图19，图20，图21）

利用"五馆服务工程"全面推送展览内容。福建博物院创新打造的"纸上、网上、空中、地铁、空港"五位合一的全媒体平台，即"五馆服务工程"合力展示介绍展览内容，让观众可以最快最近地接触到展览。同时配套进行文创产品和语音互动产品开发，调动观众现场有奖背诵展品遗书内容，拓展并传递更多的信息要素，提升展览的延伸效应。（图22，图23）

图 15　开展爱国主义宣讲活动

图 18　民众观展

图 16　部队参观

图 19　学生参观

图 17　党建活动

图 20　重温入党誓词

图21 观众留言

图22 文创产品——情侣对表

图23 文创产品——与妻梳

三、革命先驱如是说

广州起义前夜，林觉民在方帕上写下《与妻书》，在生命即将终结时写下对妻子最后的爱情告白和人生告别："吾今以此书与汝永别矣。吾作此书时，尚是世中一人；汝看此书时，吾已成为阴间一鬼。"当家中的妻子看到书信时，他俩已是阴阳相隔……"吾自遇汝以来，常愿天下有情人都成眷属；然遍地腥云，满街狼犬，称心快意，几家能彀？司马青衫，吾不能学太上之忘情也。语云：仁者'老吾老，以及人之老；幼吾幼，以及人之幼'。吾充吾爱汝之心，助天下人爱其所爱，所以敢先汝而死，不顾汝也。"他说，他是因为她，因为爱她的深挚意念，才有勇气舍小家救大家，帮助天下人去爱他们所爱的人……其对妻子的深情笃意，令人感动，几欲为之落泪断肠。

陈觉和赵云霄是一对革命伴侣，一双人两封信。93年前，他写下诀别书，与挚爱的妻子永诀："……前日父亲来看我时还在设法营救我们，其诚是可感的，但我们宁愿玉碎却不愿瓦全。……谁无父母，谁无儿女，谁无情人！我们正是为了救助全中国的父母和妻儿，所以牺牲了自己的一切。我们虽然是死了，但我们的遗志自有未死的同志来完成。大丈夫不成功便成仁，死又何憾！"92年前，她写下绝笔信，与刚满月的女儿永别："……小宝宝，你是民国十八年正月初二日生的，但你的母亲在你才有一月有十几天的时候，便与你永别了。……小宝宝，我很明白地告诉你，你的父母是共产党员，且到俄国读过书（所以才处我们的死刑）。……我的启明，我的宝宝，当我死的时候你还在牢中……"这对革命伉俪以烈士之姿存留于我们的历史，告诉后人共产党人的大义凛然与永不屈服。时至今日，他们依旧是我们值得讴歌的榜样。

四、致敬者如是说

《中国诗词大会》第四季总冠军、北京大学博士生陈更在致敬林觉民的文章中说："……语言在这样的大爱与深爱之前是苍白的，每个人都可以与爱人白头偕老而不必诀别的我们，看到这份'泪珠和笔墨齐下，不能竟书而欲搁笔'，只有无限的敬意与感动，并不禁要思索，这英雄换取的太平盛世，我们该如何好好守护？"

中央广播电视总台《国家宝藏》制片人、总导演于蕾在致敬何叔衡的文章中感慨："……是啊，我们能学得否？那一代人，既热爱生活，又充满理想；既深谙中国历史，又能笃学西方；既能阔谈理论，又愿亲身践行……古人所说，修身、齐家、治国、平天下，从何叔衡这一代革命者身上，我们又看到了映照。以柔情之心齐家，以赤子之身许国。今天的我们，当认真思索，要从他们身上学得什么？这或许才是我们今天再次打开这封信的最大意义。"

中国作家协会副主席徐贵祥在致敬对越自卫反击战中牺牲的烈士林世良的文章中写道："……林世良牺牲了，我还活着。作为他的同龄人和战友，我比他多活了这么多年，可是这么多年里，我都做了些什么？我没有成为英雄，也没有成为烈士，那就让我拿起笔来，好好地写写他们吧，用他们的精神照亮今天的世界。让他们九泉之下得到告慰，他们的战友，还在战斗。"

五、观者如云，好评如潮

一件文物成就一个精彩的展览，一批遗书引发时代最动情的思考，一组旋律咏唱先驱舍生取义的情怀。

展览一经推出，便获得中宣部"学习强国"推荐，并入选国家文物局2020年"弘扬传统优秀文化，培育社会主义核心价值观"主题展览项目重点推介名录，同时被确定为福建省委2021年党史学习教育参观学习点，成为"不忘初心，牢记使命"主题教育和机关团体开展党建活动、传承红色基因的重要学习阵地，成为"网红"打卡处，每天观众络绎不绝。

本展览艺术化地表现革命历史题材，展示了革命先驱有血有肉、有情有义的本性以及字里行间流露出的革命坚毅，凝练了时代精神，唤醒人们对往昔革命情怀的追思和探究，从而凸现质朴而真实的爱国思想之本源，以真挚的情感感动观众，使观众受到集思想性、艺术性、观赏性于一身的沉浸式教育。

谈郑州存续的"二七"力量

张 超
郑州二七纪念馆

摘要：1923年京汉铁路工人大罢工是中国共产党领导的第一次工人运动高潮的顶点。由此沉淀下来的"二七"文化对郑州城市有着特殊的意义。郑州是京汉铁路工会成立大会的策源地，亦是"二七"惨案发生后京汉全线首个恢复工会组织的城市。持续奋斗的郑州人民将"二七"力量化作城市精神的象征。中华人民共和国成立后，郑州城市行政区划设置有二七区，将长春路更名为二七路，在城市中央修建二七广场、二七纪念塔和纪念堂，物化了郑州人民对"二七"力量的记忆和情感，也成为鼓舞一代代郑州人民奋勇前进的不竭动力。

关键词："二七"力量；郑州；中国共产党；城市力量

"二七"文化源于百年前的京汉铁路工人运动，它标志着无产阶级以一支独立的政治力量登上历史的舞台；它书写了中国民主解放史上最光辉的一页，为广大劳动人民发出历史上最强音，对中华民族革命、解放、迈向自由、民主、文明的社会主义社会具有里程碑的意义。

20世纪初，在共产主义思想、民主主义和劳工神圣等文化思潮影响下，处于半殖民地半封建社会的中国日渐苏醒，中国共产党领导的工人运动风起云涌。1922年至1923年京汉铁路工人联合起来，向官僚资本主义、封建军阀多次提出提高劳动待遇、获取自由权益的要求，用罢工游行等方式去争取工人阶级本应属于自己的权益。他们不曾因胜利而骄傲，不曾因失败而懊丧，总是再接再厉，更广范围地发动工人阶级联合起来，为自己的阶级，为自由和人权奋斗。京汉铁路工人们能从某站的机务组合发展到全路铁路工人的组合，在1923年2月7日军阀武力镇压铁路工人即"二七"惨案发生后，他们依然在逆境中孕育自己的阶级力量，秘密开展总工会活动，并于一年后重组京汉铁路总工会，组建"中华全国铁路总工会"，实现了中国工人阶级、世界无产阶级联合体的进一步扩大，中国无产阶级以铁路工人为代表，为中华民族自由、解放奋斗。铁路工人的团结力因每一次的斗争变得更加坚实稳固，工人在革命斗争中的政治地位不断攀升。

一、"二七"力量的雏形

20世纪初，随着多项不平等条约的签订，我国进一步陷入半殖民地半封建社会的深渊。1911年辛亥革命宣告清政府统治结束，中华民国成立。受民主思想的影响，在半殖民地半封建社会体制下的中央政府，形式上打着西方君主立宪制与民族共和制的招牌，但中国民族资产阶级由于软弱与趋炎附势，未能真正掌握政权。人民大众在苦难中愈陷愈深。20世纪20年代我国铁路工人达13.9万人。[1] 在中国共产党的领导下，铁路工人通过组织游行、罢工、谈判，与官僚军阀等势力对话，这种运动方式与交涉谈判过程就是工人阶级争取自由与人权的革命斗争，也是在这样的斗争中，工人阶级更大更广范围地联合起来，愈发团结形成一股强大的政治力量。

（一）京汉铁路工人受三重盘剥与压迫，劳动待遇极差

20世纪初，京汉铁路工人在经济上不仅仅承受资产阶级、封建军阀的盘剥，更是国家和民族主要矛盾的受害者。鸦片战争以后的中国社会主要矛盾为帝国主义与中华民族的矛盾、封建主义与人民大众的矛盾。帝国主义与中华民族的矛盾具体体现在帝国主义国家对我国领土、经济、资源、劳动力的觊觎，由于政府软弱无能，加上军阀割据等多重因素，我国被迫签订了多项不平等条约。在政府无能于政治与主权的前提下，不平等条约的承载方转嫁到劳苦大众身上。就京汉铁路修建与运营，分别于1887年4月和7月签订了《芦汉铁路借款合同》《芦汉铁路借款续增合同》，1888年5月签订了《芦汉铁路行车合同》。在当时的社会机制中，这些不平等条约内容本质上受迫害的是社会底层的劳动人民。条约中涉及的经济利益包括京汉路筑路本金、利息等均需从铁路运行产出中供给，而铁路修筑和运营主要的劳动者为工人阶级，因此背负国债、偿还国债的是京汉铁路的工人阶级。与此同时，全国军权涣散、军阀割据，多省所需军饷由京汉铁路盈余供给。仅1922年下半年，交通部供给军阀吴佩孚项下款项多达214.1万元，供给曹锟项下多达172.4万。[2]

作为官僚资本主义的铁路当局管理层薪酬收入与京汉铁路工人收入对比，其悬殊令人瞠目。据1918年交通部铁路法规草案中《国有铁路局局员月薪等级表》统计：局员共分为49个等级，最高一级享有月薪800元，向下一至七级，每级减少50元；八至十一级，每级减少25元；十二至十六级，每级减少20元；十七至二十二级，每级减少15元；二十三至三十三级，每级减少10元；三十四至四十九级，每级减少5元。最低级即四十九级局员月工资为20元。然而，京汉铁路工人1922年平均工资仅为16.91元，1923年仅为18.82元。[3] 工资水平远不及局员最下限。

因此，京汉铁路工人在经济上承受的是来自帝国主义、封建军阀、官僚资本主义的三重压榨和剩余价值盘剥。

（二）京汉铁路工人的人权被禁

京汉铁路工人人数在全国各条铁道线路中最

多，达 2.4 万人，占全国铁路工人人数的 17%。但其福利待遇、生活条件较之中东铁路、南满铁路有较大差距。除工资低于这两条线路外，劳动时长也形成较大反差。中东铁路工人每日工作 8 小时，每年给带薪假一个月；南满铁路为 9 小时，每周休息一日，计半日工资。京汉铁路工人每日工作 10—12 小时，每两星期给一天带薪假，全年给十四天官假。按全年 365 天计，核算工作时长，中东铁路工人全年工作 2680 小时；南满铁路工人 2925 小时；京汉铁路工人 3250—3900 小时，约比中东铁路工人多出三分之一。可见，京汉铁路工人最多，工人们被长时间大负荷的劳动限制了自由，过着近乎奴隶的生活，人权更无从谈起。

封建主义与人民大众的矛盾是当时社会的主要矛盾。它不仅仅是对劳苦大众劳动力的压迫，更多是对无产阶级劳苦大众思想的禁锢和人权的蔑视。从 1922 年至 1923 年京汉铁路工人运动提出的诉求中可以看出，京汉铁路工人丧失基本劳动权益，事事被铁路管理方苛责欺凌。工人们团结起来向资本家请愿。面对工人提出的诉求，关于晋级、升资的请求，京汉铁路管理局回复均以"择优""呈请酌加"字样加以搪塞。面对"凡工人因工受伤者，在患病期间，应该发给工薪等情"，铁路管理局批复："此系本局定章，向无扣薪之事。"[4]

综上所述，京汉铁路工人的生活条件、劳动保障极为低下，劳动力极其廉价；住宿处于颠沛流离状态，寥寥无几的工资被克扣，极少的假期被剥夺，没有知情权，被肆意殴打谩骂等，工人生存现象反映出当时社会根深蒂固的"封建"性质。京汉铁路工人生活在水深火热中，丧失基本人权和自由，社会地位卑微，环境动荡、无规可循、无法可依，唯有联合起来才能寻得"生"的出路。

（三）党领导的京汉铁路工人大罢工

中国共产党十分重视铁路工会的发展。1921 年 11 月，中共中央局发布《关于建立与发展党团工会组织及宣传工作等》的公告，决议"以全力组织全国铁道工会，上海、北京、武汉、长沙、广州、济南、唐山、南京、天津、郑州、杭州、长辛店诸同志，都要尽力于此计划"。[5] 共产党本身及其工会组织在当时不能合法公开，因此这一时期中共党员的工人运动工作大多秘密进行，以教育界人士或新闻记者身份开展活动。此外，共产党还利用军阀间的矛盾发展自身。直奉战争后，直系军阀胜利，奉系军阀失败，交通系内阁倒台，吴佩孚为了收买人心，提出了"保护劳工"的政治主张，同时为了扩大在铁路上的影响力，试图利用铁路工人支持的共产党与交通系争夺，铲除异己。"共产党当时北京党部明知道吴佩孚的利用，然而亦乐得相互利用一下，因为在铲除交通系这一点上对于工人阶级是有利的"[6]，于是李大钊向吴佩孚御用内阁介绍六名共产党员，分任京汉、京奉、京绥、陇海、正太、津浦六条铁路的密派员，由他们直接推进铁路工会的发展，并考察铁路上的积弊，淘汰旧交通系的职员，以便时任交通总长的高恩洪能补进新人员，来实施对铁路的控制。实际上共产党借此暗中发展自身组织，帮助工人建立俱乐部，并领导工人阶级斗争。李大钊同志推荐的六名共产党员被吴佩孚任用后，在铁路上可免费乘车，方便中共党员在各地来往，且"这六个密查员对交通虽是有固定的人名，但出发各路可换别的同志"，每月百元以上的薪水除一定的生活费外都交给党部，用作工人运动的经费。因此，中共在铁路上的工作得以顺利发展，尤其是京汉铁路沿线，基本上都成立了工人俱乐部，共有十六个之多，为之后京汉铁路工人运动建立了相当的基础。[7]

在各地工会建立后，中国共产党也开始积极推动铁路总工会和各地区工团联合会的建设工作。在中国劳动组合书记部的支持下，各地工会中组织最健全的京汉铁路工会经过三次筹备会议，决定于1923年2月1日在郑州举行京汉线全路工会代表大会，正式成立京汉铁路总工会。当时中共中央十分重视这次代表大会，计划在"京汉铁路总工会成立以后，其他各铁路总工会和全国铁路总工会均须次第成立"。[8]

1923年2月1日，京汉铁路工人代表在郑州普乐园（今二七纪念堂）召开了京汉铁路总工会成立大会，遭到北洋军阀吴佩孚的武力阻挠。限制工人在郑州用餐和出入自由，当天晚上总工会转至汉口。次日，中共党员和各工会负责人在汉口集会，提出罢工宣言，要求将京汉铁路局局长等官员革职；赔偿总工会办会经济损失；退还所有扣留礼品；郑州地方官员给予道歉等。同时，总工会代表一致认为唯有罢工可以获得胜利，遂决定4日京汉铁路全线发起大罢工。

2月4日上午9时至12时，京汉铁路全线进入了罢工状态。大罢工开始后，军政当局与工人代表举行了多次谈判，均未能达成一致。北京公使团也向北京政府提出严重警告，意在怂恿当局用武力解决罢工。为了尽快镇压罢工、恢复通车，2月7日，军政当局下令对江岸、郑州、长辛店等地的工人开枪，进行武力镇压，酿成了震惊中外的"二七惨案"。至9日，在日渐严峻的形势下，京汉铁路总工会与武汉工团联合会不得不联名下令复工，京汉铁路大罢工至此失败。中共当时在武汉的党员张国焘、项英、林育南、许白昊等人开会商讨今后的行动，认为"罢工虽已停止，但反对吴佩孚的斗争却正在开始"，目前应广泛揭发吴佩孚等军阀的罪恶，引起国人共鸣。并详细计划加强中共的秘密工作，在各工厂组织秘密的工会和工厂小组，同时设法救助因为罢工被捕和失业的工人。[9]

1923年2月7日军阀对工人实施武装镇压，工人运动斗争上升到一个新的阶段，达到中国近现代工人运动史的高潮。共产党人和铁路工人在罢工运动中表现出的英勇无畏，用生命维护组织的坚定意志，使无产阶级更加紧密地团结在中国共产党的领导下，继续为共产主义事业奋斗。工运失败后，中国共产党认为京汉路工组织工会力争自由的罢工是完全正确的和必要的，这次罢工运动指引中国共产党走上国共合作的革命道路，同时警醒无产阶级只有联合武装起来，才能取得革命的最终胜利，为中国工人运动发展和无产阶级革命找到了新的发展方向。

二、郑州存续着"二七"力量，鼓舞城市发展向前

郑州是京汉铁路总工会成立的策源地，京汉铁路总工会成立大会在郑州"普乐园"举行。"二七"惨案后河南郑州坚持总工会工作，以郑州为中心，工会干部南北奔走慰问死难工友家属，帮助失业工友复工等，并于一年后重新组建了京

汉铁路总工会。

中华人民共和国成立后，为民族解放事业牺牲于郑州的汪胜友、司文德被追认为"二七烈士"。郑州市人民政府在京汉铁路总工会成立旧址"普乐园"原址上修建"郑州二七纪念堂"。纪念堂于1951年9月动工，1952年11月落成，1953年2月7日正式使用，召开京汉铁路工人运动三十周年纪念大会。之后持续多年的每年2月7日人们都会在这里缅怀先烈纪念二七大罢工。纪念大会通常有市政府领导、二七大罢工老工人、英烈遗属等出席，规模常在1500—2000人。

1971年郑州二七纪念塔的形象一出，便成为郑州本土企业商标上的元素符号，双塔牌油漆、复写纸、烟标酒标等均以双塔造型为标志。从此，郑州人民对"二七"的情感从每年的2月7日纪念变成双向的，"二七"文化与商业交融后，反哺了郑州这座城市。如今郑州人都说郑州是火车唤醒的城市，是"二七名城"，这些源于京汉铁路工人运动中郑州地区工人阶级的坚持不懈、砥砺奋进和郑州人民对"二七"历史文化的尊重与呵护。

郑州在"二七"历史文化的哺育下取得了飞速的发展。近年郑州落实中部地区崛起和黄河国家战略，围绕国家中心城市高质量建设做了诸多工作，产业优化、城市提质、综合承载力持续加大，文化关注度不断攀升。先后成为央视春晚分会场、金鸡百花电影节、中国500强企业高峰论坛、全国少数民族体育运动会等重要活动的举办地，郑州人民幸福指数稳步提升。2021年年初，习近平总书记发表重要讲话，要求建党100周年之际，在全党开展党史学习教育。"二七"历史文化是郑州珍贵的革命红色文化和党史教育资源。省、市领导对新时代郑州发展建设提出新的要求：要在"领、创、闯"上下功夫。关联郑州党史教育和城市发展，"二七"历史文化与城市建设发展所需精神有着内在联系，在"二七"文化中，"领"表现为坚持党的全面领导、坚持共产主义思想引领，"创"表现为创业、干事、有担当，"闯"表现为敢闯、敢试、敢为人先。"二七"丰富的革命主题内涵为郑州城市发展、全市上下学习党史国史，提供了现实启示和经典范例。

（一）"二七"力量存续着郑州市"领""创""闯"的宝贵精神品质

1. "领"——"二七"力量在郑州表现为始终坚持共产主义思想引领，不动摇

郑州乃至河南早期建党和党的组织活动是以郑州为中心的。[10] 1921年年初，共产主义传播到郑州。当时，交通部铁路职工教育会筹备在京汉、京奉、津浦、京绥线上成立12所学校，旨在"养成职工公民品格及增进其工作技能"，其实质为奴化工人思想，使其投入更多的精力，产出更多剩余价值。同年交通部铁路职工教育会举办速成师范学校，培训教师，分配至各线路上的12所学校任教。当时来自湖北武汉的赵子健，参加了培训。3月，他来到郑州负责在郑州铁路职工学校任教。实际上赵子健当时已经是北京大学马克思学说研究会通讯员、武汉共产主义小组成员。受李大钊和董必武的派遣，来指导郑州开展共产主义工作。初到郑州，赵子健同志加入到陇海铁路工人罢工的组织工作中，参与领导了"争人格、广国体"的政治运动。调研后撰写文章《郑州两种劳工之状况》，将郑州工人情况汇报给上级党

组织。

赵子健同志在郑州铁路职工学校讲学，传播马克思主义、共产主义思想，用教员的身份结识了以高斌为代表的一批思想进步的铁路工人。为了进一步深入开展工作，他请来了革命先驱、党的主要创始人之一李大钊来郑州给工人们讲学。唤醒劳动者对自身阶级的认识，鼓舞广大无产阶级联合起来为自己的阶级、为中华民族解放奋斗。在共产主义思想感召下，工人们接受新文化，紧紧地团结在了一起。郑州京汉铁路工人在京汉铁路大罢工时，有组织地开展支援陇海铁路罢工、成立郑州京汉铁路同人俱乐部、开展郑州机务处工人罢工等运动，并取得了胜利。

此时，郑州已成为建党的组织活动重点。[11] 1922年6月30日，中共中央执行委员会书记陈独秀给共产国际报告中述称："现在党员人数共计195人，郑州8人……"[12] 时至1923年1月31日晚，郑州福昌旅社、五洲旅社及第一宾馆已分别接待各地与会代表370余人……党和劳动组合书记部及有关工运领导人张特立（张国焘）、罗章龙、包惠僧、项德隆（项英）、陈潭秋、李汉俊、施洋等也已分别抵郑。大会即将在郑州普乐园（今二七纪念堂）举行。

坚持共产主义思想引领，接受新思想新文化在郑州传播酝酿，滋生成为郑州城市工人阶级强大的凝聚力和战斗力。郑州是京汉铁路总工会成立大会举办地，是中国共产党带领工人阶级直面军阀、官僚和帝国主义的主战场。

2."创"——"二七"力量在郑州表现出创业、干事、有担当，给城市留下不朽的红色印记

如果说赵子健同志是举着共产主义的火把来到郑州、是照亮郑州的共产党人，那么高斌则是在京汉铁路工人运动中发动工人、点燃郑州工人阶级革命之火的先行者。

在中国共产党的"一大"会议精神引领和共产主义思想的感召下，京汉铁路各站点工人联合组织如雨后春笋般成立起来，1921年10月，赵子健和高斌在工人夜校的基础上发起成立郑州铁路工人俱乐部，成为工界明星。[13] 通过俱乐部活动，为工人伸张正义，迅速实现俱乐部更大范围的联合。俱乐部成立之初会员大多数为机务工人，支援陇海铁路罢工胜利后，开车的车务工人80余人主动要求集体加入，以郑州为中心，向北300公里外的顺德府至向南200多公里外的驻马店，沿路就有200余名铁路工人要求加入。

1922年4月，在郑州铁路工人俱乐部的基础上，高斌牵头成立京汉铁路郑州工会。工会一致推选高斌任委员长。8月的京汉铁路总工会第二次筹备会上，高斌当选为筹备大会主席。负责呈报有关主管和地方官厅，邀请各省市法团、工会、名流参加典礼。因此，高斌等九人为工人代表面见军事、铁路当局，据理力争实现公开开会之目的。

高斌是郑州铁路工人中的先进代表，为郑州这座城市留下独有的红色基因。在中国共产党的领导下，他在郑州京汉铁路工人群体中办起了俱乐部、成立了分工会，且敢于直面铁路当局和封建军阀势力，从容无畏，展现出干事、创业、敢担当的时代精神和高贵品质。

3."闯"——"二七"力量在郑州表现出敢闯、敢试、敢为人先、坚持不懈、不断进取的精神境界

"二七"惨案后，全国工人运动陷入低谷，唯

有郑州这座城市为共产主义事业砥砺奋进、锲而不舍，坚持奋斗在工人运动一线。1924年因京汉线北方工人受奉系军阀、南方工人受直系军阀迫害，政治局面吃紧。总工会迁回郑州，公开开展活动，做了大量工作。工会干部从郑州出发奔走于京汉沿线，为死难家属送去抚恤金，旋踵间促成失业工友相继上工。10月军阀曹锟、吴佩孚倒台，京汉铁路总工会在郑州挂牌成立[14]，公开发表《京汉铁路总工会宣言》[15]。

1925年2月，自京汉铁路总工会及郑州分会恢复的消息传出后，各地工友纷纷赴郑，到总工会参观，总工会每天都有来自外地的工友。7日，京汉铁路总工会和各分会在郑州开纪念大会[16]，并印制了《"二七"二周年纪念册》。资料显示，当时京汉铁路总工会会员有1200人左右，郑州为总工会所在地，内部设置有俱乐部、学校、阅览室等，除推销工刊每期五百份外，并自印工会日刊在本站销售。此外纠察队的组织极为严密，并施以军事及政治的训练。[17]

同年8月中国共产党派京汉铁路总工会郑州分工会委员长王胜友和郑州机务处工人总代表司文德协助郑州豫丰纱厂领导4000余名工人罢工，这期间，中国共产党党员、京汉铁路总工会郑州分会会员韩玉山、王长保牺牲。1926年为迎接北伐会师，王胜友、司文德组织秘密小组破坏铁路、通信，阻止吴佩孚军运。吴佩孚败退时，到处缉拿工人，由于叛徒乔金生、工贼张世荣的出卖，王胜友、司文德被杀害，人头被悬挂在长春桥头电线杆上（今二七纪念塔处）七天。郑州"二七"文化中敢为人先、敢闯敢干，顺境不骄傲、逆境不懊丧，勇敢无畏的精神成为时代标榜。

（二）"二七"力量反哺郑州，是郑州城市的精神给养

1. "二七"力量展现出工人阶级和广大劳动人民的共产主义信念

20世纪初，京汉铁路工人近乎过着奴隶的生活，被帝国主义、官僚资本主义和封建军阀迫害压榨得食不果腹、居无定所。没有独到政治见解，没有科学文化知识，做工是他们生存的唯一选择。在这样的背景下，马克思主义传入中国，传入工人当中，其传播和认同经历了由单纯思想文化传播到工人阶级联合起来进行实践的过程。初期，在工人群体基于对自由、对经济更好待遇的渴望这一共同心理背景下，共产主义思想得以广泛传播。但工人阶级共产主义信念的形成，是在思想文化传播和实践运动相结合的情况下形成的。

坚持以人民为中心的发展思想，是在工人阶级当中建立共产主义信念的根本。中国共产党自成立之初，便以无产阶级利益为政治立场，确定"只维护无产阶级利益，不同其他党派建立任何关系"，并把建立工人工会作为其基本任务，表示"工人阶级的利益在中国共产党占第一位"。中国共产党处处为工人阶级谋利益，成为水深火热生活状态下工人阶级走向光明坦途的救世主，深受工人阶级的支持和爱戴。

中国共产党对工人运动的积极领导和取得阶段性的工运胜利成果，使工人认识到阶级力量的强大，逐步树立起共产主义信念。按照中国共产党对工人运动的指导思想，当工人联合起来，加入职工学校、组建工人俱乐部、成立工会组织，并通过集体合作的方式取得一定工运胜利成果时，工人开始对自身阶级产生认识。工人群体联合起

来的力量通过争取权益的运动得以证实，极大地鼓舞了工人为自身奋斗、为自己阶级斗争的阶级觉悟，从而建立起对共产主义的内心认同。

工人运动从经济斗争走向政治斗争，是无产阶级对共产主义信念的探索实践。研读京汉铁路工人运动史和相关工运史，"哪里有压迫，哪里就有反抗"的俚语准确地描述了当时的社会。但伟大的共产主义信念使工人阶级的"反抗"得以升华。在中国共产党的领导下，工人阶级的诉求从只要求经济待遇、休假制度上升到晋升晋级管理相关阶段，再上升至与资本家公平对话的阶段，自由结社、自由言论，公开发表出版物的政治权益阶段。因此，"为自己阶级奋斗""全世界无产阶级联合起来""工人阶级是无产阶级前线的战士"这些红色革命口号在工人和广大劳动人民当中越叫越响，成为共同的价值意识，成为工人阶级组织发展运动中注重发挥个人力量和集体力量的原动力。

2. "二七"力量展现工人阶级团结奋进、无私奉献的价值品质

"工会是工人的第二生命。"在20世纪20年代公开发行的报纸上频频出现此类语言。工人们把工会组织比作生命，一方面是由于铁路当局支付给京汉铁路工人的薪酬过少，难以满足其生活需要，确实在生死存亡的边缘徘徊；再者是因为京汉铁路工人在当时社会环境下失去了劳动尊严，被歧视、被侮辱。20世纪初，工会组织成为工人群体的"庇护场所"，工人们加入工会想要得到保护，同时争取应有权益。这种对基本权利的需求，只有通过工人联合起来的组织，即工会才能实现。工会为工人争取权益可视作"人格化回归"。所以，工人将工会视作生命，体现出心理上对工会的信任与依赖。

"二七"历史展现出工人阶级和广大劳动人民团结互助、奋斗进取的价值理念。工人运动中，各路、各站点、各产业工会和社团组织对京汉铁路工人运动的支持，不仅限于罢工发生时通过报纸声援，更多地体现为行为的一致性，如：出席京汉铁路总工会成立大会，带来贺礼；罢工开始后，其他行业采取同样的罢工，以求得无产阶级更广泛围内的联合，以此震慑军阀官僚，帮助实现罢工条件落实。同时工会组织为工人运动开展建立了保障机制，《京汉铁路总工会章程草案》第六章"本会会员每人每月须缴纳半工工资……各分会每月用百分之四十；总工会用百分之十五；百分之四十五存作本会基金"。经费主要用于罢工及其他线路无产阶级罢工时的开销用度。会费的缴纳与支出体现出当时京汉铁路总工会的政治意识和大局意识。

3. "二七"工人的大局意识与维护意识

京汉铁路工人运动的悲壮铸就了"二七"奋斗精神的灵魂。"二七"前后牺牲了52位英烈，他们被捕后英勇斗争，不妥协不退让，坚持共产主义的意志不动摇，用生命维护总工会全线同盟罢工的决议，维护无产阶级联合起来争取自由、人权、政治地位的胜利硕果。

高斌，郑州分工会委员长，1923年2月4日上午9时执行总工会全路同盟总罢工的决议，宣布郑州路工罢工开始。5日晚被军警逮捕。军警令他下令复工，遭高斌严词拒绝后对高斌进行了严刑拷打，继而又戴上脚镣手铐，扒掉棉衣，押到车站示众，最终被折磨致死。

"二七"英烈宁死不复工的革命品质是坚定的共产党人维护党、维护工会组织，用生命捍卫工人阶级运动胜利成果的壮举。工人运动领导人的壮烈牺牲使工人阶级看到了自己阶级联合起来进行革命斗争的伟大力量，看到了共产主义信念强大的真实存在，看到了过上美好生活的希望，促使其更加信任自己的政党——中国共产党。

（三）"二七"力量已化作郑州骨血里的DNA

"二七"力量见证中国共产党以京汉铁路工人阶级为核心，发展郑州乃至河南的党组织，带领无产阶级践行伟大中华民族解放的实践，是马克思主义在中国融合、形成共识进而内化成为理想信念的铿锵步履。

1. "百日会战"的都市传奇续写郑州"二七"力量，是"二七"首创精神的时代华章

1951年，郑州市政府将郑州市西门外长春桥旧址（王胜友、司文德牺牲地）扩建为二七广场，在广场中置六角形木质纪念塔一座；1971年7月1日至9月29日，动员全城工程技术力量，用"百日会战"的建筑速度在木塔原址建起钢筋混凝土砌体结构五角联体双塔，为今二七纪念塔，纪念这两位牺牲在此的"二七"烈士。纪念塔自建成起塔顶整点报时，奏响《东方红》乐曲。

郑州市二七塔的建设集结了全市建设和技术力量，是郑州人民智慧的结晶，亦是郑州人民对"二七"情感寄托的物化。创造百日建造奇迹，得力于郑州全市上下的二七情愫，全市团结一致，倾情奉献。二七纪念塔施工区施行24小时不停工会战，全市总动员，各企业单位围绕建筑配件生产和技术革新做文章。建筑材料、水泥钢筋直接从其他工地调，运输车辆调集了30辆。为实现建筑大师林乐义的建筑设计样式，中原窑厂、郑州市邮电局、纺织机械厂、郑州玻璃厂对二七塔的绿色琉璃瓦、塔顶直径2.7米的大钟、塔尖上的红星玻璃进行了研发和定制。钟表、玻璃、琉璃瓦等许多材料都是郑州市各部门支援来的。动工时间是1971年7月1日，到建成用了96天，当年的国庆节对外开放。全市人民团结一致、无私奉献的城市气质在"二七"情感的宣泄与铸就中表现得淋漓尽致。

郑州人民为有这么一座塔感到骄傲和自豪。当时的二七塔是河南省最高的建筑，双塔并联，平面呈两个五角星并联，革命红色基因藏匿在塔体层层环绕的绿瓦白墙间，成为郑州城市的标识、城市文化的代言。纪念塔建成后，凭借独特的建筑形制、革命气质闻名于国内外，因首创被录入大学生建筑专业教材。因其纪念意义重大，被公布为第六批全国重点文物保护单位，成为年轻的"国保"，还被收入中国工业遗产保护名录（第二批）。无论是建筑还是情愫，郑州对"二七"历史文化的守护和传承意义非凡！

2. 二七塔与"二七"历史共振

绿瓦白墙红格栅的郑州二七纪念塔（图1，图2），塔基被三层阅台环绕，塔顶双层亭帽，上竖旗杆顶置五角星的形象广受郑州人民青睐。1973年，周恩来总理来到郑州，乘车返回中州宾馆途经二七塔时，听见塔顶传来悠扬的《东方红》乐曲声，便安排随行人员到二七纪念塔了解情况。半个月后，《解放军画报》用二七纪念塔大幅夜景照片当作封底，二七纪念塔第一次在全国亮相，成为全国乃至世界的焦点。郑州人民对"二七"历史、二七塔形象、民众情愫的寄托和认同也进

图1 二七纪念塔（摄影：王弈）

图2 二七纪念塔局部（摄影：王弈）

一步扩大到全国，甚至世界范围。国际社会各团体纷纷组织来到郑州，瞻仰参观二七塔，在塔前留下珍贵照片。

1923年的京汉铁路工人大罢工惊起的波澜就是世界范围的，国际共产主义、全世界无产阶级因此次罢工联合起来，用声援支持，用行动鼓舞。因此，郑州这座城市创造性地将20世纪20年代"二七"历史与70年代郑州"二七"物化了的形象跨时空地连接起来。

三、结语

"二七"力量是郑州市城市文脉中的荣耀，是内化于城市的精神财富，是鼓舞郑州乃至河南人民奋勇向前的不竭动力。每年2月7日郑州二七纪念塔和纪念堂门前总有无数的花篮献给英烈，献给这座为民族解放事业不懈奋斗的城市。郑州城市中心广场上50年如一日悠扬的《东方红》乐曲鞭策着一代代郑州人民、河南人民，不忘初心，不负使命，为城市发展、中部地区崛起努力奋斗。

---

[1] 罗章龙. 铁总年鉴[M]//罗章龙与早期铁路工人运动. 中共浏阳市委，2007.
[2] 高恩洪. 供给军阀之饷款[N]. 晨报，1922-12-8.
[3] 京汉路工人与工资（摘录）.
[4] 京汉铁路管理局谕[N]. 晨报，1922-8-26.
[5] 中国共产党中央局通告——关于建立与发展党团工会组织及宣传工作等[M]//中共中央文件选集（1921—1925）. 北京：中共中央党校出版社，1989.
[6][7] 邓中夏. 中国职工运动简史[M]//民国丛书（第二编）. 上海：上海书店，1949.
[8][9] 张国焘. 我的回忆[M]. 上海：东方出版社，1980.
[10][11] 中共郑州党史[M]. 北京：中共党史出版社，1995.
[12] 郑州工人俱乐部的情况[N]. 工人周刊，1921-10-9.
[13][14][16] 京汉铁路总工会恢复[N]. 北京京报，1925-2-9.
[15] 京汉铁路总工会宣言[J]. 向导，1925（103）.
[17] 京汉铁路总工会恢复状况[M]. 铁总年鉴，1926（10）.

多媒体交互设计在革命旧址展陈中的策略及应用*

——以八路军驻洛办事处旧址为例

沈天鹰[1]　李　婧[2]　孔翠婷[3]
1.河南博物院　2.北京电影学院　3.清华大学

摘要：提升革命文物展示水平是革命文物保护利用的主要任务之一，革命旧址是不可移动文物的一个特定类型，是传承红色基因、弘扬革命精神、加强爱国主义教育和践行社会主义核心价值观的宝贵资源和重要载体。多媒体交互设计在文化遗产展示传播领域的应用，将极大地助力革命旧址展陈内容的挖掘、阐释和传播创新，借助实例分析其策略及应用，对革命文物保护利用具有重要的实践价值和现实意义。

关键词：革命旧址；展陈；多媒体交互设计；策略；应用

革命旧址是不可移动文物的一个特定类型，是传承红色基因、弘扬革命精神、加强爱国主义教育、培育和践行社会主义核心价值观的宝贵资源和重要载体。2018年6月，国家文物局《革命旧址保护利用导则（征求意见稿）》（下文简称《导则》）中指出，革命旧址是指近代以来见证我国各族人民长期革命斗争和中国共产党领导的新民主主义革命与社会主义革命历程，反映革命文化的遗址、遗迹和纪念建筑，主要包括：1.重要机构、重要会议旧址；2.重要人物故居、旧居、活动地或者墓地（后略）。我国保存和遗留了丰富多样的革命旧址资源，国家文物局公布的统计数据显示，截至2018年全国登记的革命旧址、遗址33315处，其中全国重点文物保护单位477处；抗战文物3000多处，长征文物1600多处；全国革命专题博物馆和纪念馆808家。[1]以上相当一

---

*本文系国家社科基金艺术学一般项目"交互设计在文化遗产展示传播领域的应用研究"（20BG127）阶段性成果。

部分博物馆和纪念馆是依托革命旧址改辟或建设的，并作为旧址的管理机构在旧址保护和利用上发挥着不可替代的作用。《导则》进一步指出，革命旧址保护应与展示利用相统筹，合理利用应作为有效保护的重要部分。陈列是革命旧址展示利用、发挥宣传教育作用的主要手段。

2018年7月，中办、国办印发并实施的《关于实施革命文物保护利用工程（2018—2022年）的意见》（下文简称《意见》）明确提出，提升革命文物展示水平是革命文物保护利用的主要任务之一。《意见》还强调要适度运用现代科技手段，增强革命文物陈列展览的互动性、体验性。

近年来，八路军驻洛办事处旧址借助新技术和新媒体，结合旧址展陈现状，以沉浸的体验、智能的交互设计理念指导展陈，探索破解传统革命旧址类展陈静止化、场景单一化、空间封闭化局面，在参观进程中增强视觉、听觉和触觉的感知，提高展陈的参与性与互动性，巧妙地将观众引入认知革命旧址展陈主旨精神之中。

一、革命旧址及展陈

因八路军驻洛办事处（下文简称洛办）在党史、爱国主义以及抗战史方面所具有的特别地位和文物资源优势，1985年，洛阳市政府依托洛办旧址建筑群，将其改辟为八路军驻洛阳办事处纪念馆，属于《导则》中革命旧址第一类，兼具第二类性质。目前，这里是洛阳市唯一一处全国爱国主义教育示范基地和唯一一处革命旧址类全国重点文物保护单位。

1937年卢沟桥事变之后，为了更广泛宣传我党的抗日主张、建立抗日民族统一战线、筹集军需物资等，由中共中央和八路军总部派员，在西安、南京、上海、武汉等"国统区"重要战略城市相继设立了八路军办事处。1938年11月，由中央和总部直接领导，在第一战区司令长官部所在地洛阳设立了公开、合法的办事处机构，担负开展武装斗争的准备、过往人员和物资的护送、掩护和帮助地方党组织开展工作、与第一战区的联络和交涉、统战和情报等重要任务。延安党中央至太行山八路军总部或中共中央中原局之间重要人员往来，洛办是必经的交通枢纽和落脚点，刘少奇、朱德、彭德怀、徐海东等中央和军队领导同志曾亲临洛办指导和布置工作。刘少奇三次入驻洛办，在此修订著名的《论共产党员的修养》，指导开展统一战线工作，主持召开豫西省委扩大会议，为党组织在豫西地区的发展与巩固做出了突出贡献。洛办先后转送了数以千计的我党我军过往人员，"国统区"的进步青年经此前往华北、华中抗日根据地，走上了抗日战场。洛办利用朝鲜义勇队、工业合作协会晋豫区办事处等抗日组织，为中共中央和前线购买军需物资，有力地回击了国民党的限制政策。洛办拥有独立、合法的收发报电台和专用密码，与八路军总部和西安的八路军驻陕办事处保持着密切的信息联络，为中央和总部搜集军政信息，卓有成效地开展了统战、情报工作。洛办坚持抗日民族统一战线政策，注重与第一战区的联络和交涉，打退了国民党"反共"军事摩擦，掩护和支持地方党组织开展工作。1942年2月，国共关系恶化，办事处撤离。洛办历时三年多，是全国坚持时间较长的八路军办事处之一，为抗日战争的胜利做出了杰出贡献。

洛办旧址原系洛阳清代"四大家族"之一的庄家宅院的一部分，始建于清道光十一年（1831年），属于典型的清代民宅建筑群。庄家大院地处洛阳老城南关外，毗邻洛河码头，交通便利，又无城门夜禁之碍，民国初年充归公产。1932年"一·二八"事变爆发，南京震动，洛阳被定为"行都"，庄家大院一度由国民政府监察院占用，国民政府迁回南京后，由洛阳县政府托管。1938年年底，洛办人员遴选办事机构驻地用房，出于交通和安全的考量，经第一战区司令长官部同意，正式在此院挂牌办公。现存洛办旧址占地面积4388平方米，建筑面积3330平方米，主要由东、中、西并排的三座三进的九组四合院组成，平面类似"九宫格"格局，按古代对房屋数量的统计方法"四柱一间"计算，共24栋129间，实则约40处独立房间，分归洛办下设各部门用作办公和住宿，包括处长室、交通科、机要室、电台室、招待所、医务室、警卫排、炊事班等，编制约50名，三年间先后约100人在洛办工作。

除旧址建筑作为不可移动文物由纪念馆负责保护利用，另有馆藏文物约600件（套），主要来自建馆前后由国家档案馆收集的洛办与中央、总部之间电报文献资料，前洛办工作人员及家属捐献的工作生活物品，以及清理旧址后院水井所发现的129件金属文物，包括武器、工具和证章等，均为洛办撤离时秘密遗弃。

洛办旧址及遗存文物是见证洛办历史、讲述洛办史实、展示洛办革命精神的物质载体，洛办旧址建筑形成的主题明确的展陈空间和形态生动的展示环境，是策划与实施展览的主要场所。突出主题，彰显特色，是革命旧址展陈讲好革命故事的关键，旧址内现有两项常设展览。

一是"八路军驻洛办事处旧址复原陈列"，主要位于旧址中院、西院的18间正房和厢房及西廊内，展示面积共约2100平方米，主要是依据史料文献和亲历者的回忆，选择与洛办任务相关、真实性强、历史细节丰富的遗存，结合旧址室内外不同的环境进行复原陈列，着力对特定事件或人物活动历史场景的呈现。主要包括刘少奇住室、电台室、处长室、豫西省委会议室、警卫排室、交通科、救亡室、马厩、水井等真实情景，力图真实再现洛办在抗战期间所涉及的重要历史进程、历史事件的瞬间定格，还原办事处工作生活的场景。

二是"抗战前哨、红色枢纽——八路军驻洛办事处史实陈列"，它作为旧址复原的辅助陈列，包括五部分内容：1.豫西危急，洛办建立；2.不辱使命，功垂史册；3.领袖关怀，鞭策鼓励；4.形势逆转，洛办撤离；5.抗日烽火，燎原豫西。分布在旧址东院9间正房和厢房内，展览面积共约1000平方米，展出图片280余幅，展品300余件，翔实系统地展示了办事处的建立、工作和撤退情况，包括有许多洛办工作人员艰苦奋斗、可歌可泣的感人故事。

二、多媒体交互设计策略及应用

实施十余年的免费开放政策造就了全社会持续的"博物馆热"，公众与博物馆之间形成的良性互动，直接表现为两个方面：一是观众总量不断创出新高，公众对博物馆的文化产品需求越来越旺盛；二是以展陈为核心的博物馆文化产品不断推陈出新，从内容到形式丰富多彩，更多的多媒体交互设计引入展示传播体系之中，展陈工作努力满足社会需求。内容与形式的统一，是展陈工作追求的目标，也是旧址展陈的根本原则。多媒体交互设计的本质是形式设计的提升和深化，鉴于洛办革命旧址复原陈列、辅助陈列的现场以及为展陈构建的虚拟系统等内容设计的不同，应制定精准、差异化的策略和场景应用。

（一）复原陈列：多感官提升展陈空间的现场感

"八路军驻洛办事处旧址复原陈列"是旧址展示利用的主要方式，展陈由旧址建筑本体、室内陈设和周围环境复原组成，形成较完整的事件场景和较强烈的时空氛围，其中，文物属性决定了建筑本体和室内陈设的历史固有状态，而植物、花香、微风、光影甚至气温都是旧址与生俱来的"活态"展示要素，多媒体交互设计则从"活态"要素入手，为旧址展陈的不同应用场景进一步提升历史现场感。

以电台室为例。电台室是洛办的核心部门，与上级往来的大量电报由此发出和接收，除专职的电报员外，还配有摇机兵（停电时负责操作手摇发电机）。电台室为空间较大的套间格局，外屋是生活间，陈设有工作人员的床铺和书桌，对观众开放；内屋是工作间，设有收发报机和手摇发电机等设备，内外屋以1米高的隔断门分开，观众虽不能进入内屋，但可从外窥视到内间局部墙面。利用洛办旧址建筑室内采光不足、内间昏暗的特点，设计了由观众进入电台室前廊时感应触发交互设备，即向墙面投射发报员和摇机兵工作时的动态剪影影像，并联动产生发报机电键敲击声和电子管同步闪烁，声音、光影的环境效果顿使电台室神秘、忙碌、有序的工作场景鲜活了起来。

洛办曾配有两匹军马，供外出交通使用。当年养马的石马槽一直保留至今，后来清理水井遗物时发现有金属马灯，它们是旧址西廊复原马厩的展示点。马厩应用了隐蔽式的交互设计，由观众靠近而感应触发背景音响，马匹进食时特有呼吸、咀嚼声夹杂偶尔马蹄踏击石板地面的响声，为马厩增添了更具现场感的参观体验。

洛办旧址复原展陈遵循"呈现原状、真实可信"的原则，在建筑本体、室内陈设和周围环境复原构成的旧址展陈内容的三要素中，因各自的文物原始属性的差异，而存在明确的主次地位和强弱关系，具体为建筑本体强于室内陈设，室内陈设强于周围环境。为避免喧宾夺主或画蛇添足，多媒体交互设计要隐蔽而巧妙，绝对不干扰要素的前两项，周围环境中的"活态"要素，才适用发挥形式设计服务于展陈内容的表现力。即适时适度地营造听觉、视觉感官环境，在真实历史场景和浓郁历史气氛中，实现了提升现场感的展陈目的。

（二）辅助陈列：多角度拓展展陈信息的有效性

博物馆展陈重点在于"物"，是对文物的历史、艺术、科学价值的深度聚焦和综合呈现，因其视觉看点丰富、展示信息涉及面广泛，便于引导和回应观众差异化的参观需求和学习兴趣。纪念馆展陈的重点不同于博物馆，是对"事"的讲述，陈列的落脚点基本是历史细节。革命旧址的陈列主题和展示内容则更加纯粹，所以不可与博物馆的文物展陈等量齐观。

"抗战前哨、红色枢纽——八路军驻洛办事处史实陈列"作为洛办旧址复原陈列的补充，是由旧址展陈主题所统领并为主题服务的辅助展陈。展陈内容方面，展线上的文物数量、种类、价值以及直观艺术性等都有着自身特色，以历史资料图片尤其是电报文稿为大宗，另包括部分武器和证章，反映了与洛办相关的事件和人物革命活动及影响。展陈空间方面，处于相对狭小的旧址建筑之中，由此为展陈重点的电稿文稿展示提出了不小的挑战。

洛办对外联络特别是与第一战区司令长官卫立煌的联络和统战任务，是中央和总部时时关注的重点工作之一。洛办通过电台接受上级的各项指示，利用和卫立煌同处一城之便，可与卫立煌深入沟通，之后立即向上级汇报，这是洛办进行联络的基本方式。所以，洛办与上级往来的机密电报文稿是这些历史细节的主要载体。这批电报文稿繁体行文且多潦草难识，格式较单一但数量多达百页，涉及历史信息较多。为节省有限的旧址展示空间，避免平淡、枯燥、静态的逐一铺开展示，实现内容设计重点与形式设计亮点协调一致、同步呈现的理想展陈效果，利用多媒体交互设计，让观众首先通过触屏答题（参观时可得知的洛办基本信息）方式获取权限（绝密、机密、秘密），然后以关键词引导电子翻书设备来查询和阅读电报文稿，不仅化解了参观进程中一味静态阅读文字的疲劳乏感，而且可将相关历史背景、人物关系等内容，包括最新研究成果载入其中，结合事件和人物对文稿进行深入浅出的解读。

洛办旧址辅助陈列的多媒体交互设计，运用更生动的陈列语言解读革命历史，实现了学术研究成果与展示方式的同步转化，看似平淡无奇的电报变得生动立体，一方面使展示内容更丰富、细节更丰满，增强了展陈的说服力、感染力，避免了空洞、空泛的陈述和说教；另一方面让有限的旧址空间容纳了详尽的展陈内容，达到了多角度拓展展陈信息有效性的设计目的。

（三）虚拟系统：多渠道指导展陈规则的科学性

洛办曾向观众推出一款自动定点讲解器，它只具有单一的讲解功能，即将数字音频文件、视频文件、文字、图片等存储在终端播放设备里，再由覆盖各展位、展点的若干微型无线信号基站来激活进入该区域的播放设备，进入该区域的终端设备在收到激活信号后会自动播放相应的内容。随着党史学习教育和社会主义核心价值观教育深入开展，洛办作为革命旧址纪念地迎来了一批批学习参观者，每逢重要日期或举办重要活动，接待量一直处于高位，造成不小的疏导压力。洛办旧址建筑群各个院子的平面布局类似"九宫格"，相邻院子可以互通，建筑外立面和内部空间格局基本一致，除设置有辅助陈列的院子和房屋外，大部分旧址复原陈列展线较灵活，各院子和房屋之间不存在严格的参观顺序，参观者可随意选择进入相邻单元参观。但随意性也放大了不确定性，如果参观进程出现停滞甚至拥堵，会直接影响参观体验和展陈效果。洛办通过将自动定点讲解器升级迭代为交互式自动定位讲解系统，强化多媒体交互设计的虚实互动，不仅在化解参观进程不确定性上收到实效，更为多渠道引导展陈规划提供了数据支撑。（图1）

交互式自动定位讲解系统是通过各展点安放

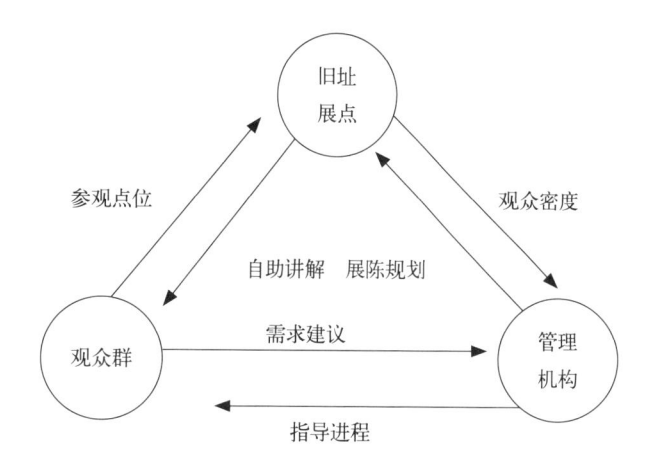

图1 交互式定位讲解系统示意图

的微型信息收发器、便携自助讲解器和洛办纪念馆的主机终端共同搭建的虚拟交互系统，它在旧址展点、观众群和管理机构之间形成了多点双向的信息反馈。系统在向观众提供定位自动讲解服务的同时，现场即时的观众密度数据也被收集、发送至管理端，并反馈给观众用于合理安排参观进程。系统各渠道形成、汇集的更多需求建议，为合理、均衡配置旧址展陈资源积累数据支撑，为指导新的展陈规划提供科学依据。

三、结语

各类新兴媒体的出现，以及人工智能、虚拟现实、5G 等新技术的快速发展，文化遗产知识的交流方式、学习机制、交互体验等都发生了显著变化，衍生出新的展示方式和传播需求，其中多媒体交互设计所带来的新的模式、观念和手段，将极大地助力文化遗产的挖掘、阐释和传播创新。在充分依托革命旧址及其环境的基础上，探究和梳理其展陈性质、文物属性及传播方式的差异，制定多媒体交互设计在旧址展陈中的策略及应用，对于实现革命旧址丰富展陈方式，提升展陈水平，最大限度地发挥保护利用革命旧址的社会作用，以及交互设计在文化遗产展示传播领域的应用研究，都具有重要的理论、实践价值和社会意义。

---

[1] 国务院新闻办公室. 全国有革命专题博物馆纪念馆 808 家 革命旧址遗址 3 万多处 [EB/OL]. http://www.scio.gov.cn/xwfbh/xwbfbh/wqfbh/37601/38768/zy38772/document/1634863/1634863.htm. 2018-07-30.

河南扶沟发现的吉筠亭先生事略碑

| 周建山
| 周口市博物馆

摘要：吉筠亭先生事略碑，是吉鸿昌兄弟为其父亲吉筠亭先生竖立的墓碑。该碑记述了吉鸿昌的父亲吉筠亭先生的生平事迹，以及吉筠亭先生携子吉鸿昌等创办吕潭中山学校的情况，具有较高的历史文化价值。

关键词：吉筠亭；吉鸿昌；事略

2015年5月，扶沟县博物馆在吕潭学校旧址修缮时发现一通"吉筠亭先生事略碑"，该碑刻立于中华民国23年（1934年）5月30日，乃吉鸿昌父亲吉筠亭先生去世3周年之际所立，其时距吉鸿昌将军1934年11月24日英勇就义时间不到6个月。囿于当时的政治形势，此碑竖立不久即掩埋于地下。

该碑青石质，圆首，首身一石，保存完整，唯缺碑座。通高238厘米，宽63厘米，碑首高28厘米，碑身高198.5厘米，厚16.5厘米。碑阳碑首部分饰供案及花卉瓜果图案，供案上置一果盘，内盛寿桃。供案左右及前面有瓶插牡丹和瓶插梅花，以及苹果、柿子、葡萄、佛手、石榴等瓜果图案。正文部分为《吉筠亭先生事略》，楷书，共18行，满行59字，计876字。（图1）碑阴碑首部分饰"乞讨兴学"图案，一老者端筐正向一富人庭前乞求施舍，那富人一副冷若冰霜的模样。正文为《吉筠亭先生遗嘱》，楷书，共15行，满行47字，计376字。（图2）

由该碑得知，吉筠亭，名茂松，筠亭为其字，其相貌伟岸，美髯修长，精神焕发，见到他的人都认为他不是平凡人。吉筠亭六岁丧父，在母亲教诲下，尽色养之孝，是一个孝子。随着年龄增长，他跟随舅父高公壁生活，边读书边学习骑射，文武兼修。清末科举制度废除，新式学校兴起。由于家庭贫困，无力到远方求学，就在扶沟县警察学校学习，毕业后从警。不久，被扶沟县民众公推为扶沟县公款局局长，负责整合分配国家地方款项。他剔除积弊，使老百姓没有受到苛捐杂税的困扰。后来任扶沟县东区区长，公正廉明，深得百姓拥戴。1924年秋，接受安抚的大土匪张国威在商丘哗变，所过之处杀人放火，百姓深受其苦。后围攻扶沟县城，形势危急，城中官民惊惧不知所措。吉筠亭救城心切，单骑前往会见张国威，遂化险为夷，使扶沟县城得以保全。更难能可贵的是，他毁家兴学，教化民众。民国建立，他在家乡吕潭乡创办吕北初级小学，又设立讲演社以开通社会风气，设平民夜校以救济失学的民众，从此吕潭文化蒸蒸日上。随着吉鸿昌等几个儿子相继成才，家道渐裕，于是就扩充前办小学，定名为中山学校。他购置校址，建筑校舍，延请名师，添置设备，需款数目很大，吉筠亭先生慷慨解囊，倾其所有，毫无难色。"历经省督学视察，均评为豫东学校冠。"此外，吉筠亭先生还办了不少慈善事业，如筑桥梁、修道路等，不胜枚举。

"事略"撰文并书者刘继唐（1886—1951），字绍尧，号愚庵，扶沟吕潭乡刘秀庄（今属吕潭镇）人，出身农家，河南省立淮阳师范学校第一届毕业生，毕业后在太康县西丁村口教私塾。1918年刘继唐被省立陕州中学聘为国文教员。1924年时任营长的吉鸿昌聘他为随军教师，后历任团部书记官、旅部及师部秘书长、军需处长等职。1930年吉鸿昌任二十二路军总指挥，刘继唐任军需处长。1933年吉鸿昌随冯玉祥在张家口组织抗日同盟军，任二十九军张家口警务处处长佟麟阁秘书长。抗日同盟军失败后，仍随佟麟阁工作。1934年冬吉鸿昌在北平就义，他潜至北平帮助吉鸿昌夫人胡洪霞料理后事。之后在北平跟随佟麟阁任二十九军司令部秘书长，同时在南苑二十九军军官教导团兼课。1937年卢沟桥事变爆发后，因年老体弱，

图1　吉筠亭先生事略碑拓片

图2　吉筠亭先生遗嘱拓片

刘继唐受佟麟阁之命转移后方，回到故乡受聘于扶沟县立中学任国文教师。1944年扶沟虽处沦陷区，因其名声较大，为避日伪人员纠缠，转至许昌教私塾。刘继唐与吉鸿昌的关系特别密切，晚年每提到吉将军，他都潸然泪下，喃喃说道："爱国有何罪，抗日有何罪。"刘继唐于1951年病逝于家中。

吉筠亭先生寿终于1931年5月21日，留下遗嘱时间为"中华民国二十年五月十六日"，即1931年5月16日。可见，吉筠亭先生遗嘱是在其去世5日前留下的。他在遗嘱中，一是要求死后要薄葬，将节省之款"用济贫穷"；二是处理家务，要求诸子"宜各食其力"；三是叮嘱吉家子孙"做官即不许发财"，否则即视为不孝；四是将田地六顷作为吕潭中山学校基金；五是对校务管理和今后发展进行安排；六是要求"子孙恪遵无违，并盼接办校务，诸同志切实履行是所自嘱"。从碑文可以看出，吉鸿昌的父亲吉筠亭是一位文武兼具、果敢英勇，具有新思想且具有远见卓识的开明高义之人。在这样的家庭熏陶下，走出吉鸿昌这样一位抗日名将、民族英雄，绝非偶然。

笔记者冯欣农，名鹤鸣，扶沟县吕潭乡人，著名工程师。1924年冯欣农在京绥铁路任绥远（今呼和浩特）工务段段长时，西北军名将李鸣钟（河南项城人，今属河南沈丘人）为绥远都统，吉鸿昌任都统署副官，二人来往密切。吉鸿昌的父亲对冯欣农也很器重，促吉鸿昌与冯欣农结为金兰，冯欣农行三，吉鸿昌称他为三哥。吉鸿昌和其父亲创建的吕潭中山学校校址即由冯欣农设计监工。1931年吉鸿昌任二十二路军总指挥时，冯欣农曾任参议。1933年冯欣农曾任国民革命军第三十二军军长商震部参议。傅作义主政绥远期间，1934年6月冯欣农曾与其合作开办绥远毛织厂。1934年11月9日吉鸿昌在天津被捕后，冯欣农奔走营救，无效而罢。11月24日吉鸿昌在就义前曾遗书给冯欣农等人交代后事。

遗嘱证明者高明清，名进臣，河南扶沟县吕潭乡人，吉鸿昌父亲吉筠亭好友，帮办中山学校事务。吉筠亭在临终遗嘱中交代吉鸿昌等诸子聘高明清为吕潭学校董事。根据河南省教育厅的历史档案记载，1935年5月国民政府河南省教育厅督学李在谦到学校视察，其报告称："该校校董会十五人，常务董事三人。常务董事高进臣等长期住校，关心校务。"吉鸿昌的女儿吉瑞芝等在《吉鸿昌传记》中谈到让吉鸿昌上学之事时也曾提到高明清。可见，高明清深得吉筠亭倚重。

遗嘱见证者郝子固（1890—1933），名继贞，字子固，河南扶沟县包屯镇郝岗村人，后受吉鸿昌将军器重，聘为秘书。1926年10月至1933年秋，郝子固受吉鸿昌将军委派返乡担任中山学校、中山学校校长。郝子固任校长期间，秉承吉将军向工农子弟开门的办学方针，以"勤劳俭朴、踏实向学、报效祖国"教育学生，招收大批贫苦农民子弟入学，并为他们提供生活补贴。他还遵循吉将军为国家培养人才的办学夙愿，对师生严格要求，学校的教学质量迅速提高，学校声名大震。他治校有方、实事求是、忘我工作，受到吉将军的嘉许和广大师生的赞颂。1933年，郝子固因积劳成疾在校以身殉职，年仅44岁。临终弥留之际，叮嘱校方，将其遗体安葬在学校。学校遵其遗嘱，将其葬于校园内老校董吉筠亭墓次，立碑曰"子固之墓"。20世纪五六十年代，郝子固后人将其墓迁葬于扶沟县包屯乡郝岗村。

遗嘱证明者林恒庆，河南扶沟县吕潭乡人。吉鸿昌父亲吉筠亭好友，帮办吕潭中山学校事务，校董会董事。

遗嘱证明者高去骄，河南扶沟县吕潭乡人。1930年任西北军冯玉祥部师长。1931年蒋介石、冯玉祥、阎锡山中原大战时期，吉鸿昌任国民革命军第三路军第十军军长，时高去骄任第一路军第十一军第三十一师师长。

遗嘱签署者为吉筠亭的4个儿子：

吉鸿昌（1895—1934），又名恒立，字世五，吉筠亭长子，抗日民族英雄。1913年秋投冯玉祥部当兵，从士兵递升至军长，骁勇善战。1927年任宁夏省主席兼第十军军长。1930年参加中原大战，任国民革命军第三路军总指挥，兵败后被蒋介石收编，任二十二路军总指挥兼第三十师师长，奉命围剿鄂豫皖革命根据地。1931年因不愿与红军打仗，试图起义失败，被蒋介石解除兵权，逼令出国考察。1932年回国后加入中国共产党。1933年5月，察哈尔民众抗日同盟军成立，吉鸿昌任第二军军长兼北路军前敌总指挥，率部收复多伦等失地。1934年吉鸿昌参与组织中国人民反法西斯大同盟，被推为主任委员，秘密印刷《民族战旗》报，宣传抗日，联络各方，准备重新组织抗日武装。11月9日，在天津法租界遭军统特务暗杀受伤，遭工部局逮捕，后被引渡到北平军分会。11月24日，被蒋介石密令杀害于北平陆军监狱，时年39岁。吉鸿昌将军原葬河南省扶沟县吕潭镇吉氏祖茔，1964年经河南省委、省政府批准迁葬于郑州市烈士陵园。2009年，吉鸿昌被评为100位为新中国成立做出突出贡献的英雄模范之一。2014年9月1日，吉鸿昌被列入民政部公布的第一批300名著名抗日英烈和英雄群体名录。

吉国昌，吉筠亭次子，吉鸿昌胞弟。1934年11月9日晚，吉鸿昌在天津国民饭店二楼从事革命活动时遭国民党特务刺杀受伤，被法租界巡捕逮捕。10日晨，吉国昌与林少文（吉鸿昌连襟）、胡洪霞（吉鸿昌妻）等同往西开天主教医院看望吉鸿昌，随即失去自由，曾一同被关押进法租界工部局。其余事迹不详。

1934年11月24日，吉鸿昌将军就义当天，曾留下遗嘱，分别致书妻胡洪霞、国昌等兄弟和好友等，多次提到吉国昌等兄弟，继母则由二弟吉国昌、三弟吉永昌、四弟吉加昌共同奉养。

1934年11月24日，吉鸿昌就义前写给妻胡洪霞的遗书。原文如下：

洪霞吾妻鉴：

夫今死矣，是为时代而牺牲。人终有一死，我死您也不必过悲伤，因还有儿女得您照应，家中余产不可分给别人，留作教养子女等用，我笔嘱矣。小儿还是在天津托喻先生照料，上学以成有用之才也，家中继母已托二、三、四弟照应教（孝）敬，你不必回家可也。

1934年11月24日吉鸿昌就义前写给兄弟的遗书。全文如下：

国昌、永昌、加昌等，见字兄已死矣，家中事俱已分清，您嫂洪霞及小儿鸿男、悌悌由您洪霞嫂教养，吾弟念手足之情照应可也，唯兄所恨者先父去世嘱托继母奉养之责，吾弟宜竭力孝敬不负父兄之托也。

兄 吉鸿昌书

十一月二十四日十一时冲

1934年11月24日吉鸿昌就义前写给好友的遗书。全文如下：

欣农、仰心、遐福、慈情诸先生鉴：

昌为时代而死矣，家中事及母亲已托二、三、四弟奉养，儿女均托洪霞教养不必回家，在津托喻先生照料教育，吾先父所办学校校款，欣农、遐福均悉，并先父在日已交地方正绅办理，所虑者吾死后恐吾弟等有不明白之处，还要强行分产，诸君证明已有其父兄遗嘱，属吕潭地方学校教育地方贫穷子弟而设款项，皆由先父捐助，非先父兄私产也。

永昌弟鉴：

兄死矣，家产由先父已分清，学校款您不必过问，您嫂洪霞教养两子，您能照料则照料，否则不必过问，听之可也，有不尽之言大家商量办去。我心已乱，不能再往下写，特此最后一信祈兄等竭力帮助，生者感激，死者结草。鉴书匆匆，不尽余言。

吉鸿昌手启

十一月廿四日

吉永昌，字卜五，吉筠亭三子，曾任吉鸿昌部军械所所长。1938年蒋介石扒开郑州花园口后，由于黄河水泛滥和战事影响，吕潭中山学校被迫停办。1942年秋，吉永昌从原来校产中筹到一些经费，续办该校，名为私立吉氏小学校，自任校长。当时办学环境非常恶劣，学生班次时多时少。1944年冬，黄河水吞没整个吕潭镇，学校被迫停办。

吉加昌，吉筠亭四子，曾任河南省鄢陵县县长、扶沟县民主政府吕潭区区长和吕北初级学校校长。1934年吉鸿昌将军牺牲后，灵柩暂厝北平长春寺。1935年春，吉加昌与吉鸿昌夫人胡洪霞及其子女一道，将吉鸿昌将军灵柩运回家乡吕潭安葬。

1944年11月24日，吉筠亭创办的中山学校校董会和全体师生举行大会，纪念吉鸿昌烈士逝世十周年，并立"经文纬武"大匾，以志纪念。1945年春，新四军120师、128师途经吕潭，全体指战员在烈士墓前开会纪念。部队首长为学校亲笔题字，将"中山学校"改名为"鸿昌学校"。1978年，为纪念吉鸿昌烈士，学校改名为"吉鸿昌学校"。2006年6月，吕潭学校旧址被国务院公布为全国重点文物保护单位。

这通碑刻不仅可以帮助我们了解吉筠亭先生的生平事迹、家庭状况，以及携子吉鸿昌等创办扶沟吕潭中山学校的经过，同时也对我们重新认识吉鸿昌的家世和成长背景，开展爱国主义教育和廉政教育，具有一定的社会现实意义。

夏商时代中原地区东方文化因素分析

韩佳佳[1]　缪小荣[2]
1.郑州二七纪念馆　2.河南师范大学历史文化学院

摘要：夏商时代的中原地区发现有一定数量的山东龙山文化、岳石文化因素的器物。新砦期阶段的东方因素相对较多，二里头文化阶段的东方因素经历了从多变少再变多的过程，商代早期的东方因素依然较多，直到商代中期岳石文化消亡，山东绝大部分地区融入商文化。同时，中原地区所见的东方因素多分布在夏商王朝的核心地区及相邻地区。这种考古现象正好可与"后羿代夏""夏夷联盟"等历史记载相对应，充分体现了文献记载的真实性。

关键词：夏商时代；中原地区；东方因素

自新石器时代开始，中原地区便同海岱地区产生了文化交流，两地区的文化交流呈现出此消彼长、你进我退的态势。文化之间的相互交流和融合有力地推动了本地区的文明化进程。进入夏代，中原地区异军突起，率先进入国家文明阶段，产生了中国历史上第一个国家——夏。但不难看出，夏商时代中原地区仍有较多的东方文化因素，可以说，东方文化因素的加入，一定程度上充实了中原地区的国家文明形态，对国家文明的进一步发展产生了重要影响。

一、夏代

二里头文化作为夏代中晚期的考古学文化，已经得到学术界越来越多的认同。对于早期夏文化，学术界争论较大。本文无意对早期夏文化的相关问题展开讨论。结合他人的研究成果，笔者认为新砦期即为早期夏文化。如此，夏代的考古学文化则包括了新砦期和二里头文化。为了深入探讨夏代中原地区的东方文化因素，有必要先对夏代的考古学文化进行分期。

（一）新砦期

以新砦遗址为代表。最能反映该期文化特征的器物有8类，分别为深腹罐、鼎、小口高领罐、平底盆、豆、刻槽盆、钵和器盖。因新砦期持续时间较短，无法对其进行进一步分期。器物的形式划分可参考新密新砦遗址的发掘报告。[1]

整体来看，新砦期陶器除自身的创新因素之

外，还继承有王湾三期文化的文化因素，同时受到石家河文化的影响。此外，山东龙山文化也对新砦期产生了重要影响，包括直接因素和间接因素。

新砦期陶器中的直接山东龙山文化因素主要体现在各类子母口器上。子母口器始见于山东龙山文化晚期，先后出现子母口盒、子母口盆、子母口豆、子母口瓮、子母口缸等。山东地区的各类子母口器一直沿用至岳石文化时期。新砦遗址新砦期遗存出土有数量较多的各类子母口器，如子母口鼎、子母口钵、子母口瓮。（图1）花地嘴遗址也发现有子母口式器物。显然，新砦期遗存的相关子母口器来源于山东龙山文化。

此外，新砦遗址中出土有一定数量的盉，其形制与山东龙山文化的斜流袋足鬶十分相似。从整体造型来看，新砦遗址的鬶形盉可能是龙山文化斜流袋足鬶与二里头文化管状流封口盉之间的过渡类型，属于封口盉的原始形态。[2] 新砦遗址出土了一件桥型钮器盖，与山东龙山文化极为相似，应该同样来源于山东龙山文化。

新砦期陶器中的间接山东龙山文化因素主要表现为折壁器盖。王湾三期文化晚期便已出现折壁器盖，数量较少。山东龙山文化阶段折壁器盖较多，且年代比中原地区略早。考虑到子母口器与折壁器盖多配套使用，新砦期的折壁器盖有可能是王湾三期文化晚期由山东地区传入，在新砦期大量涌现。

目前来看，早期夏文化或新砦期阶段，中原地区仅新密新砦遗址和巩义花地嘴遗址发现有山东龙山文化的因素，说明这一时期山东地区对中

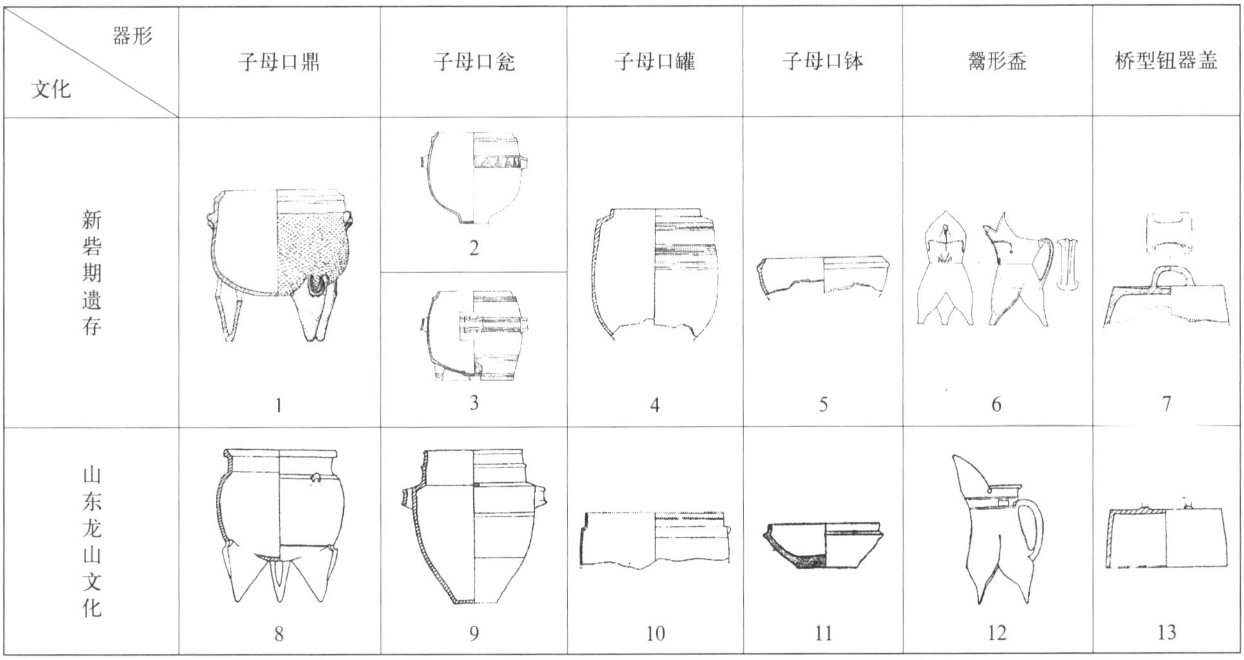

文化＼器形	子母口鼎	子母口瓮	子母口罐	子母口钵	鬶形盉	桥型钮器盖
新砦期遗存	1	2　3	4	5	6	7
山东龙山文化	8	9	10	11	12	13

图1　新砦期遗存所见山东龙山文化器物对比图（采自王琼：《"后羿代夏"的考古学观察》[3]）
1.2000H53∶53；2.H6∶6；3.2000T4 H19∶100；4.2002DT1③∶2；5.2000T4 H53∶48；6.2000T6⑧∶902；7.T12G2②∶6；8.尹家城 H248∶28；9.尹家城 H52∶2；10.尚庄 H57∶7；11.尚庄 H42B∶35；12.尚庄 H92∶5；13.西吴寺 H652∶18（未注明出处者皆出自新砦遗址）

原的文化影响力较小，主要集中于夏王朝的中心地区，这可能与山东龙山文化在其晚期偏晚阶段开始衰落有关。同时，古本《竹书纪年》记载："益干启位，启杀之。"益即伯益，一般认为是东夷人。伯益于禹、夏启之际，在夏朝为官，说明在夏王朝初期，中原地区的夏文化便同山东地区的东夷文化有一定的交流，这正与考古材料相符。

（二）二里头文化阶段

二里头文化的分期大体得到学术界的认可，即依据主要陶器的演变和层位关系，将二里头文化从早到晚分为四期，每期又再细分为早、晚两段，共八段。在对陶器进行分析对比时，不易划分太细。因此，本文只采用四期的观点，不再细分早、晚段。

1. 二里头文化一期

二里头文化一期阶段，对应的山东地区考古学文化为山东龙山文化晚期末段。在二里头文化中心区的几个大聚落中，发现有较多数量直接来自山东龙山文化的因素，表现在陶器上的器形有贯耳壶、长颈壶、圈足盘、三足盘、子母口盒、厚胎碗、圈足簋、小盂、小壶等。（图2）

这一阶段的二里头文化遗物中，同样有一定数量具有间接来自山东龙山文化的因素。反映在陶器上的器形有鬻、封口盉、爵、觚、覆盘式折壁器盖等。

二里头一期阶段，二里头文化的核心区域发现有一定数量的山东龙山文化器物，这一现象正与"后羿代夏"的历史记载相符。在交通落后的

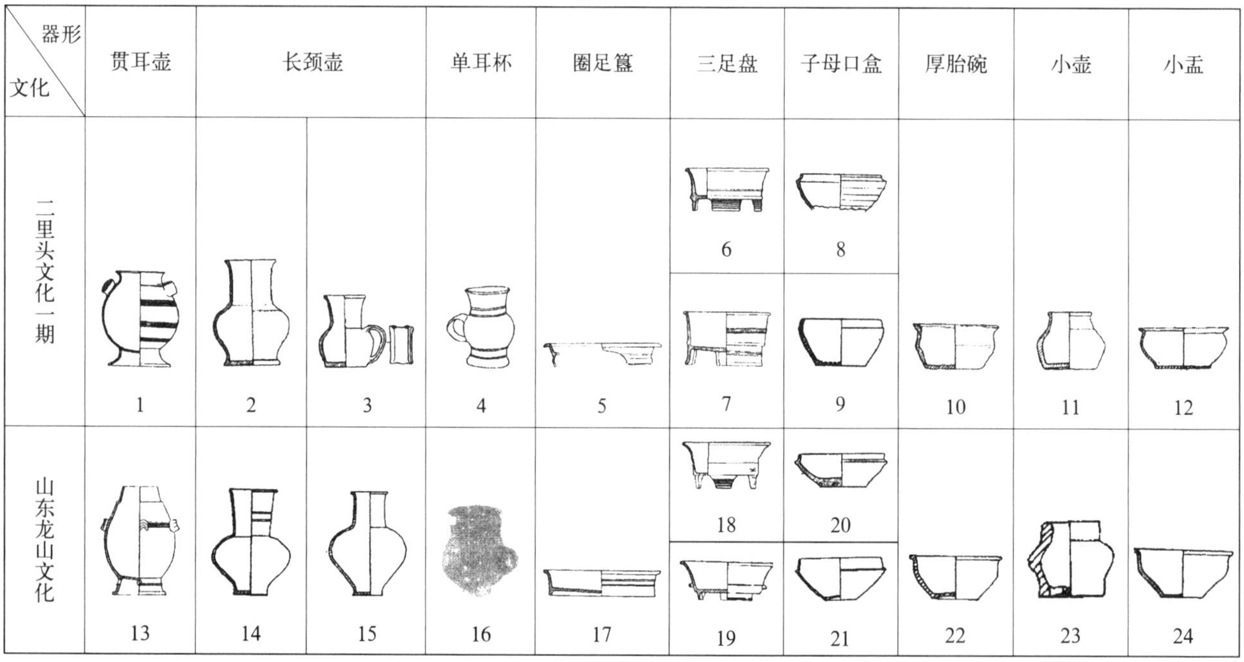

器形\文化	贯耳壶	长颈壶	单耳杯	圈足簋	三足盘	子母口盒	厚胎碗	小壶	小盂
二里头文化一期	1	2	3	4	5	6 / 7	8 / 9	10	11	12
山东龙山文化	13	14	15	16	17	18 / 19	20 / 21	22	23	24

图2 二里头文化一期所见山东龙山文化器物对比图（采自王琼：《"后羿代夏"的考古学观察》）

1. 二里头ⅣM26：3；2. 二里头Ⅱ·ⅤM57：11；3. 二里头82YLⅤT10⑦：1；4. 二里头93ⅣG1：4；5. 二里头Ⅱ·ⅤT110⑤B：12；6. 二里头ⅣM26：4；7. 二里头Ⅱ·ⅤH130：12；8. 煤山H13：9；9. 煤山H33：2；10. 二里头ⅤT203⑦：13；11. 二里头ⅧT14⑥B：40；12. 稍柴H20：49；13. 尹家城H799：34；14. 尹家城F205：14；15. 尹家城M206：1；16. 姚官庄（未编号）；17. 尹家城T277⑧：20；18. 尚庄H17：12；19. 西吴寺J10③：29；20. 赵格庄H42B：35；21. 尹家城M2：3；22. 尹家城H571：8；23. 尹家城H794：6；24. 尚庄H57：1

夏代，后羿集团对夏代的征伐应该是以远征军的形式进行，且"后羿代夏"的时间较短。因此，只在二里头文化一期的核心地区发现较多后羿集团器物。后羿集团是通过"因夏民以代夏政"的方式来统治管理夏王朝的。

2. 二里头文化二期

在二里头文化二期阶段，山东地区的龙山文化已被岳石文化取代。岳石文化器物特征鲜明，陶器可分为泥质和夹砂两大类，以夹砂褐陶与泥质灰黑陶多见。素面和磨光陶居多。纹饰以附加堆纹、弦纹、凸棱纹较为常见，其中附加堆纹多饰于甗腰和裆部、罐颈和瓮腹部，堆纹之上再刻、画、捺、戳各种几何形纹样。有一定数量的彩绘陶，以单一红彩和红白复彩为主，还有极少量的黄彩。夹砂陶多为手制，制作粗糙、草率；泥质陶一般用快轮制成，制作较为紧致、工整。造型风格上多见叠唇、宽卷沿卷领、子母口、底部周缘外突，夹砂陶内外壁常见篦状刮抹痕迹等。此外，半圆形双孔石刀、方孔石器也是其代表性器物。岳石文化的分布范围与山东龙山文化大体重合。东至大海，北面跨过海峡到达辽东半岛的南端，南至苏北淮河下游一带及皖西北，西至豫东东部地区。该文化延续时间较长，约至二里岗上层阶段。

由于夏王朝与东方的东夷集团一直保持有较密切的联系，故在这一时期的二里头文化中也常见岳石文化的器物，比如，侈口深腹罐、子母口罐、小盂、碟等。同时，该阶段还发现有受岳石文化影响的器物，如子母口钵、三足盂（图3），这两种器物可能分别与岳石文化中的子母口盒、三足罐有一定关系，应是在借鉴岳石文化的基础

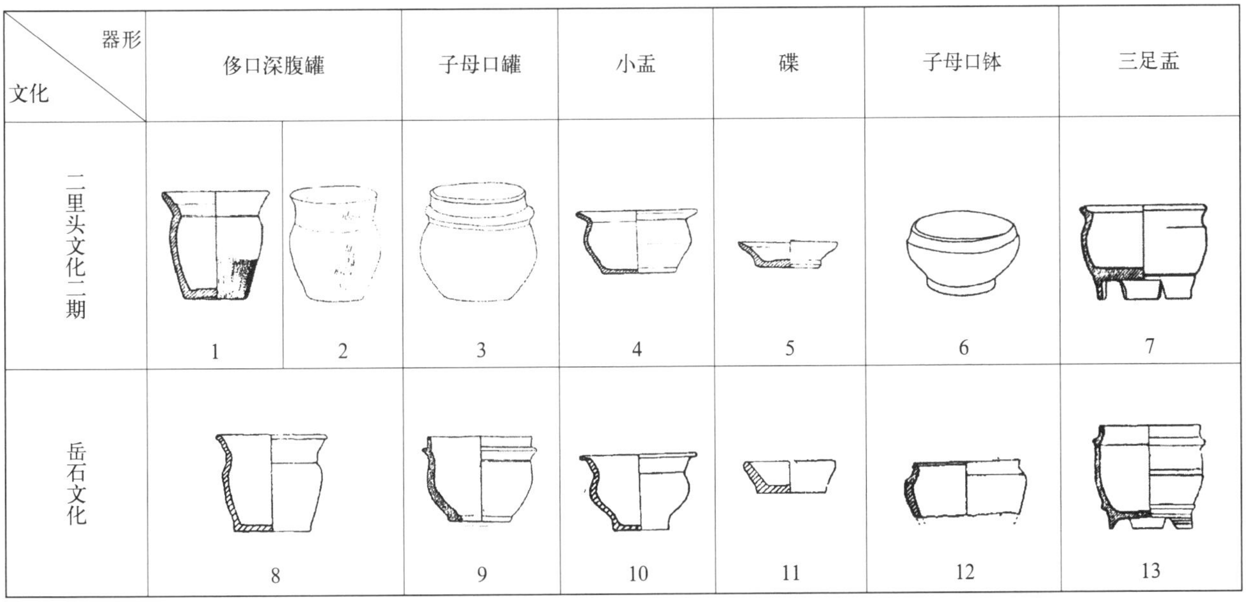

文化 \ 器形	侈口深腹罐	子母口罐	小盂	碟	子母口钵	三足盂
二里头文化二期	1	2	3	4	5	6	7
岳石文化		8	9	10	11	12	13

图3 二里头文化二期所见岳石文化器物对比图（采自王琼：《"后羿代夏"的考古学观察》）
1. 二里头ⅤM202填土：01；2. 二里头84YLIVM72：13；3. 二里头84YLIVM93：1；4. 二里头Ⅱ·VH162：11；5. 二里头IVT19⑤：63；6. 二里头84ⅥH3：1；7. 二里头82ⅨM20：5；8. 尹家城H209：2；9. 照格庄T10③：9；10. 尹家城H407：2；11. 尹家城T212⑦：21；12. 尹家城T202⑦：25；13. 东岳石村T7：2C①

上，结合自己的风格而形成的。

这一阶段，中原地区所见东方因素相较一期有减少的趋势，可见此时中原地区与东方岳石文化依然保持联系，但相互间的交流相对较少。这可能与经历了"后羿代夏"之后，夏王朝对东夷集团的防范加强有关。同时，在此阶段岳石文化进入豫东东部地区，与二里头文化大体沿杞县—鹿邑一带东西分布。

3. 二里头文化三期

这一时期，中原夏王朝与东夷集团的关系与二里头文化二期阶段相似。在二里头遗址、杞县朱岗、段岗等遗址发现有岳石文化的器物，器形有中口罐、甗、小口瓮和卷沿束颈盆等。同时，也发现有少量带有岳石文化因素的器物，如发现于二里头遗址和朱岗遗址的单耳鼎和圈足簋（图4），应是受岳石文化单耳鼎和尊形器影响，并注入自身因素而形成的。

从上可知，该阶段二里头文化虽与岳石文化有一定联系，但并不紧密。与二里头文化二期阶段不同之处在于，这一时期的岳石文化器物不仅见于夏王朝核心地区二里头遗址，在杞县的朱岗、段岗遗址中同样有发现。表明岳石文化在到达豫东东部以后，同当地的二里头文化产生了交流与碰撞。

4. 二里头文化四期

二里头文化四期时，中原地区的岳石文化因素明显增多。特别是至四期晚段，岳石文化大举西进，到达郑州地区，二里头遗址本身也发现较多岳石文化器物。主要包括陶器和石器。二里头遗址所见的典型岳石文化器物以深腹罐为大宗（图5），同时发现有一定数量的大口罐、鼎、子母口器盖、鬲、甗、卷沿束颈盆等。同时，二里头遗址还发现有岳石文化独有的半月形双孔石刀。（图6）

当然，二里头遗址同样发现受岳石文化影响的器物，如斜腹盆（ⅤH87∶10），与尹家城等遗

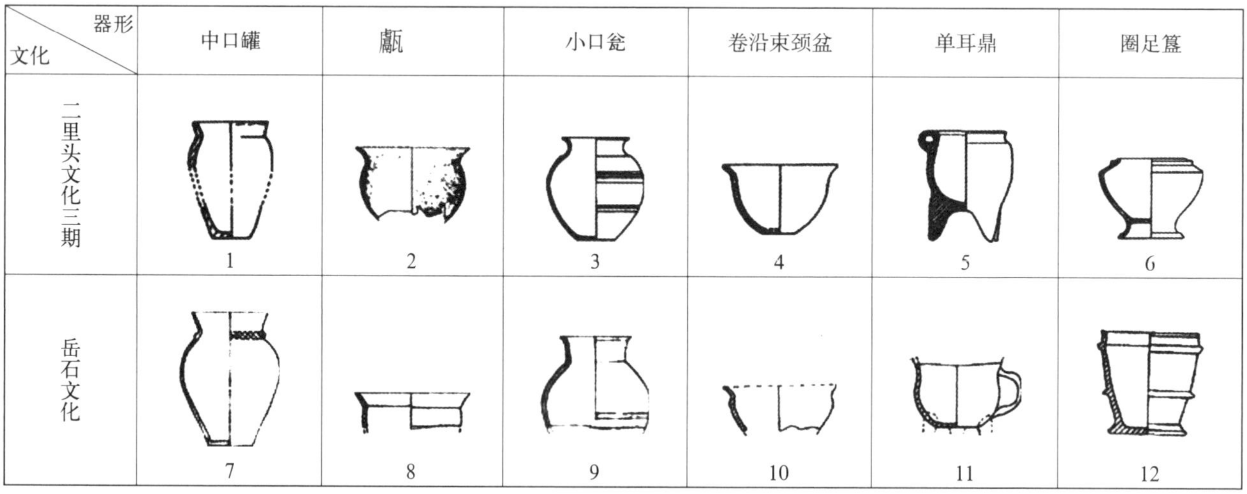

文化＼器形	中口罐	甗	小口瓮	卷沿束颈盆	单耳鼎	圈足簋
二里头文化三期	1	2	3	4	5	6
岳石文化	7	8	9	10	11	12

图4　二里头文化三期与岳石文化器物对比图
1. 朱岗 H10∶2-3；2. 二里头Ⅱ·ⅤT117④∶11；3. 段岗89ⅡH24∶2；4. 朱岗 H10∶10；5. 二里头ⅣM7∶3；6. 二里头87ⅥM20∶2；7. 尹家城T215⑦∶17；8. 鹿台岗T27⑤∶23；9. 尹家城H604∶14；10. 鹿台岗T27⑤∶20；11. 尹家城H8∶42；12. 尹家城H448∶5

址出土的岳石文化深腹盆有相似之处。

此外，大约在二里头文化四期前后，垣曲商城遗址也发现带有岳石文化因素的深腹罐和子母口器盖。（图7）垣曲商城远离岳石文化的分布区，在这一区域发现带有岳石文化因素的陶器，可能是二里头二、三期时二里头文化与岳石文化交好的结果。岳石文化的陶器制作技术可能通过二里头遗址间接传播到垣曲商城二里头晚期聚落。

从二里头文化四期早段到晚段，二里头文化中所见岳石文化因素迅速增加，特别是在四期晚段时，岳石文化一路西进，突破杞县—鹿邑一线，进至郑州地区，并最终到达二里头遗址。需要注意的是，岳石文化是同下七垣文化（先商文化）一起西进的。岳石文化和下七垣文化在豫东杞县鹿台岗遗址共存，这种共存关系显示此两种文化形成了某种同盟关系，既有密切联系，又能保持各自的文化特性。郑州南关外期遗存岳石文化与下七垣文化共存的关系便是佐证，这正是夏末早商"商夷联盟"的考古学反映。[4] 在灭夏的过程中，商族和东夷集团共进退，最终击溃夏王朝。

（三）先商文化中的岳石文化因素

先商文化是指商王朝建立以前，商族所创造的考古学文化，以河北邯郸涧沟和龟台寺下层等遗存为代表。陶器以泥质陶为主，夹砂陶次之，其中泥质灰陶占全部陶器群的半数以上，夹砂灰陶次之；

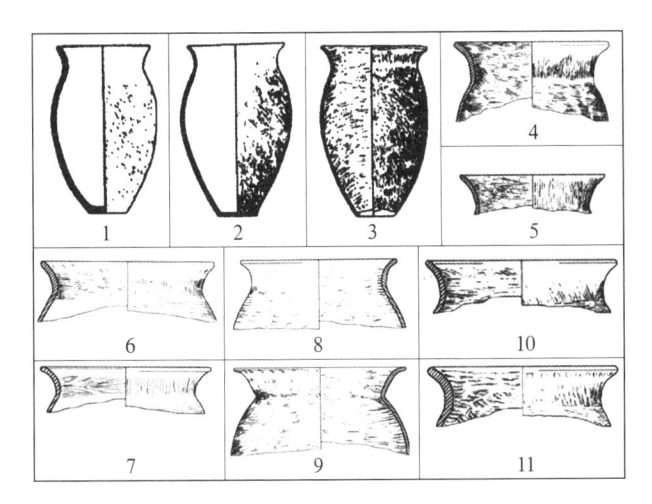

图5　二里头遗址出土的岳石文化深腹罐
1.81ⅤH1：2；2.ⅤH83：26；3.ⅤH53：12；4.00ⅢT1⑨：11；5.02ⅤH139：6；6.04ⅤH303：8；7.04ⅤH303：9；8.05ⅤH374：4；9.05ⅤH374：6；10.03ⅤG14：133；11.03ⅤG14：134

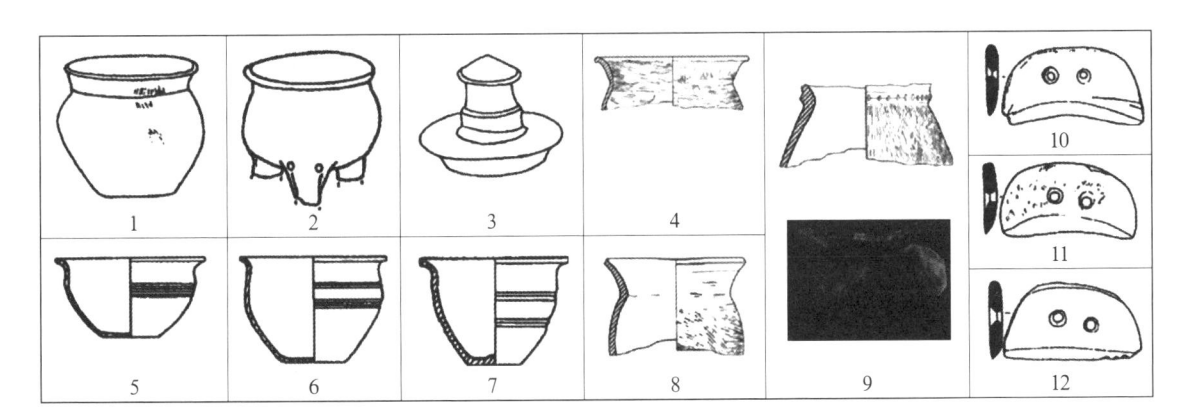

图6　二里头遗址出土的典型岳石文化陶器及石器
1. 大口罐（85ⅥH15：1）；2. 鼎（86ⅤH5：12）；3. 子母口器盖（80ⅢH8：1）；4. 鬲（00ⅢH8：18）；5. 卷沿束颈盆（ⅢH235：1）；6. 卷沿束颈盆（ⅤH87：11）；7. 卷沿束颈盆（92ⅥH10：2）；8. 鬲（04ⅤH331：35）；9. 甗（00ⅢH8：17）；10. 半月形双孔石刀（Ⅱ·ⅤT113灰沟：6）；11. 半月形双孔石刀（ⅤT34D④B：3）；12. 半月形双孔石刀（Ⅱ·ⅤT112③：3）

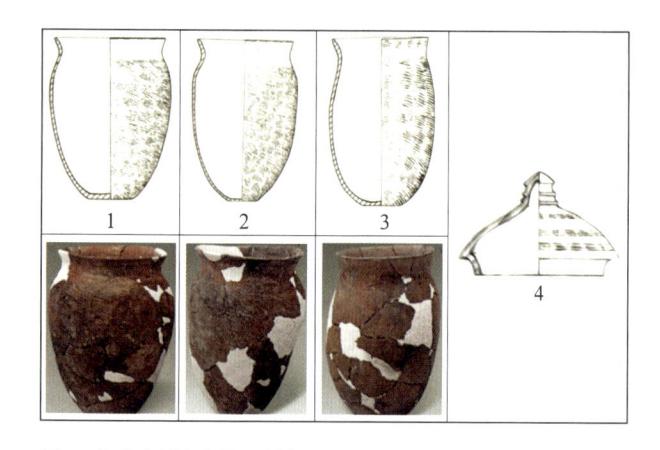

图7 垣曲商城出土的深腹罐和子母口器盖
1.深腹罐（H841∶8）；2.深腹罐（H826②∶27）；3.深腹罐（H708∶1）；4.子母口器盖（H405∶19）

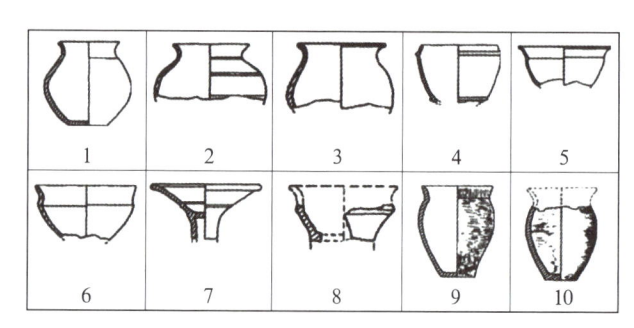

图8 先商中期出土的典型岳石文化器物
1.小口瓮（鹿台岗H9∶1）；2.小口瓮（F1∶1）；3.小口瓮（尧方头H4∶9）；4.尊形器（鹿台岗H9∶37）；5.卷沿束颈盆（尧方头H1∶2）；6.卷沿束颈盆（鹿台岗F1∶3）；7.浅盘豆（鹿台岗H9∶30）；8.碗形豆（鹿台岗H35∶12）；9.大口罐（鹿台岗H35∶1）；10.中口罐（鹿台岗H35∶25）

器表纹饰以绳纹为大宗，素面和磨光亦占一定比例。此外还有少量的旋纹和附加堆纹；器类比较丰富，以鬲、大口尊、盆、蛋形瓮、甗这五种器物构成陶器群的主体，此外还有一定数量的夹砂罐、小口瓮、敛口瓮及少量的器盖、捏沿罐等。

关于先商文化的分期，邹衡先生将其分为两期[5]，李伯谦先生分为三期[6]。靳松安先生结合前人的研究成果，将先商文化分为三期4段。[7]本文沿用靳先生的观点。先商文化与岳石文化的起始年代大体一致，分布地域相邻。在先商文化早期，少见岳石文化的因素。中、晚期阶段，先商文化中出现较多的岳石文化陶器，以及受岳石文化影响的器物。

1. 先商文化中期

相当于二里头文化三期阶段。这一时期，先商文化中发现有较多的岳石文化器物，主要器形有小口瓮、尊形器、卷沿束颈盆、浅盘豆、碗形豆、大口罐和中口罐等。（图8）

甗是这一时期先商文化受岳石文化影响的主要器物，主要特征为夹砂褐陶，实足尖，器表饰细绳纹，腰部多有附加堆纹。这种形制的甗在先商文化早期阶段便已出现，到先商文化中期阶段，甑部多呈深腹的盆形。

先商文化二期阶段，其实力增强，同东边的岳石文化发生频繁的交流。这一时期的岳石文化中也常见先商文化的陶器，说明商族与东夷集团关系融洽。

2. 先商文化晚期

相当于二里头文化四期阶段。这一时期先商文化与岳石文化的交流更加频繁。在郑州的南关外、省中医院、电力学校、青年公寓、二里岗等遗址均发现有岳石文化陶器，说明这一时期先商文化与岳石文化共同东进，占领了原二里头文化的势力范围。表现在陶器上的器形主要有卷沿束颈盆、豆、子母口器盖、甗、中口罐等（图9），陶器数量也进一步增多。

甗这类器物在先商文化晚期阶段数量很多，从其形制观察，应该依然受到岳石文化的影响。鬲是商文化的代表性器物，在郑州地区出现的夹砂褐陶，器表有刮抹痕迹的陶鬲，应该是受到了岳石文化的影响。此外，鹤壁刘庄下七垣文化墓地也发现有一定数量的岳石文化器物[8]，如豆，明显有别于先商文化的陶豆，与岳石文化的陶豆十分相似。

先商文化与岳石文化分布区域相邻，两种文化中都可见到对方的文化因素，从交流程度而言，先商文化与岳石文化的交流似比二里头文化与岳石文化的交流频繁。特别是到先商文化晚期，即二里头文化四期阶段，随着"商夷联盟"的形成，往往可见两种文化共存于同一个遗址。如鹿台岗遗址，同时共存岳石文化和先商文化遗物（图10），以至于部分学者认为该遗址属于岳石文化的一种地方类型，也有学者认为其属于先商文化的地方类型。

郑州南关外遗址可分为上、中、下三层，其中第三层被称为"南关外期"。[9]对于"南关外期"的性质，学术界的争论较大。究其原因，是因为"南关外期"同时包含有二里头文化四期、先商文化晚期和岳石文化的器物。因此，很难将其归入到某一种文化中。通过分析陶器可以看出，"南关外期"中包含的二里头文化四期陶器相对较少，先商文化和岳石文化陶器较多。所以"南关外期"应该是属于以先商文化、岳石文化为主体的混合文化。"南关外期"的存在，表明"商夷联盟"在

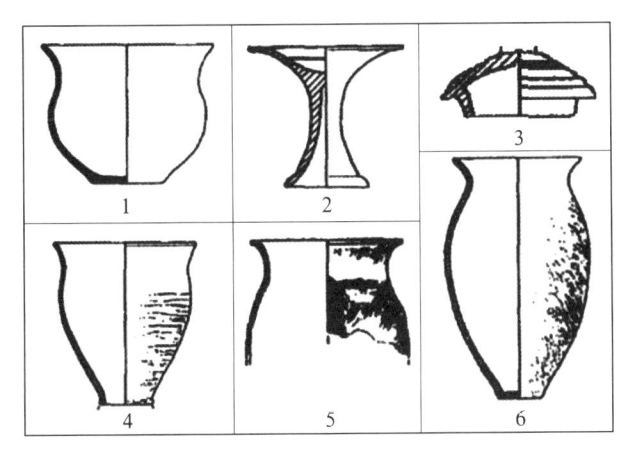

图9 先商文化晚期出土的典型岳石文化器物
1.卷沿束颈盆（南关外C5H62∶15）；2.豆（何庄T9⑤∶2）；3.器盖（省中医院92C8ⅡH106∶01）；4.甗（二里岗C1T18∶237）；5.中口罐（电力学校89ZDH6∶70）；6.中口罐（青年公寓85C8ⅡH50∶25）

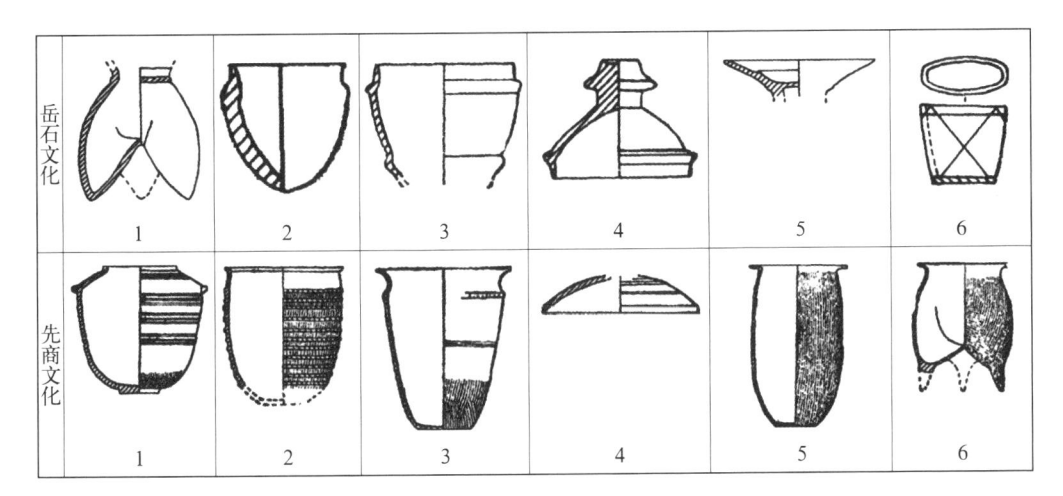

图10 鹿台岗遗址出土的岳石文化和先商文化器物
岳石文化：1.甗（T24⑤∶1）；2.鼎（T27⑤A∶14）；3.尊形器（T27⑤∶67）；4.器盖（T27⑤∶36）；5.浅盘豆（T27⑤∶90）；6.舟形器（T27⑤∶15）

先商文化：1.瓮（H9∶39）；2.箍状堆纹缸（H9∶5）；3.大口尊（H9∶6）；4.器盖（H39∶78）；5.橄榄状罐（H9∶2）；6.鬲（H9∶18）

郑州地区同夏王朝产生了激烈交锋，迫使二里头文化西退，商夷联军则紧随其后，进入二里头文化的核心区，最终灭掉夏王朝。

二、商代

早商阶段，中原地区多处遗址发现有典型岳石文化器物以及受岳石文化影响的器物。如郑州商城的南关外、二里岗、紫荆山北、河医二附院、白家庄、宫殿区等。（图11）此外，二里头遗址、偃师商城、新郑望京楼、小双桥、洹北商城等遗址也有发现（图12），包括陶器和石器两类。

（一）二里岗下层

这一时期的典型岳石文化器物多出现在商王朝的核心地区，即郑州商城范围内，如二里岗、宫殿区、南关外等遗址点。主要器形有中口罐、甗和卷沿束颈盆。商城之外的遗址点发现较少，目前仅在原夏王朝的核心区二里头遗址及偃师商城出土有典型的岳石文化陶甗和陶鼎。

需要注意的是，二里岗下层阶段，特别是下层一期，相关的文化遗迹和遗物发现并不太多。这与后期破坏及考古工作的开展情况有关，原本遗留下的岳石文化遗物可能更多。此外，该时期的岳石文化器物主要集中在郑州商城范围内，此外仅二里头遗址和偃师商城有少量出土。这一现象表明，东夷集团在帮助商族消灭夏王朝后，大部分人返回故土。留一小部分在原二里头文化的核心分布区，助商人控制夏遗民。还有部分东夷人留在商都为官。文献记载，来自东夷的伊尹辅佐商汤建国，深受商王欣赏。商汤死后，伊尹又相继辅佐外丙、仲壬、太甲等商王。其中在太甲

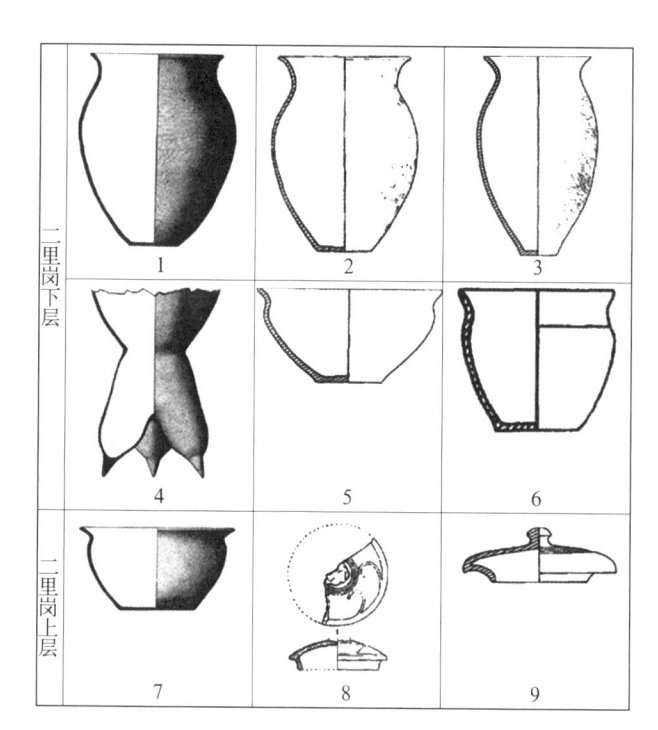

图11 郑州商城出土的岳石文化典型器物

1、2、3.中口罐（二里岗T19：7、南关外H170：6、宫殿区Ⅱ H50：25）；4.甗（二里岗H28：10）；5、7.卷沿束颈盆（南关外T114②：140、二里岗T21：77）；6.大口罐（河医二附院T4④：3）；8、9.子母口器盖（紫荆山北H10：18、白家庄T4②：26）

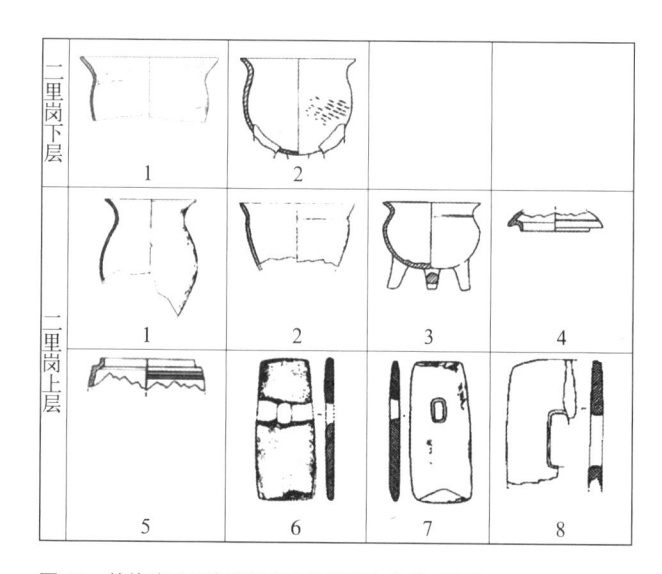

图12 其他遗址早商阶段出土的岳石文化典型器物

二里岗下层：1.甗（二里头04VH305：2）；2.鼎（偃师商城98YSIVT54H180：1）

二里岗上层：1.深腹罐（二里头ⅤD2H8：7）；2.甗（二里头ⅤD2北③：1）；3.鼎（望京楼M12：3）；4.子母口器盖（小双桥99IXH51：25）；5.子母口尊（小双桥00ⅤT97④A：189）；6、7、8.方孔石器（小双桥95IVH65：5、小双桥ZSX采：3、洹北商城M22填土）

时期，因太甲年少无知，为政不当，"于是伊尹放之于桐宫"，可见伊尹的权力之大。这也表明在二里岗下层阶段，"商夷联盟"可能得以延续，商王朝与东夷集团关系融洽。从商王朝的势力范围的变化也可证明这一点，即早商阶段，商人向北、西、南三面扩展，唯独属于东夷集团势力范围的东方维持原状。

（二）二里岗上层

本阶段郑州商城范围内典型的岳石文化器物有减少的趋势，目前仅发现卷沿束颈盆和子母口器盖两种器形。商城之外二里头、小双桥、望京楼和洹北商城出土有岳石文化器物，器形包括深腹罐、甗、鼎、子母口器盖、子母口尊和方孔石器。

二里头遗址的岳石文化器物应该是下层阶段的延续。望京楼遗址作为商代的一座军事重镇，出土一件陶鼎，有可能是随军带入的。小双桥遗址发现数量较多的子母口器盖和岳石文化独有的方孔石器。对于小双桥遗址的性质，学术界存在较大的争议，大体有隞都说、王陵说、离宫别馆和祭祀场等观点，其中离宫别馆和祭祀场的说法较有说服力。小双桥遗址所在的自然环境良好，距离郑州商城较近，面积小、不见大型宫室建筑以及与郑州商城存在共存期等，表明此处极有可能是商王朝的离宫别馆、休闲娱乐之所。[10]同时，小双桥遗址发现有大量的祭祀坑，包括人牲祭祀遗存、牛头（角）类祭祀坑、综合祭祀坑和奠基坑等。[11]在生产力相对低下的商代，人口是重要的劳动力，用大量活人祭祀的行为，使我们不得不重新审视这些牲人的身份，他们极有可能是战俘。这些战俘作为商王对外征伐的战利品，被带回到祭祀场杀掉，以向先祖献捷。大量祭祀坑的存在表明小双桥遗址同样极有可能是作为商王室的祭祀场被使用。岳石文化独有的方孔石器，大量发现于小双桥遗址，且在该处发现的方孔石器多似被红色颜料浸染过，说明这些方孔石器可能有祭祀的特殊含义。表明这些被用作人牲的战俘极有可能便是东夷人，这一推断在文献记载中可找到佐证。

古本《竹书纪年》记载："仲丁即位……征于蓝夷。""河亶甲即位……征蓝夷，再征班方。"据有关学者考证，蓝夷、班方都属于东夷的一支。说明在仲丁、河亶甲时期，商王朝确与东夷集团交恶，致使商王朝征讨蓝夷、班方。征伐取得胜利后，将战俘及具有代表意义的方孔石器带到商王朝的祭祀场小双桥，举行杀祭献捷仪式，告慰亡灵。洹北商城墓葬填土中发现的一件方孔石器，也应该属于战利品，被埋入死者的坟墓中。

山东中西部地区，岳石文化被商文化取代的年代大约在白家庄期。安丘堌堆、尹家城、大辛庄等遗址商文化的肇始时间在白家庄期前后，之后的殷墟文化遗存更为丰富。白家庄期之后，商文化迅速东扩，占领原岳石文化分布的豫东、鲁西南、鲁中等区域，岳石文化不断向东收缩，直至消亡，代之而起的珍珠门文化偏安于胶东半岛，其年代约为殷商至春秋时期。随着商王朝的征伐，东夷文化势力逐渐衰弱，已无能力对中原地区的商文化产生影响，并最终融入商文化、周文化。

三、结语

在二里头文化三期之前，中原地区的东方因

素集中在夏王朝的核心地区，即新砦遗址、二里头遗址。二里头文化三期时，除二里头遗址外，豫东与岳石文化分布区相邻的两处遗址也发现了岳石文化的遗物，表明岳石文化已经进入豫东地区，并与二里头文化产生了交流和碰撞。到二里头文化四期时，岳石文化已经进入郑州地区，并进一步深入夏王朝的心腹地区。开始于二里头文化二期阶段的先商文化，在其一期阶段时，实力相对较弱，控制范围相对较小，与岳石文化基本无交流。到先商文化二期时，其与岳石文化的交流明显加强，各自文化中均有对方的文化因素。至先商文化三期，为灭夏的需要，商族与东夷集团联合，形成"商夷联盟"，共同西进消灭了夏王朝。灭夏之后，大部分东夷人返回故土，少量战斗人员留在原夏王朝的核心区，帮助商人控制管理夏遗民。还有少量东夷人在商朝为官，辅佐商王。总体来说，在二里岗下层阶段，商夷关系融洽，商王朝核心区及其周边发现有一定数量的岳石文化遗物，商朝版图向北、西、南三面扩展，唯独东面滞展的现象也可说明此点。到二里岗上层阶段，商、夷关系开始恶化，商王征伐东夷，并将战俘和战利品带回商王祭祀场献祭。在商王朝的征讨之下，东夷集团不断向东收缩，直至融合消亡，原文化分布区被商王朝占领。这一历史演变脉络也得到了相关史料记载的证明。

从夏商时代中原地区东方因素的数量来看，夏代的东方因素经历了从较多变少再变多的过程。商代的东方因素则由多逐渐变少，随着东夷集团的灭亡而消失。从分布区域看，夏商时代中原地区的东方因素主要集中在王朝的核心地区以及两种文化分布的相邻地带。

---

[1] 北京大学震旦古代文明研究中心，郑州市文物考古研究院. 新密新砦——1999—2000年田野考古发掘报告[M]. 北京：文物出版社，2008.

[2][7] 靳松安. 河洛与海岱地区考古学文化的交流与融合[M]. 北京：科学出版社，2006.

[3] 王琼. "后羿代夏"的考古学观察[D]. 郑州：郑州大学，2011.

[4] 张国硕. 论夏末早商的商夷联盟[J]. 郑州大学学报（哲学社会科学版），2002（2）.

[5] 邹衡. 关于探索夏文化的途径[C]//夏商周考古学论文集. 北京：文物出版社，1980.

[6] 李伯谦. 先商文化探索[C]//庆祝苏秉琦考古五十五年论文集. 北京：文物出版社，1989.

[8] 河南省文物局. 鹤壁刘庄——下七垣文化墓地发掘报告[M]. 北京：科学出版社，2012.

[9] 河南省博物馆. 郑州南关外商代遗址的发掘[J]. 考古学报，1973（1）.

[10] 张国硕. 小双桥商代遗址的性质蠡测[J]. 殷都学刊，1992（4）.

[11] 河南省文物考古研究所. 郑州小双桥——1990—2000年考古发掘报告[M]. 北京：科学出版社，2012.

中国国家博物馆藏信阳长台关楚墓出土青铜器再认识

文物品鉴

于 璐
中国国家博物馆

摘要：中国国家博物馆藏信阳长台关楚墓出土青铜器共计96件（组），这批青铜器主要来自1956—1957年发掘的河南信阳长台关M1和M2楚墓。本文旨在在前人研究的基础上，结合近年发表的各类考古资料对这批长台关出土青铜器进行梳理、总结和再认识。通过对此批文物的整理与研究，为今后人们对馆藏楚系青铜器的深入探讨提供更为翔实的依据，从而提出新的学术观点。

关键词：战国；楚系青铜器；信阳楚墓

一、国家博物馆藏信阳长台关楚墓出土青铜器概况

中国国家博物馆藏信阳长台关楚墓出土青铜器共96件（组），其中乐器24件，包括编钟13件、编钟插销11件；铜容器及附属铜器34件，包括鼎4件、鼎勺8件、三足铜敦1件、带盖铜敦1件、铜壶1件、高足铜壶2件、带链铜壶1件、双环铜盘2件、铜匜1件、铜盉1件、带链铜炉1件、铜箕1件、铜镂空夋形器2件、铜勺1件、铜匕4件、铜器盖3件；兵器6件，包括铜戈4件、铜戈镦2件；车马器19件，包括车工4件、车軎6件、铜车马饰3件、包金铜泡4件、钩状车饰2件。另外，还有铜削刀2件，铜镜1件，铜鼓环2件，铜铺首衔环3件，铜环1件，铜板4件。

经梳理，这96件（组）文物主要来自中国社会科学院考古研究所于1957—1958年发掘的信阳长台关楚墓。1958年，这批文物由河南文化局划拨给原中国历史博物馆（今中国国家博物馆）。

此批铜器皆为实用器，部分文物上还有使用痕迹。胎壁较薄，呈赤褐色，多数器表通体素面

无纹饰，唯少数器外或镶嵌松绿石，或错银质云纹（错银铜饰），或涂彩漆图案（镜）。铜器大多以浑铸法制成，再另铸附件如环、钮等铆进铜器壁内。

（一）出土地点与墓葬简述

信阳长台关楚墓位于河南省信阳市以北20公里处的长台关西北小刘庄后的土岗上。土岗高约50米，南北长10余公里。岗脊上分布着6个土冢，淮河从岗南绕过向东北流去，地势崎岖，甚为险要。相传土岗的东北有战国时代的楚王城和太子城。1956年春，当地农民在小刘庄后岗土冢西北20米处打井时发现了一座墓葬，即信阳长台关一号墓。1957年3月，考古人员前往发掘，5月底田野工作结束。1958年春，又在该墓东面10米处发现了另一座墓葬，后被定为信阳长台关二号墓。

一、二号墓形制相同，土圹里皆有用方形木板筑成的庞大椁室。椁室内又分前室、主室、右侧室、左侧室、后室、左后室、右后室等七室。各室之间无门可通。

椁室内各室置墓主人的木棺和随葬品。遗物类型丰富，不同种类的随葬品放置的位置也不尽相同。前室放有竹简、乐器（鼓、瑟、编钟等）、铜鼎、铜盘、陶壶、漆案等日常用器，此处竹简的内容主要记述墓主的生平事迹；主室置棺，棺中人骨架旁置各类玉饰和带钩等；左侧室放置出行用车马器；右侧室置漆案、俎、豆、杯和陶鼎等；后室置镇墓兽和俑；左后室有床、席、案、几、竹简和工具箱等，此处随葬的竹简为遣册，记载墓内随葬器物的名称和数量；右后室置漆案、圆盘豆、跪俑、陶瓷和竹器。

（二）文物概述

鼎4件。出土于长台关楚墓M1前室中部靠近东壁处，出土时共发现4件，大鼎居中，小鼎依次放于其左、右两侧，鼎足间置有铜鼎钩。4件鼎形制基本相同，大小略有差异。鼎盖中央隆起，饰兽面衔环一个，中部饰弦纹一周。弦纹之外饰环状钮三个，再外又饰弦纹一周。口微敛，口沿内折，其外有子口以承盖。器腹扁圆外鼓，饰弦纹一周。大鼎的器底有烟炱痕迹，高足，器足作兽蹄形。（图1，图2，图3）

鼎钩4对，共8件，组数与鼎的数目相同。

三足铜敦1件。出土于长台关楚墓M1前室。整体呈球状。盖顶有三个鸟形钮，鸟昂首，圆眼，呈振翅欲飞状。鸟的颈部饰以勾云纹，鸟身饰云纹，翼铸翎羽纹。器盖的两侧各有一环状耳，器耳上饰有涡纹。盖身与盖顶形制相同，器身与器盖分置则成为两器。器口平整可以承盖。

图1　青铜鼎1

图2 青铜鼎2　　　　　　　　　　图3 青铜鼎局部

敦1件。出土于长台关楚墓M1前室西壁与铜鼎中间，出土时有2件，馆藏仅1件。器身素面，整体呈圆球形，盖顶部略平，有环状钮3个。器盖内壁与钮对应处各有一个附加的假钉。敦盖的铸法是先铸一完整的敦盖，并于钮处相应地留出圆孔，再另铸环钮，将其尾部插入预制的圆孔内，铆于盖上。盖与器身以子母口扣合。器身的左右两侧各有一耳（腹壁内侧亦有假铆钉），耳内衔环，耳与环的表面起棱，皆作五棱形，圜底。

壶1件。出土于长台关楚墓M1前室中部铜鼎和西壁之间，共出土2件，馆藏1件。器物整体呈素面，无纹饰，盖顶隆起呈伞状，盖上附有3个环形钮。向外偏斜的器盖下部微敛，扣于壶口内。壶口较直，长颈，鼓腹，肩部两侧各饰一兽面衔环，下腹内收，平底，高圈足。

高足壶2件。出土于长台关楚墓M1前室。通体素面无纹饰，器身上部呈壶形，侈口，口沿内折，上有盖。圆腹，圜底，高圈足，圈足底部有一小孔，柄部饰有一周弦纹。肩部两侧各有一兽面衔环。

提梁壶1件。出土于长台关楚墓M1左后室中部，出土时压于拆散的床下。器身通体素面无纹饰，敞口，圆腹，平底。腹上部有链状提梁。出土时有器盖，现器盖不知所终。

双环铜盘一大一小共2件。大的出土于长台关楚墓M1左后室，出土时大的一对铜盘叠摞摆放，盘中盛有匜、提梁壶、铜箕。通体素面，侈口，折沿，平底。腹的两侧各有一衔环耳，在盘内与环耳相对处有假铆钉。小的出土于长台关楚墓M1前室，出土时同样是成对出现，形制与大盘相同。

匜1件。出土于长台关楚墓M1左后室。通体素面无纹饰，瓢形，近平底。后部外壁有一钮，衔环内与环钮相对处铸一假铆钉。

盉1件。出土于长台关楚墓M1左后室。盖顶有四个环钮。器身素面，盖口微敛。直平沿，短颈，鼓腹，近平底，高兽足。肩上有一半环状的提梁。兽首型流嘴，做张口状。

炉1件。出土于河南信阳长台关M1左后室。器身素面无纹饰，直口，近平底。底面环绕一道弦纹。腹两侧各有一连环状的提链。三蹄足，足上部饰有兽面纹。出土时火盆内有木炭13块，现存2块。

箕1件。出土于长台关楚墓M1左后室。通体素面无纹饰，平底，在后壁外侧饰有一个铜环钮，环外起棱，壁内与环钮相对处铸一假铆钉。

镂空兽纹奁2件。出土于长台关楚墓M1前室东北角。口微侈。口沿下及近底部各有一周带状错红铜的连续云纹，在云纹中镶嵌有菱形的松绿石。器身为六组镂孔饕餮兽面图案。饕餮兽面上铸有精致的三角纹、涡纹、颗粒纹。平底，底面亦有镂空的云纹和颗粒纹。蹄足，足上部饰兽面纹。（图4，图5，图6，图7，图8，图9）

铜勺1件。出土于长台关楚墓M1前室中部偏西的位置。通体铜质，无纹饰，勺身呈椭圆形，深3厘米。柄作扁平长条形。

图5 镂空兽纹奁A局部1

图4 镂空兽纹奁A

图6 镂空兽纹奁A局部2

图7　镂空兽纹奁B

图9　镂空兽纹奁B局部2

图8　镂空兽纹奁B局部1

铜匕4件。出土于长台关楚墓M1前室中部，与鼎同出，纵放于鼎的西侧，共出土5件，馆藏4件，数目与鼎的数目相同。可能与鼎钩一样为鼎的附件。

编钟13枚附11枚铜辖。编钟长方扁平，鼻钮，上有涡云纹，钲两旁各有二篆九枚，两铣下垂，制作工整，篆、午等部分都有精美的花纹，凸起的地方为变形蟠螭纹，低下的地方为纤细的漩涡纹、绳索纹等交织成的图案。铜辖正面铸作兽面形浮雕，眼、耳、口、鼻凸起，并以粒纹、涡纹和变形三角纹作地。背面铸插键，末端有一与键垂直的圆孔。（图10，图11）13枚编钟中最大的一枚有铭文12字："隹（惟）荆历届乐晋人，救戎于楚竟（境）。"

铜戈4件。出土于长台关楚墓M1左侧室西

图10 "荆历"编钟1

图11 "荆历"编钟2

南。4件形制基本相同，通体素面无纹饰，无铭文，长胡，四穿，直内上有一横穿，援上扬，中部起棱，双刃。阑长于胡。

铜戈镦2件。出土于长台关楚墓M1左侧室的西北。两件形制相似，通体素面无纹饰，镦上部作扁筒形，中部有凸起的箍形纹，下部成八面形，筒壁有两个透孔，用以容钉，防止镦体脱落。

车马器19件。车马器大都通体素面无纹饰，少数上有弦纹，钩状车饰上有兽面纹。

工具有铜削刀2件。其中一件削身凸背凹刃，刃锋利。柄细长，柄端有椭圆形环。削身两面皆饰有相同的钩状纹和变形三角纹，柄无纹饰。器表鎏金已经脱落。环柄缠裹织物，已腐朽。另一件纹饰稍异，柄有纹饰。

此外，还有彩绘铜镜1件，铜鼓环2件，铺首衔环3件，小铜环1件，铜板4件。

（三）关于信阳长台关楚墓的年代问题

信阳长台关楚墓从1956年发现距今已有65年，离报告出版也过去了35年，这期间不断有新的楚墓材料发掘出土和公布。因此对信阳长台关楚墓的相关问题的研究也在不断推进，首先就是信阳长台关楚墓的年代问题。

关于信阳长台关楚墓的年代问题主要有四种观点。第一种观点认为是春秋晚期。郭沫若先生根据一号墓的编钟铭文，认为信阳长台关楚墓的下葬年代为春秋晚期。[1] 另外日本学者林巳奈夫根据墓中出土的陶鬲、方壶、方鉴、圆鉴、簠、绳纹圆底盉、木方壶等造型与寿县蔡侯墓同类器物近似或雷同，从而认定信阳长台关楚墓与蔡侯墓年代相仿，属春秋晚期。

第二种观点认为是战国中、晚期。中山大学古文字研究室学者认为信阳长台关楚墓出土文物与江陵望山楚墓出土的文物诸多雷同，且根据望山楚墓的竹简简文，认为望山楚墓的墓主应为昭固，"勾践"剑乃楚国灭越后楚怀王赠予昭固的，并随葬入墓，从而将望山楚墓的年代定在楚国灭越后，即公元前309—前306年之后。随着望山楚墓年代的断定，信阳长台关楚墓也被定在战国中、晚期。

第三种观点认为是战国早期。信阳长台关楚墓发掘报告中所述，信阳长台关楚墓的土圹、白膏泥填土以及大量战国前期遗物如两批竹简、大量的青铜器、漆木器，均与望山楚墓的同类器物相同，似乎可以断定信阳长台关楚墓与望山楚墓的时代同属战国早期。并认为就相对年代论，信阳长台关楚墓应早于望山楚墓，晚于蔡侯墓。裴明相等学者认为信阳两墓的时代应为战国早期偏晚，与湖北江陵望山一号墓接近，但要晚于淅川下寺二号墓和固始侯古堆墓。[2]

第四种观点认为是战国中期，也是目前学术界主流的观点。持这种看法的学者包括朱凤瀚[3]、许宏[4]、刘彬徽[5]等。通过比较信阳长台关M1与随州擂鼓墩M2，江陵望山M1、M2，荆门包山M2等战国中期墓葬中出土的铜器和陶器，可以比较清晰地发现信阳长台关楚墓出土的器物应是战国中期器物，本文也持此观点。

二、馆藏信阳长台关楚墓出土青铜器与新出土楚系青铜器的分类比较

通过对信阳长台关M1与随州擂鼓墩M2，江陵望山M1、M2，荆州包山M2等战国中期墓葬的研究，可以发现这一时期楚墓中主要的青铜器组合为鼎、敦、壶、盘、匜，和中原地区的青铜器组合基本一致。[6] 从目前已发表的研究楚系青铜器的文章看，使用的多为2000年之前发表的材料，本文除选择这些材料，还选择了部分2000年之后发表的材料与馆藏楚系文物作对比。对比的主要器类为鼎、敦、壶、盘、匜、盉、炉等。

（一）鼎

这一时期的鼎口沿内折，唇上伸，形成子口，称为子母口鼎，在望山M2出土的46号竹简中记载这种鼎为馈鼎。[7] 这类鼎在楚墓内最早出现在淅川下寺M7中，战国早期以后，不仅大贵族墓内有此类鼎，在一些中小型楚墓内如仅出一二件铜鼎的也均为此型，这是战国时期最盛行的一类楚鼎。战国中期鼎盖上除环钮外，多为牛形钮，牛形或立或卧或侧伏，牛形钮在中原地区也有，但不如楚地普遍，这一特点可视为楚式鼎的特征之一。子母口鼎的腹部逐渐变得扁圆，甚至为扁盒状，足部则越来越细长。而同时期中原地区的鼎，其腹部并不如此扁圆，足部的变化与楚鼎正好相反，变得越来越短。人们常说楚式鼎，过去大多指这种子母口高足鼎。除望山M1、M2，近些年信阳长台关M7、安岗M1与M2、徐家岭M6都出土有这种鼎。与馆藏铜鼎相比，信阳长台关M7鼎盖上非环钮而是鸟形钮，其余部分基本相似；安岗M1、M2所出鼎的顶盖上均为伏兽钮或鸟形钮而非环钮，有一式的鼎耳为方耳而非环耳，其余形制基本相似；徐家岭M6出土铜鼎与馆藏铜鼎相比在近盖沿处有三个卧牛形钮而非环钮，其余形制基本相似。

（二）敦

这一时期的敦，器体为圆体或椭圆体，器盖、器身的钮与足相同，即上下对称。这种敦也是战国早期至战国晚期流行的主要器型，一般所说的楚式敦均指此型，是楚铜器在战国时期流行的主要器类之一。湖北老河口安岗1号楚墓、2号楚墓和徐家岭6号墓各出土了两件这种敦。[8] 这三座墓葬所出的敦与馆藏的敦形制相同，皆由盖、身

扣合成圆球体。盖、身敞口，弧腹内收，凸圜顶、底，口外侧有对称双环耳，各有三鸟形钮、足，器耳上都饰有涡形纹。

（三）壶

壶，在有的研究著述里也称为铺首壶或楚式圆壶，流行于战国时期，腹部有的有光素，有的饰凹弦纹，但都有铺首衔环。从战国早期到战国晚期的变化看，腹部最大径由中腹渐移至上腹，圈足也不断增高。湖北老河口安岗1号楚墓出土有4件壶、2号楚墓出土有2件，徐家岭6号墓出土有2件，馆藏1件。这几件器物的相同之处在于肩有铺首衔环，圆鼓腹，平底，高圈足。呈子口浅弧盘状盖，盖周有鸟喙状钮。素面。

（四）盉

战国中、晚期进入楚盉的晚期形式。楚盉的繁复装饰退化，变得较为简朴，腹部无花纹，无龙形錾，提梁也无龙纹饰，仅流的口部仍作龙首，但也已简化，显得相当素朴。如信阳楚墓、望山楚墓、包山楚墓所出的盉，虽然其体形仍与早期相同，但风格有异。湖北老河口安岗1号楚墓出土有1件盉，直口微敛，圆肩，上腹鼓，下腹弧收，平底，三兽蹄足。腹侧外伸虎首流，肩部有弓形提梁。呈浅折盘状平顶盖，盖顶中心弓形钮套环，外环直接套在提梁上。素面。馆藏的这件盉与安岗M1所出的盉稍有区别，首先是肩部的提梁位置不同，安岗M1盉的流部与提梁的方向相同，馆藏盉的流部与提梁的方向垂直。其次馆藏盉的盖与安岗M1不同，馆藏盉的盖上有4个圆钮。

（五）盘

这一时期盘的主要器型为无足盘。盘底呈圜底内收或平底，战国早期以后至楚亡广为流行，

成为战国时期盘型的主要形式。战国中期楚国贵族墓的铜盘均为此型，较大者腹有四环耳。这种器型除个别较精者，大多简素，与春秋晚期和战国早期的楚式盘相比乃是楚式盘的退化形式，反映了盘由盛而衰的演变过程。安岗M1、M2各出土1件盘，形制与馆藏的盘一致，敞口，宽折沿上仰，上腹斜直内收，有对称衔环钮，下腹折收，大平底。徐家岭M6出土1件，形制略有不同，折沿，敞口，直腹，平底，口沿下有两个对称的环钮，钮内套一个大铜环。在随州擂鼓墩2号墓也出土1件相似的盘，出土时盘内放有1件铜匜。此盘直口微敛，方唇沿。上腹壁斜直，对称地饰有两个环形双耳套一圆环，环截面呈椭圆形。折腹，下腹壁内收，平底，矮圈足。通体素面。擂鼓墩所出的盘与馆藏的盘有些许不同，第一是口沿有区别，馆藏为敞口折沿，而擂鼓墩M2所出的为微敛口，方唇沿；第二是馆藏盘为平底，擂鼓墩M2所出的为矮圈足。形成这种区别的原因可能是因为擂鼓墩M2虽然带有一部分曾国铜器的特征，但已受到楚式青铜器的影响。

（六）匜

这一时期的匜多为环钮錾平底式，和楚系铜盘衰退形式一样，这是匜的衰退形式，大约在春秋晚期到战国早期就已出现。此时的流还为环形，之后流又退化为敞口式，錾变龙形为环钮，纹饰变为素面。从此以后直至战国晚期都为此型。如望山M1、信阳长台关楚墓所出均如出一辙。安岗M1、M2各出土1件匜，形制与馆藏的匜一致，匜口平面呈椭圆形，敛口，弧腹，平底，前有上翘长方形流，尾有衔环圆钮。略有区别的是馆藏的匜尾部有弧度，而安岗M1、M2所出匜尾部较平。

（七）炉

这是隆冬季节礼仪活动和贵族日常生活中少不了的器物。一般由盛放炭火的炉、加炭的漏铲和铲炭灰的箕等三器组成，有的单出。曾侯乙墓出土的1套3件均放置在一起（箕、铲置于炉内），是表明三者同为一套取暖用具的最好实例。在信阳长台关M1内出土的炉内存有木炭，竹简遣策2-028记为"苍炭（炭）盤（炉?）"，指明为燃炭之器。这也是表明炉为取暖器的物证。

圆形炉出土较多，炉体浅如盘形，底下均有三足，双耳多有提链，曾侯乙炉的提链由四节双连环相互套接，接于环钮耳上。三足作兽形，兽首反顾向外，头部顶托腹底，身尾着地。腹部镶红铜勾连云纹。[9]随州擂鼓墩M2出土的炉，内置箕1件，形制与曾侯乙炉相同，稍大，口径51.5厘米。馆藏的炉和江陵望山M1的炉形制均与曾侯乙炉相似，但形制比较简朴，也比较小。馆藏的箕与炉同出。曾侯乙墓出土的箕器体、器表及曲栏模仿竹篾编织的形状，其他墓葬所出箕大都朴素无纹，如荆门包山M2、江陵望山M2出土的箕形制与馆藏的箕相同，通体素面无纹饰。

三、对馆藏信阳长台关楚墓出土青铜器的再认识

（一）关于部分青铜器定名问题

馆藏青铜器中有一件被定名为敦的器物，出土时有2件，馆藏1件。器身素面，整体呈圆球形，盖顶部略平，有环状钮3个。盖与器身以子母口扣合。器身的左右两侧各有一耳，耳内衔环，耳与环的表面起棱，皆作五棱形，平底。报告称这件器物为敦，显然是不妥的。首先，在信阳长台关M1出土的2-80号竹简里，有"𣄣"这个器名，"𣄣"字也有可能就是"会"字或金文中的"金会"字。《说文》中说："会，合也。"所以会与合意思相通。其次，在竹简2-025号中有二𣄣豆的表述，可能指的就是这两件器物。最后，随着大量楚墓材料的不断公布，战国中晚期的敦演变为盒已得到了证明。青铜礼器组合也由鼎、敦、壶等变为鼎、盒、壶等，所出土的盒不乏精美者。敦变为盒的过渡性器物在楚墓出土的陶敦中表现得比较清楚，如湖南常德德山楚墓中晚期陶敦的盖顶与器底均作平底，而腹壁弧形状仍如敦形，盖顶仍有兽型钮。[10]再变化一下，去掉敦的盖钮与器足即成盒形了（有的器底加上浅圈足）。馆藏这件铜器，可能也是敦向盒转变的中介器类，应归属盒类，因有与敦形相近之处，可以称之为敦形盒或者盒。

（二）关于部分特殊器型的新认识

馆藏有带提梁的壶1件。出土于河南信阳长台关M1左后室中部，出土时压于拆散的床下。器身通体素面无纹饰，敞口，圆腹，平底，腹上部有链状提梁。朱凤瀚先生在他的《中国青铜器综论》中认为此器为缶。这件器物入馆时被专家定名为卣。

首先，这一时期的提梁壶皆是细长颈，这件器物为短颈，其腹部和肩部的弧度也与壶不同。其次，此时期不论是尊缶还是鉴缶均不见带提梁的器型，但曾侯乙墓中出土有耳上带提链的盥缶。最后，在目前发现的战国楚墓中不见卣的出现。因此对于这件器物的定名和定性还需要后续材料公布后再进行判断。

馆藏有 2 件被定名为镂空兽纹奁的器物，根据新发表的材料推测可能为熏香用的物品，也被部分学者称为镂孔筒形熏杯。目前已发现的所有同种器物均属战国时期，较早者有曾侯乙墓、固始白狮子地 M1，在战国中期的楚墓内也出土了多件，如馆藏这 2 件。这 2 件器物器壁为镂空的变形龙纹（纹线内饰小三角形与涡纹），嵌绿松石，底有三蹄足。包山 M2 的一件与馆藏这件基本相同。江陵望山 M1 出土 1 件，壁有 8 条镂空龙纹，出土时被一件丝织香囊包裹着，器内尚存一些植物残片，因常年浸泡于积水中不能鉴定为何种植物，推测应为香料性植物。[11] 江陵雨台山 M264 出土 1 件，60 条龙组成镂孔壁，龙长嘴有耳，身饰鳞片纹。杯底和望山 M1 出土的一样，作十字形镂孔。望山桥 1 号墓出土 2 件，两件形制相同，口微敛，方唇，直壁内收，平底镂空呈"十"字形，器身镂空为 6 组上下对称的三角形。

馆藏还有 2 件被定名为高足壶的器物，也被部分学者称为鼓腹豆形器，在江陵望山 M1 出土有 1 件陶质的此型器，可能为一种楚系食器。这种器物目前仅见这两例，其定名和功用的判断还需要后续的研究。

馆藏有 4 对鼎钩，共 8 件，组数与鼎的数目相同。与鼎同出，放置于鼎足间，可能是用以钩住鼎耳，以便于提取铜鼎的器物。形制基本相同，尺寸略有区别。钩身较长，一端有扁圆形环。环的合口处作榫状，插入钩身上端的銎内，故钩身可以摆动。除了信阳长台关楚墓，在曾侯乙墓出土同类型的器物共 14 件，镬鼎上的鼎钩出土时仍保持原状，4 件置于鼎耳上或挂于鼎口沿上，另 10 件规整地放在 5 件鼎盖上。这 14 件形制相同，由提手和鼎钩两部分组成，相接处为管形，套接后用铜栓钉连通，形成可以活动的旋钮，颇具技巧。随州擂鼓墩 M2 出土有 6 件鼎钩，器形与装饰较简朴。包山 M2 出土有 4 件，提环与钩相接处的结构和曾侯乙墓相同，但表面纹饰不同。

最后是馆藏 4 件鎏金的铜板，这 4 件铜板出土于信阳长台关 M1 主室的外棺下，出土时共有 7 件。在信阳长台关 M2 主室的外棺下也出土有这种形制的铜板，数量有 50 件之多，尺寸也略大。目前还不清楚这些铜板的功用，在这一时期的其他楚墓中还没有发现相似的器物出现。未来还需要对这些铜板进行后续的研究。

（三）关于信阳长台关出土编钟的探讨和再认识

馆藏这套出土于信阳长台关 M1 的编钟自 1957 年出土以来受到了学界的广泛关注。郭沫若在《信阳墓的年代与国别》一文中对这套编钟进行了分析，并对编钟上的铭文进行了释读，认为这套编钟属于春秋时期，墓主也不是楚人。顾铁符在《有关信阳楚墓铜器的几个问题》一文中，认为第 12 枚与第 13 枚之间，无论钟的大小，还是音阶都差异较大，推测这套钟应该有 14 枚。中央音乐学院民族音乐研究所调查组在《信阳战国楚墓出土乐器初步调查记》一文中对编钟做了详细的测音，发现第 12 枚与第 13 枚之间音分值差距很大，此外还通过对出土竹简的分析，认为编钟数目与遣册中记载的数目相符，是当年出土编钟中最完整的一套。之后还有一些学者对编钟做了研究，研究内容多集中于对编钟铭文的研究及通过对编钟的研究来判断墓主身份。

随着曾侯乙墓和江陵天星观 M1 中编钟的出土，我们可以大胆地推测：1. 最大的有铭文的一件与其他12件钟不属一套钟，它是勉强配套而外加的，这一套编钟的原有件数应该是12件。有铭文的一件钟其铭文内容可能未完。2. 这13枚钟虽分属两套，形制、纹饰也微有差异，但基本相同，这两套的国别、年代应一致。

做出上述判断的原因如下：首先，除去最大的一枚钟，剩下12枚钟的身高基本上呈等差数列递减，大的一枚比小的一枚高约1.01厘米。通高差约1.04厘米，铣间距差约为0.7厘米，鼓间距差约0.5厘米。但最大的一枚和次大一枚身高差3.2厘米，通高差4.8厘米，铣间距差2.2厘米，鼓间距差1.4厘米，明显与其他钟不同，钟的中长与铣长之比的大小也不相同。另外在遣册中记载共13枚钟，且遣册中标注的大多数器物可以对照上，因此我们认为这套编钟有14枚的说法还有待商榷。其次，黄翔鹏的《先秦编钟音阶结构的断代研究》一文中指出，这套编钟的首钟音准情况与全套不合，从音阶规律的承先启后发展过程来看，首钟也和前后联系不上，因此判断首钟可能是勉强配套外加的，原钟应为12件。最后，馆藏这套编钟的音阶和音域与曾侯乙钟有极大的相似性，与江陵天星观1号楚墓出土的4枚编钟相比不论是大小、纹饰还是形制都极为相似，因此我们可以判断馆藏信阳钟应归属楚系编钟，年代也应与天星观1号墓所出的钟相近。

（四）关于馆藏信阳长台关楚墓所出铜鼎的相关问题探讨

馆藏信阳长台关M1出土铜鼎共4件，一大两中一小。出土时有一大两中两小共5件，我们讨论馆藏信阳长台关楚墓所出铜鼎的相关问题时，应将5件鼎放在一起进行陈述。

首先，这5件鼎所代表的墓主身份问题。按照中原地区的列鼎制度，5鼎通常代表大夫阶层，在考古报告中也是如此描述的。但从墓室形制与椁室的数目判断，自应归入大墓类，属于王族或者上卿的墓葬。以江陵天星观M1与信阳M1作对比，二者椁室数量一致，皆为七室，且天星观M1的椁室面积还略小于信阳M1，但在7个椁室中有6室被盗，仅北室遗物保存完好的情况下，仍出土2440件文物，远超信阳M1的900余件。目前推断天星观M1墓主官职为楚国的令尹或者上柱国，仅从棺椁数量判断，信阳M1墓主也应属于这一级别，但出土随葬品数目又不相符。若仅从铜器群判断，却是中型墓所出铜器组合，铜鼎仅5件，且无升鼎，礼器总数（30余件）也不过和望山M1相近（28件）。望山M1的发掘报告称M1的墓主身份应为下大夫，因此，我们推测信阳长台关M1的墓主与望山M1的等级相当。至于其墓室、棺椁规模远远大于望山M1，可作两种解释，一是墓主使用棺椁为僭礼，另一种解释是使用铜礼器为礼降一等的"乱礼"。

其次，战国中期楚墓出土的铜鼎大多成对出现，每墓都有2对、3对、4对不等的对鼎，对鼎与对鼎之间大小有异。例如，信阳长台关M7，出土有两对子母口鼎，安岗1号楚墓出土有大小有别但形制相近的3对子母口鼎，安岗2号楚墓出土有1对子母口鼎，徐家岭M6出土有1对子母口鼎。该时期也有部分楚墓出土有单数鼎的情况，但多为数对鼎加一件单鼎的情况。例如，馆藏信阳长台关M1为一件大子母口鼎加两对稍小的子母口鼎，包山M2为9对鼎（升鼎1对、镬鼎1对、环耳鼎2对、子母口鼎5对）加1件汤鼎，望山M1出土4对子母口鼎加1件器型略有区别的子母口鼎。上述墓葬鼎的对数与墓葬等级呈正比。

最后，对馆藏铜鼎中最大鼎的讨论。在曾侯乙墓中出土有两件镬鼎，腹底有烟炱的痕迹，鼎内有半边牛的骨骼，两件镬鼎鼎耳下和耳侧器口上均挂有鼎钩。[12] 在包山M2中也有这种现象，包山M2中出土有一件牛镬鼎，器底有烟炱痕迹，鼎内有牛骨。[13] 馆藏的一件大鼎器底亦有烟炱痕迹，但鼎内无兽骨，鼎侧有鼎钩，出土时大鼎居中，小鼎依次放于其左、右两侧。

因此我们可以推断：1.对鼎鼎列的多少可能标志墓主身份的高低。2.战国中期的中型楚墓使用这类子母口鼎按对鼎大小相次的排列来取代中原地区的列鼎制度，即楚国地区的楚制列鼎序列的大小按双件（对鼎）递减，而中原地区的周制列鼎序列的大小按单件依次递减。3.馆藏的这件大鼎有可能有其独特的存在意义，即代替镬鼎存在。

四、结语

综上所述，我们对馆藏信阳长台关楚墓出土的青铜器进行了简单的梳理、总结和研究。通过对馆藏的鼎、敦、壶、盘、匜、盉、炉等器物与湖北老河口安岗M1和M2号墓、望山M1和M2号墓、信阳长台关M7号墓、随州擂鼓墩M2号墓、徐家岭M6号墓和曾侯乙墓等墓葬出土的楚式青铜器作比较，对馆藏楚式青铜器有了新的认识，也对战国中期楚式青铜器在墓葬中的器物组合和器型的流变有了新的认识。

除此之外还通过对一些考古资料和文献资料的梳理和研究，简要地探讨了战国时期楚式敦和盒的关系；对一些馆藏的较为特殊的战国楚式青铜器进行了分析和研究；并简单地对馆藏考古出土的楚式鼎和这套"荆历"编钟进行了再认识，并取得了一定的成果。

本文对馆藏信阳长台关出土青铜器的研究还比较粗浅，许多问题的研究还处于起步阶段，也有许多问题没有涉及，在后续对馆藏楚系青铜器的研究中会对这些问题做进一步的研究。

---

[1] 郭沫若. 信阳楚墓的年代和国别[J]. 文物, 1958（1）.

[2] 河南省文物研究所. 信阳楚墓[M]. 北京：文物出版社, 1986.

[3] 朱凤瀚. 中国青铜器综论[M]. 上海：上海古籍出版社, 2009.

[4] 中国社会科学院. 中国考古学·两周卷[M]. 北京：中国社会科学出版社, 2004.

[5] 刘彬徽. 楚系青铜器研究[M]. 武汉：湖北教育出版社, 1995.

[6] 杨宝成. 楚国青铜礼器组合研究[J]. 华夏考古, 2000（2）；袁艳玲, 张闻捷. 楚系青铜器的分期与年代[J]. 考古学报, 2015（4）；刘彬徽. 楚系青铜器研究[M]. 武汉：湖北教育出版社, 1995.

[7] 湖北省文物考古研究所. 江陵望山沙冢楚墓[M]. 北京：文物出版社, 1996.

[8] 谭白明, 刘九红, 袁晓林等. 湖北老河口安岗一号楚墓发掘简报[J]. 文物, 2017（7）.

[9][12] 湖北省博物馆. 曾侯乙墓[M]. 北京：文物出版社, 1989.

[10] 杨桦. 湖南常德德山楚墓发掘报告[J]. 考古, 1963（9）.

[11] 湖北省文物考古研究所. 江陵望山沙冢楚墓[M]. 北京：文物出版社, 1996.

[13] 湖北省荆沙铁路考古队. 包山楚墓[M]. 北京：文物出版社, 1991.

豫西北黑陶小镇盆窑老君庙舞楼及舞楼碑刻考*

牛永利

焦作师范高等专科学校　覃怀文化研究院

> **摘要**：盆窑村位于沁阳北部太行山山底，明清以来，村民以烧制黑陶制品为生。因生产需要烧窑，遂供奉道教太上老君为行业神，每年农历二月十五日和九月十五日，祭祀老君，酬神演戏。村民在老君庙增建戏楼，为演戏提供场所。根据老君庙现存的舞楼碑及戏楼可知，老君庙戏楼为依附镜框式戏楼，山门与戏楼合为一体，创建年代不详，清乾隆三十二年（1767年）重修过一次。
>
> **关键词**：沁阳；盆窑老君庙；舞楼碑刻

盆窑村位于豫西北沁阳市城区北12公里处，北靠太行山，南临万北村，东望山王庄村，西接西万村，太行八陉之"太行陉"沁阳段一支岔道由北向南从村中穿过，306省道从村南经过，清代属于利上乡二图[1]；民国时期，先后属沁阳县第四区、第二区；1949年以后，先后隶属于山王庄中心乡、西万人民公社、山王庄人民公社、山王庄乡、山王庄镇。[2]据《山王庄乡志》记载，"盆窑村原是万善北的山坡荒地，因村民最初在此种植庄稼，后因地势特殊，万善村民开始建窑，生产泥人、泥马、泥老虎等工艺品，随后开始烧制陶器。此地位于山王庄西，起初名庄西村。进入清代，人口渐增，烧窑户增多，更名为盆窑村"。[3]

盆窑村因生产黑陶而得名，清末民初，技艺达到巅峰，其制品以"黑如漆、明如镜、薄如纸、声如磬、硬如瓷"而受到清朝皇室以及海外人士追捧，成为著名的黑陶之乡。村民创建老君庙的目的便是祈求太上老君保佑烧窑时能够多出精品。每年农历二月十五和九月十五，祭祀太上老君，举办村会，并演戏一天。[4]

---

* 本文为2017年度教育部人文社会科学研究规划基金"河南戏曲碑刻收集整理与研究"（17YJA760009）的阶段性成果。

一、盆窑老君庙及戏楼建筑考述

盆窑老君庙位于村东北、太行山坡前，坐北面南，创建年代不详。现存老君殿、牛王殿、送子奶奶殿、玉帝殿、三教堂、戏楼等建筑。

老君殿，创建年代不详，重修于清雍正八年[5]（1730年），现存建筑为2014年重修，坐北面南，单檐硬山前廊式，面阔三间，进深一间，棕红色琉璃筒瓦覆顶（原本为灰筒瓦覆顶），五脊六兽，檐下有梁、斗拱、平枋、立枋。殿内两侧壁上彩绘漆金云龙图案。大殿前廊东山墙镶嵌清乾隆四十一年（1776年）《重修舞楼并创筑院墙碑记》石刻一通。

玉帝殿，位于老君殿东侧，创建年代不详，现存建筑为2014年重修，坐北面南，单檐硬山前廊式，面阔三间，进深一间，棕红色琉璃筒瓦覆顶（原本为灰筒瓦覆顶），正脊饰兽吻，四梁八柱。

老君庙院东有牛马王殿、送子奶奶殿等，各面阔三间，进深一间，单檐硬山式建筑，灰板瓦覆顶，明间开门，次间开窗。

2014年，村民重修老君殿和玉皇殿时，在玉皇殿东侧创建了三教堂。三教堂的筒瓦均为棕红色琉璃筒瓦。

老君殿对面为戏楼，创建年代不详，清乾隆三十二年（1767年）重修过一次。现存建筑坐南朝北，单檐卷棚顶，面阔三间，上下两层，下有通道，上为木质楼板。戏楼朝北，檐下置平枋、立枋、飞子、撩檐枋。撩檐枋与平枋之间置斗拱，明间两攒，两次间各一攒，柱头各一攒。明柱为石质八棱柱，刻对联一副，风化不可辨识。一层中间辟门，为山门过道，两边辟直棂窗。南墙墙体上部辟圆形窗户，左右各辟直棂窗，南墙墙体下部也辟圆顶窗户，左右辟直棂窗。整个墙体为青砖垒砌，白灰抹缝。老君庙戏楼属于依附镜框式戏楼，即山门戏楼，山门与戏楼合为一体。这种戏楼是豫西北地区现存戏楼最多的一种。[6]

老君庙现存碑刻，除清乾隆四十一年《重修舞楼并创筑院墙碑记》石碑外，尚有3通，风化严重。

二、清乾隆四十一年《重修舞楼并创筑院墙碑记》

老君庙《重修舞楼并创筑院墙碑记》现镶嵌于老君殿前廊东山墙内，圆首，青石质。通高203厘米，宽70厘米。碑额竖行篆书"永垂不朽"，两侧线刻蛟龙图案。碑身周边雕刻卷草纹，碑身底部略有残缺，整体保存较好。（图1，图2）碑文楷书，碑题1列，正文8列，足列77字；施财善人名单共15行，前14行，每行11人，最后一行9人，共163人；执事人名单共14行，前13行，每行3人，最后一行2人，共41人。现将碑文整理如下：

重修舞楼并创筑院墙碑记

邑庠生员卫佺撰文，邑庠增生卫敬宗书丹。

庙之有舞楼也，旧矣。世远年湮，风雨飘摇，盖瓦级（脊）砖之破缺者、梁楹栋楠板槛之腐黑挠折者，不修且坏，但功（工）程浩大，非一手□[一]足之烈，而无人焉以为之倡，则其气弗作其功，亦废坠不克。举斯役也，勤事诸人若阎子朝亮、王子文杰、太学生卫子尔绪等各有分任，详载于左。而倡先总成者，则忠乙张君也，躬率作勤募化，一乡中咸争先而恐后，施财者探囊，输工者竭力，不数月，而舞楼以成，时乾隆□三十二年九月也。盖此庙貌，旧以碧山为屏障，白云为藩篱，廓如也。虽可以极目万里，而牛羊畜牧时，或骚动，非清静之意，其毋贻怨恫于神明乎？诸君子患之，因墙焉。于戏盛哉！惜工既竣，碑未立，而张君已物化，诸善信芳名俱湮没不彰，亦良可慨矣。岁丙申，张君仲郎、永明欲以扬众美、成父志，将勒所以成此舞楼者，以垂不朽，乃求序于吾。吾因之有感矣。闻之舞有二，斯楼之所谓舞干戚耶？羽籥耶？又舞勺、舞象，学乐诵诗，先王之良法美意载在典章，何独闻于古而不获见于今耶？虽然窃思之古人之所学者，入格致诚正、修齐治平，而其要不越于好善而恶恶，斯理也，莫备于《诗》，莫备于《书》，莫备于《易象》《春秋》与夫二十二代之史事。然惟学士大夫好古深思，心知其义，为能尊所闻、行所知，讵可责之田夫牧竖哉！俳优之舞，衡之古义，邈哉！弗可及。然雅俗共赏于化民成俗之意，未始无小补。盖尝于傀儡场中见夫奸者、慝者、权佞者，无知愚咸指而斥；设有忠臣、烈士出乎其间，则莫不欣焉、羡焉。若忘其为优孟焉，好善之心，油然以生，又谁肯从匪彝而即慆淫乎？可知激浊扬清、贤愚攸同而必有物焉，以生其感。则兹舞也，其诸野人之《诗》《书》而为庸夫之史册也欤。今而后，问犹有短垣之踰者乎？吾将与之观诸舞，是为序。

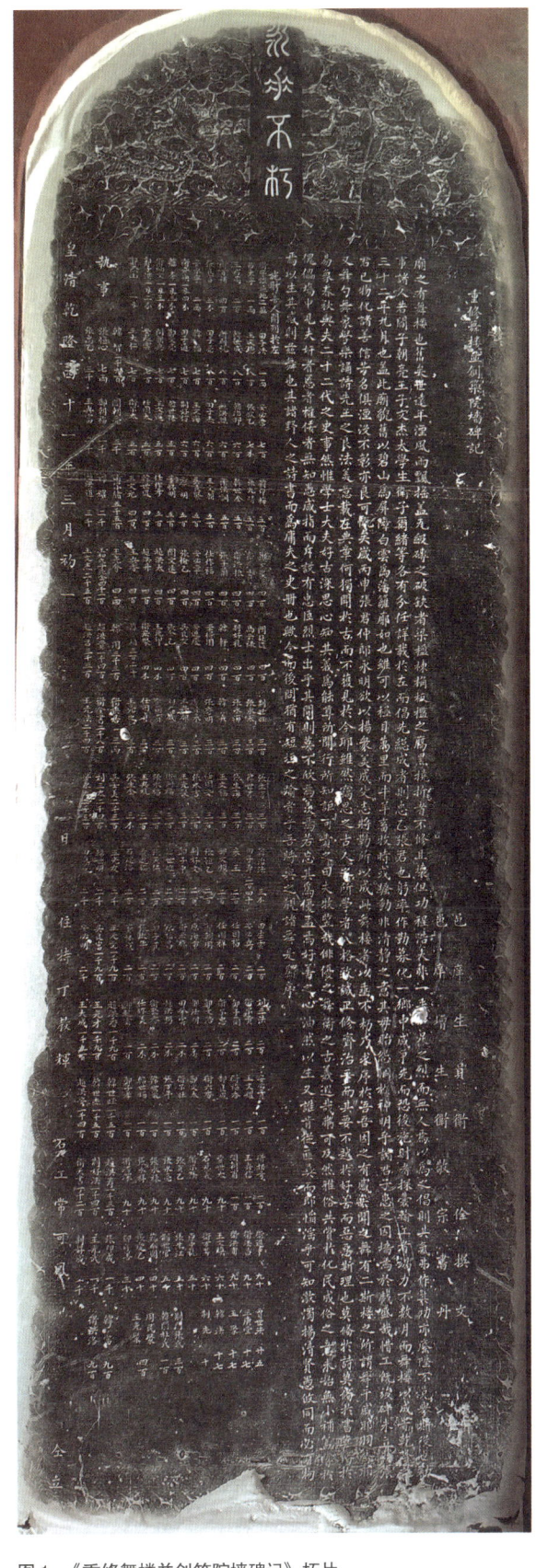

图1 《重修舞楼并创筑院墙碑记》拓片

施财善人开列于左：（省略）

执事：韩智二千九百，张恒心七两，张忠乙三千，阎朝亮三千，郑朝福一千，王兴富二千，卫尔绪五千五百，韩耀二千，赵洪道三千，王光会四两，王和氏子光金四千一百，王文杰二千五百，韩用三千三百，赵洪贵一千四百，赵洪君三千三百，卫拱居三两，卫金书二千八百，王光法二千四百，吴士美二千三百，刘三太二千四百，安永太二千三百，王光友二千，韩世明二千，田进义二千，王光文一千九百，吴良富一千九百，安必明二千，赵洪香一千九百，王光才一千九百，王大成一千九百，韩世旺一千五百，韩世杰一千五百，赵洪安一千四百，赵洪寿一千三百，荆好法一千四百，卫天书一千二百，张印成一千，王光武一千，荆好成一千，韩富九百，卫洪洛九百。

皇清乾隆四十一年三月初一日，住持丁教辉，石工常可凤，仝立。

通过碑文可知：老君庙戏楼创建不知何时，到乾隆朝中期，舞楼已经摇摇欲坠，脊瓦脱落、梁椽腐朽，张忠乙首起倡议，因工程浩大，独力难支，在阎朝亮、王文杰、太学生卫尔绪等善人的协助下，张忠乙"躬率作勤募化"，随之乡民"争先恐后，探囊施财，竭力输工"，不数月，至清乾隆三十二年九月，舞楼复修竣工。由此可知，舞楼的复修工程也是当年启动。另外，修完舞楼后，执事们又增建了老君庙院墙。由此可知，老君庙舞楼对于村民来说，比院墙更重要。之所以出现这种情况，一方面可能是盆窑村早期的经济实力有限，没有财力将庙宇建筑一并修建；另一

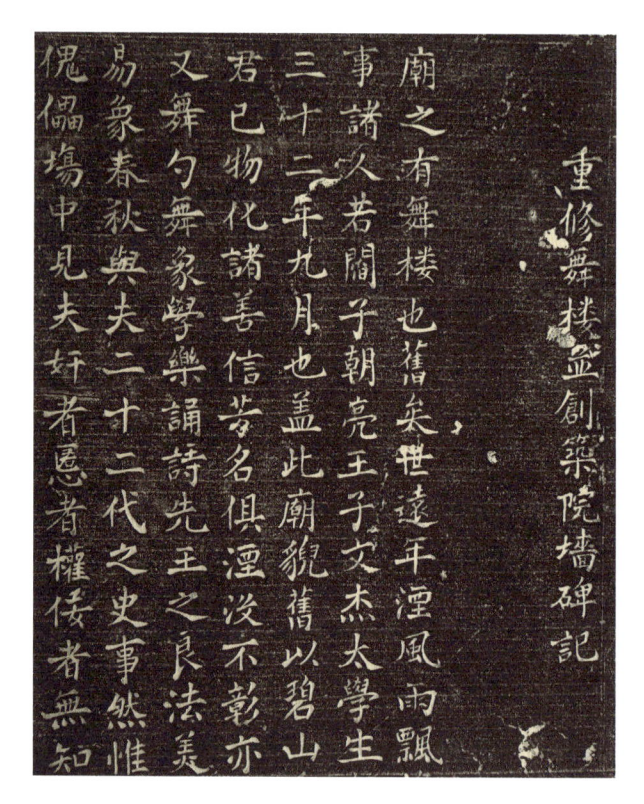

图2 《重修舞楼并创筑院墙碑记》拓片局部

方面，每年又要定期献戏酬神，以祈求老君保佑烧窑的成功率。所以在两者相比较之下，以戏楼、老君殿为主要建设对象。然而，院墙的功能，在豫西北地区人的眼里是"夫墙所以蔽内外、门所以限出入"[7]，"尝思庙宇所以尊神圣，而门墙亦所以庇庙宇"[8]，"墙垣倾圮，风雨弗蔽"[9]。因老君庙没有院墙，导致庙内"牛羊畜牧时或骚动"，本来清静之地，而不再清净。乡民担心"贻怨恫于神明"，才增筑院墙。虽然院墙可以蔽内外、妥神灵，使庙内成为清静之地，但最根本的原因还是盆窑村及其周边经济的发展。盆窑位于豫晋太行陉商道上，交通也颇为便利。陶器制作的手艺也日臻成熟，靠着手工业，乡民的收入大大增加，手里有了多余的钱。清乾隆年间，一石小麦3两[10]，而豫西北地区一亩地的产量在2～

3石左右。[11]从捐资情况看，捐资最多的是7两，捐款在1两以上的有48人，占到总捐款人数的24%。而这次维修戏楼增建院墙，"助缘善人"与"执事"的捐款，共计约200两。这无疑反映了盆窑村村民的经济实力。

《重修舞楼并创筑院墙碑记》除了对舞楼复修及院墙创建的记述外，还有关于古代乐舞、戏曲的功能论述。河内县邑庠生所撰碑文载"闻之舞有二，斯楼之所谓舞干戚耶？羽籥耶？又舞勺、舞象，学乐诵诗，先王之良法美意载在典章"一句，涉及周朝时期的礼乐文化，集大成的《周礼》一书，更是奠定了中国从西周到清代的官方正统礼乐文化与祭祀的制度，并对民间的祭祀产生了深远的影响。"舞有二"即指"舞干戚、羽籥"，其中"舞干戚"，因舞蹈者手持兵器，属于武舞，用于祭祀山川神灵；"羽籥"，因舞蹈者手持禽鸟羽毛，属于文舞，用于祭祀四方神灵。[12]朱载堉所著《律吕精义》载："凡总干持戚者，皆左手干，右手戚。未开舞时，干在外，戚在内，干从而戚横。盖左手属仁，右手属义，义以待敌，仁以自卫，故左干而右戚也。……凡执籥秉翟者，皆左手籥，右手翟。未开舞时，籥在内，翟在外，籥横而翟从。盖左手属阳，右手属阴，阳主于声，阴主于容，故左籥而右翟也。和顺积中，英华发外，故籥内而翟外也。"[13]"又舞勺、舞象"，即《勺》舞、《象》舞，均是西周时期创作的乐舞，其中《勺》还是《诗经·周颂》中的一篇。《汉书·礼乐志》载："周公作《勺》，言能勺先祖之道也。"[14]《吕氏春秋·古乐篇》记载："成王立，殷民反。王命周公践伐之。商人服象，为虐于东夷，周公遂以师逐之。至于江南，乃作《三象》，以嘉其德。"[15]陈奂传在《诗经·周颂·维清序》中写道："《象》，文王乐，象文王之武功曰象。象，象武王之武功曰武象，有舞，故曰《象舞》也。"[16]由上述文献可见，《象》舞主要是歌颂周文王、周武王伐商的功绩。"学乐诵诗"，指的是学习周代的乐舞以及配乐的颂诗。周代，设置有专门教育贵族子弟礼仪的机构。贵族子弟从十三岁开始"学乐诵诗、舞勺"，十五岁学"舞象、射御"。另外，周代的贵族子弟"春夏学干戈，秋冬学羽籥"。[17]周朝重视礼乐教化，在祭祀祖先、山川及四方神灵时，献乐舞配音乐，宣扬祖先功绩、祈求神灵护佑。这种敬天保民的行为，是为了维护自己的统治，并通过这些培养贵族子弟的威仪与君子之德，教育国民遵守国家的礼制。[18]

河内县庠生卫佺在碑文中谈到的"俳优之舞"，正是明清时期戏曲的鼻祖。王国维先生在《宋元戏曲史》中写道："古之俳优，但以歌舞及戏谑为事。自汉以后，则间演故事；而合歌舞以演一事者，实始于北齐。顾其事至简，与其谓之戏，不若谓之舞之为当也。然后世戏剧之源，实自此始。"[19]从庠生卫佺的论述看，中国乐舞有两套：一种是正统的国家礼乐制度，一种是非正统的民间祭祀乐舞制度。

三、从舞楼碑看老君庙演剧的功用

盆窑村村民修复老君庙戏楼的目的主要是献戏酬神，祈求老君保佑烧窑的成功率。另外，地方上的儒生更在意于戏曲对乡民的教化作用。

（一）酬神祈福

盆窑村修建老君庙，与其村民生产黑陶有关。

由于民间传说太上老君烧炉炼丹,因此视其为炉火神,凡是火中取财的行业匠作,如烧窑的、打铁的等,都尊其为祖师或者保护神。[20]另外煤是炉火的燃料,挖煤的也尊奉老君为窑神。豫西北地区也不例外,以铁业、陶瓷窑、煤窑等为生的百姓多奉其为行业神。比如沁阳城东北角火神街的三清庙[21],便是铁货行老君会创建的,庙内供奉太上老君等。[22]焦作桶张河老君庙主要由当地煤窑商号捐资维修。[23]老君庙里也多建有戏楼。

老君庙修建戏楼的主要目的是演戏酬神。制陶户说:"火里求财,得靠老君。"制陶户在装窑点火及封窑取陶器时,祭拜老君。在每年农历二月十五及九月十五[24],举办"闹窑神"祭祀仪式,组织社火、戏曲等活动。祭拜过后,于当天全村窑户统一点火烧窑。至于老君庙上演何种剧种,已不可考。不过据《沁阳县戏剧志》记载来看,并非以怀梆为主。因为《沁阳县戏剧志》统计了全县各村庙会上演的剧种,有的庙会上演怀梆,有的上演曲剧,而盆窑村上演的剧种却不详。盆窑制陶户祭祀老君的习俗除在1966—1976年暂停外,改革开放后窑户仍祭祀老君,求个吉利,这也是为何老君庙能保存到现在的原因。

(二)化民成俗

碑刻撰文者河内县庠生卫佺其实觉得"俳优之舞,衡之古义,遐哉!弗可及"。作为儒家知识分子的卫佺认为老君庙戏楼上演的"俳优之舞"与先王"礼乐"相差太远了,遥不可及。他感叹"闻之舞有二,斯楼之所谓舞干戚耶?羽籥耶?又舞勺、舞象,学乐诵诗,先王之良法美意载在典章,何独闻于古而不获见于今耶"。卫佺感叹先王礼乐的教化用意不见于今。虽然戏楼上演的戏剧与先王"礼乐"教化的功能相去太远,他仍然寄希望于老君庙戏楼上演戏剧的教化作用,"然雅俗共赏于化民成俗之意,未始无小补。盖尝于傀儡场中见夫奸者、慝者、权佞者,无知愚咸指而斥;设有忠臣、烈士出乎其间,则莫不欣焉、羡焉。若忘其为优孟焉,好善之心,油然以生,又谁肯从匪彝而即愓淫乎"。卫佺这种对民间上演"俳优之舞"的矛盾心态是儒家知识分子及官方对待民间戏曲态度的代表。清代,官方屡次禁戏,不少官员也倡导禁戏[25],然而终究抵不住民间狂热的迎神赛社、春祈秋报上演戏曲的热情。正如民国26年(1937年)《沁阳县志稿》所载:"查戏剧为民众娱乐之唯一方法。官府三令五申,严厉禁止,终归无效。然王道不外人情,与其禁而无效,何如引之规正组剧者,应罗致忠孝节义之事迹,习之演之,借以表现神圣气节,发扬民众情绪,改良社会风化,则观者精神有所归宿,而社会教育亦借以表现。"[26]

四、结语

明清时期,盆窑村村民以制陶为生,尤其是进入清代以后,烧陶技术日臻成熟。为了保证烧窑的成功率,又重修老君庙并维修戏楼,每年固定两次祭祀太上老君,演戏祈福。老君庙院墙的增筑,也反映了当时盆窑村及其周边的经济发展,人民收入增加,有了闲钱可以增修院墙,以蔽内外,还庙内一方清静。

老君庙戏楼为镜框式戏楼,是研究豫西北现存戏楼建筑的实物样本。庙内遗留的戏楼碑,让我们可以感知清代豫西北地区乡民的精神生活。

戏曲在儒家知识分子的眼里颇为复杂，官方也屡屡禁戏，但是乡民为了生活，献戏酬神，以求福佑。在禁戏无望的情形下，官方及儒家知识分子也想通过戏曲的上演，教化民众，化民成俗，正如戏楼碑撰文者所期望的那样"夫奸者、慝者、权佞者，无知愚咸指而斥；设有忠臣、烈士出乎其间，则莫不欣焉、羡焉。若忘其为优孟焉，好善之心，油然以生，又谁肯从匪彝而即慆淫乎"。

---

[1] 袁通，方履篯. 河内县志[M]. 清道光五年（1825年）刻本.

[2] 李长吉. 河南省沁阳市地名志[M]. 郑州：中州古籍出版社，1991.

[3] 山王庄乡志编写组. 山王庄乡志（手稿本）[M]. 沁阳，1986；政协沁阳县文史资料委员会. 沁阳文史资料第三辑[M]. 沁阳，1990.

[4] 郭全仁. 沁阳县戏曲志[M]. 中国戏曲志河南卷编委会，1988.

[5] 老君殿脊檩墨书题记："时雍正捌年岁次庚戌，重修老君老爷宝殿肆楹，宜用……"

[6] 王建设. 从豫西北遗存古戏楼看清末民初怀庆府地区戏曲活动[J]. 戏曲研究，2012（3）.

[7] 张战营，牛永利. 紫陵镇金石志[M]. 郑州：郑州大学出版社，2017.

[8] 文见清咸丰年间《修山门院墙碑记》，在修武艾曲火神庙.

[9] 文见清咸丰六年（1856年）《捐修韩文公墓旁垣记》，在孟州韩庄韩愈陵.

[10] 江太新. 关于清政府粮食价格政策[J]. 经济研究，1990（3）.

[11] 赵建新. 明清时期怀庆府的农田水利研究[D]. 西安：陕西师范大学. 2014.

[12] 阮元. 周礼注疏[M]. 北京：中华书局，1980.

[13] 朱载堉. 律吕精义[M]. 北京：人民音乐出版社，2006.

[14] 班固. 汉书[M]. 北京：中华书局，1962.

[15] 吕不韦. 吕氏春秋[M]. 北京：中华书局，1991.

[16] 王先谦. 荀子集解[M]. 北京：中华书局，1954.

[17] 郑玄. 礼记郑注[M]. 台北：学海出版社，1979.

[18] 王漫漫. "乐德之教"——西周礼乐教育的精神实质[D]. 曲阜：曲阜师范大学，2018.

[19] 王国维. 宋元戏曲史[M]. 上海：上海古籍出版社，1998.

[20] 习统菊. 解读《创建窑神庙记》[J]. 民俗研究，2004（1）.

[21] 参考沁阳市博物馆藏清同治八年（1869年）《三清庙地基碑》，全文见《沁阳市金石录》.

[22] 牛永利. 沁阳市金石录[Z]. 待刊.

[23] 参考清道光三年（1823年）《重修老君堂碑记》，现存焦作桶张河老君庙大殿东边.

[24]《沁阳县戏曲志》（1988年，郭全仁主编）载："盆窑村，九月二十八村会，会期一天，有戏，演戏天数及台数不定。"此书又载："盆窑村，窑王庙，清代戏楼，1948年拆毁。"据笔者调查，盆窑村并没有窑王庙。窑王庙，即祭祀窑神的庙。盆窑村村民装窑点火时，祭祀的是老君，疑王庙是村民俗称，即老君庙.

[25] 关满春. 清代顺康雍三朝禁毁戏曲剧目论析[J]. 安康学院学报，2016（6）；张天星. 论演戏酬神对清代禁戏政策的消解[J]. 文化遗产，2019（2）.

[26] 刘恒济. 沁阳县志稿[Z]. 沁阳，1937.

画中有戏，画外"有戏"
——陈子庄《豫剧状元打更》背后的画艺与哲思

| 胡 蔚
 四川博物院

摘要：通过对四川博物院藏著名国画家陈子庄《豫剧状元打更》画作的赏析，揭示出陈子庄之所以取得极高的艺术成就，与他对画外功夫的重视分不开。他既重视哲学、史学、文学的修养，又对音乐、戏剧等情有独钟，不仅在绘画理论上多次以戏为喻，也创作了以戏剧为题材的作品。

关键词：陈子庄；豫剧；戏剧；国画

四川博物院藏有一幅以豫剧为题材的画作。此画是在2019年的一次重大捐赠中，由年逾80岁的任启华先生捐赠给国家的。画的作者是20世纪杰出的国画家陈子庄。陈子庄（1913—1976），原名陈富贵，字子庄，早中期号兰园、南原、十二树梅花书屋主人、下里巴人等，20世纪60年代改号为石壶，另有"老朽""阿九"等号。自幼嗜画，曾受到齐白石、黄宾虹等大师的启发。一生经历丰富，早期曾精通武术，有心于政治，20世纪50年代后期专力于艺术，遭遇子丧妻疯的变故，疾病缠身，却在那个非常时代"为往圣继绝学"，排除万难登上艺术巅峰。在那文化凋零、艺术低迷，尤其是传统文化备受摧残的特殊年代，陈子庄克服种种困难，继承并发扬了传统文化的精髓[1]，其作品如奇花异卉凌霜破雪，创造了艺术的奇迹。作为20世纪六七十年代国画艺术的巅峰之作，陈子庄的作品理应为国有机构大量收藏。然其辞世后，由于种种原因，国有单位没能成批量收藏其作品，任启华的捐赠，终于改变了这一局面，使陈子庄艺术之精品得以集中妥善保管并使广大民众能够欣赏与研究。

1959年，24岁的安徽人任启华从浙江美术学院毕业后，在潘天寿先生推荐下到成都工作，与46岁的陈子庄相识。在其后的17年里，两人以画为友，相交甚密，任启华获陈子庄赠画多达百余幅。任启华后来调回宿州，一直到1976年陈子庄去世，依然通过书信得到陈子庄赠画。之后近40年里，任启华一直坚守着陈子庄的赠画，纵然生活简朴，也未曾出售过一幅。为了能让世人看到陈子庄、看懂陈子庄，年逾80岁的任启华老先生在5

年里奔走于多个博物馆、美术馆之间，寻求值得托付的对象，最终决定让所藏陈子庄书画"叶落归根"，全部捐赠给四川博物院。这批作品里最有代表性的是山水画，也有少量花鸟画和一幅人物画。陈子庄人物画创作很少，而这幅《豫剧状元打更》可谓陈子庄人物画的代表作。（图1）

此画用笔非常简练，仅寥寥数笔即写出人物动态，人物面部敷色饱满，眉眼概括而灵动，敲锣之动态毕现。画家以神来之笔把戏剧人物生活化了。画面整体布局融洽，体现出子庄先生的人物造型功底雄厚，突破了概念化与程式化的模式。画面题识"癸卯初春为启华弟写豫剧状元打更，南原醉后之作"。钤印"子庄""陈"。

此画的创作时代是1963年。20世纪50年代以后，中国的戏剧艺术从旧戏剧转化成新戏剧的过程实际上是很困难的。那时我国强调文艺为工农兵、为社会主义服务，旧戏剧不适应政治宣传的需要，不像相声、小品那样容易与新形势结合。这是戏剧的特点决定的，戏剧的程式很复杂，凝聚着传统文化的精华，抽象化与艺术化程度非常高，很难与新思想、新内容、新形式有机融合，而且在全国普及演出也有很大困难（远远无法像各种传统戏那样能普及演出到广大乡镇村落）。20世纪60年代初，尚有一些剧团在各地巡演，喜爱戏曲的陈子庄能够在四川看到一出别具风味的豫剧，实属不易。

据任启华讲述：

> 1962年的春夏之交，我们一行四人到广元（当时叫地区）去写生。因为我们是文化局下去的干部，首先要到文化部门去报到。他们对我们很客气，正好那时豫剧班子在广元演戏，他们就告诉我们某晚上有戏，把我们带到前排去观看。陈子庄带着速写本、铅笔，边看边画。当晚演了几出折子戏，《状元打更》是主要的一出。由于光线有亮有暗，亮的时候他就画几笔。这幅画是第二年才创作的，前后画了两张，一张是酒后画的，就是这张，是画在宣纸上的（所题"醉后"只是表示心情，并未真醉。当时酒没公开卖，机关干部才发一点酒。我平素不喝酒，这酒是我存起来留给陈子庄喝的，只有二三两，他不过微醺而已）。

《状元打更》为传统戏目，多个剧种皆有演

图1 《豫剧状元打更》图

出。豫剧团赴川演出，得到四川人民的欢迎，亦成为那个年代的佳话。其剧情为：

> 秀才沈文素遭奸臣所害，被九凤山寨主刘蝉金救上山，结为夫妇。后沈得知刘乃落草山寇，怕受连累，遂私逃下山，又赴京应试中魁。刘闻讯进京，欲与沈团聚遭拒，一气之下回山。13年后，辽兵犯境，王丞相力保刘蝉金挂帅出征。刘为报沈负心之恨，故意提调沈随军运粮。沈运粮误期，被罚做更夫。沈在逆境中痛悔前非，王丞相又从中相劝，夫妻终于和好。此戏文旨在劝善，告诫世人不可贪图富贵、忘恩负义。

陈子庄以其高妙之笔将舞台艺术转化为绘画艺术。传统戏剧与中国绘画犹如姐妹艺术，二者有相似度，常互相取法，因而戏剧名家与名画家之间多有深交且互为补益，至于戏中剧情、角色人物，亦常为许多画家取以描写、作画，甚有专此而成为名家者。戏曲与绘画都强调人物形象塑造，要求必须刻画入微，方能引人入胜。但戏曲对人物的塑造更集中、典型，靠行头打扮及演出过程的细节来展示，达到程式化的程度，这是其突出的优长，但绘画表现人物，则不能陷入固定程式。陈子庄摆脱了对戏剧人物复杂衣饰与程式化脸谱的再现，以其影响了笔墨对人物内心活动的刻画，故用笔极简练、极准确。他与许多画戏剧的画家的不同之处在于，别人重点在画戏本身，欲把戏的场面呈现出来。陈子庄不是为画戏而画戏，他重视表现戏剧人物的特征、精神状态和内心活动，借戏剧题材表现他想表达的内容，寄寓自己的见解或思考。

从此画即可看出陈子庄对人物个性特征的强调。画中人物寓动于静，没有表演的过程，但能让观者体会到其神态与内心活动，寥寥数笔，那种矛盾、尴尬、愧疚、悔忏之态跃然纸上。画家借此题材，表达了他对角色的认识、对戏的见解，也借戏表达了对生活的看法。可谓画中有戏，画外更"有戏"。

一、其画外之"戏"，在于对画外功夫的重视

陈子庄能成为一代大家，除了其天资卓著、悟性超强、勤于绘事、生活经历独特而丰富等因素外，还得益于他对画外功夫的特别重视与修炼。他说："绘画一道有两个要素，一是性灵，一是学问。无性灵不能驾驭笔墨，有学问才能表达思想。……必须于性灵中发挥笔墨，于学问中培养意境，两者是一内一外的修养功夫，笔墨技法是次要的东西，绘画光讲技法就空了。"[2] 他曾经评价一位知名画家："他只在画中学画，画外的工作（文学、美学、历史学、科学知识等）做少了。因此，他的画没有思想内涵，还处在讲求技法的阶段。"[3]

陈子庄主张学画要深入研究哲学等科学："只以画法学画不行，需从文学、书法、哲学、历史学等各方面全面提高，才能在画业上有进步，道理很简单：大力士不能举起自己。"[4]"科学的智识、美学的修养、道德的素质，这三者画家均应具备。"[5]其对科学、美学、道德孜孜不倦地求索，体现的就是对真、美、善的追求。陈子庄反复强调哲学对艺术的指导作用："我们搞艺术不能单凭天赋那一点东西，需读书来涵养性灵，最后还要进入哲学境界……中国的文学、医学、音乐、舞蹈都是哲学的体现。最高境界的山水画，常人

看不懂，因为它也是哲学。"[6]

如何培养这些中国特有的哲学素养？陈子庄认为，学习中国传统艺术，应当首先从"气"上去体会，因为中国的诗歌、音乐、绘画、舞蹈都讲究"气"，即以"气氛"感染人。学画亦须平日养气。所谓养气要从两方面进行：一是直接养气，比如在大自然中写生；二是间接养气，如通过读画、阅读、广泛涉猎各种艺术及行万里路等方法去培养。他指出，如没有间接的修养工夫，直接的养气也不会成功。[7]

具体来说，养气必须长期坚持苦练基本功，这些基本功包括画内、画外两方面，既要动手，更需要动脑。陈子庄自己是每天清晨都起来练习的。练习有直接和间接两种：除了实际用笔操作，还需要观察、阅读，包括看别人的画，欣赏诗歌、戏剧、舞蹈、音乐，也包括看文物。要把画内、画外融成一体，眼界开阔了，思想才会有深邃的可能。一般学画之人常下的是画内功夫，不重视画外功夫。学画之初，画内功夫要多下些，到晚年则更需要画外功夫。[8]

为了说明画外功夫的重要，陈子庄还举了一个戏剧界的例子：

> 名伶余叔岩演《击鼓骂曹》，胡琴圣手陈彦衡观之曰："未得三昧。"余往请教，陈曰："君予一千元，吾言之。"余不肯。退思期年，复往诣陈，自云愿出一千元。陈曰："今则须三千元，吾乃言。"余自念，无乃戏我，且嫌其索值之昂。将辞，陈曰："明年来，便一万元；往后，即一万元亦不之言也。"余退而告诸友。或曰："君便与三千，看彼何言。"余复之陈所，愿与三千。陈之教余也，先讲《鹦鹉赋》，教

他从赋中体会祢衡性格，复言鼓应如何击，动作应如何做，然后又自着戏装为作示范。由是，余之技艺大进。其后陈并未要余的钱。或问陈云："君初时何索价之昂？"陈云："我不是真要他的钱，而是看他是不是真好艺术。"[9]

因为有这样卓越的见识，陈子庄的画才有超乎寻常的意境。他对各方面的修养都相当重视，对音乐、戏剧尤为喜好。他指出，画与书法、读书通，前人都讲过很多："画还须与音乐、戏剧通，画面上要有强烈的节奏感，布置安排也要有戏剧性。"[10]

据陈子庄六妹之子唐德强先生回忆：

> 我妈妈说，舅舅当年在荣昌当袍哥时[11]，别人以为袍哥都是"超社会"的，而他特别爱学习，在家里基本上都是在学习，除了自己学，还要请很多名流上门来讲，包括书画界、戏曲界、儒释道乃至伊斯兰教等的各路高人，请到他的兰园别墅。他是很讲究的，总要将茶泡起，让侍女端上怪味豌豆、冬瓜糖等伺候。他很尊敬这些请上门的各色老师。这其中请的川剧名角，除了当地的，还有重庆的当红名角。当时重庆离荣昌交通远远不如现在方便，舅舅依然请他们上门来。[12]

陈子庄的弟子陈滞冬的母亲静环是成都川剧名角，当年"四大名旦"之一。20世纪50年代，陈子庄与静环同为省政协委员，静环在文艺组，陈子庄在美术组，往来颇多。静环在新中国成立前已经成名，其演艺深受群众喜爱，所参演的《杜十娘怒沉百宝箱》《乔太守乱点鸳鸯谱》《梁红玉》《柜中缘》等传统戏目，有的还被峨眉电影制片厂搬上银幕，产生了较大影响。据陈滞冬先生介绍，他出身于川剧艺术之家，其父曾主管春

熙路三益公剧场，长于戏曲音乐。1949年以后，传统戏剧逐渐走上较艰难的改造之路，演出较少。这并未阻碍陈子庄对戏曲的喜爱，一旦有机会，他就会与时任文史馆馆长的刘孟伉等人邀约去听川剧。在与静环等名角交往中，有时会听他们当面清唱。

据陈子庄之女陈寿梅讲述：

> 我父亲和章伯钧的关系很亲近。章伯钧当时是交通部长，想在北京给我父亲安排个职位，他谢绝了，说自己不适合当官。章伯钧的女儿章怡和"文革"前，大约六四年、六五年，在宁夏街的时候，经常到我家里来，她是川剧院搞创作的，在状元街川剧院的宿舍住。我父亲很喜欢川剧，对人很好，对她也挺好。[13]

陈子庄的学生刘炳贤曾说：

> 陈老师喜欢戏。谈到川剧《秋江》，非常兴奋地给我们比画，讲得绘声绘色。他以前在仁厚街住时，和一位名叫曾荣华的川剧艺术家有交往。粉碎"四人帮"以后，我和同门罗巨白一起还去看过曾荣华的演出。[14]

陈子庄的学生熊小雄回忆道：

> 陈老师自己不演不唱，但很喜欢看戏、听戏。他看得很多，省政协开会要看川剧，当时的娱乐晚会也要看川戏，我们演川戏时他也要过来——我当时在锦江剧场、三益公剧场都工作过，当时就在类似电影院放映室的地方，推开门就可以看戏，他有时就在那里看。我们那里可以搞加座，有时候给他安个位置，很方便。很多川剧演员都跟他关系很好，比如陈滞冬的妈妈静环。戏曲对他创作是很有影响的。[15]

二、其画外之"戏"，还常见于以戏曲为例深入浅出的阐释绘画理论

陈子庄画画，是用思想在画，他提出的一些艺术创作理论是发人深省的。为了让学生直观地把握艺术创作的概念，《石壶论画语要》记载了他列举的很多生动例子。他对戏曲非常熟悉，信手拈出的例子，常常以戏剧作为比譬，深入浅出，直观易解。

（一）以戏为例，形象说明绘画应源于生活而高于生活

首先，陈子庄强调了真实的材料未经加工过，不具有艺术的美感，不能照搬到艺术作品中。他说："自然之势又必须通过加工提炼，才能合乎艺术上的势的要求。"并以戏曲演员走台步比平常行走要动人为例，指出只有艺术化以后，才"有势""有节奏感，因而能动人"。[16]

其次，艺术作品中的形象不需要都真实，但意趣要真。比如舞台上张飞的黑袍黑旗，是生活中所无，目的是衬出刘备的白袍白旗。他说："如果要求绘画形象要像真的一样，就等于要求舞台上使用真车真马，这样一来，哪还有艺术性？"笔下的形象与真正的物质有天壤之别，只有意趣是真的。[17]

对于绘画写生的问题，陈子庄认为不应当是写"实"，必须加以"生化"。写生应当是"写真""写神"，写其内美，必须经历去伪存真的过程。他以梅清画的黄山和戏剧中刘、关、张、包公等各色脸谱为例，指出这些都是世上找不到的。因为戏剧脸谱是在刻画人的性格，看起来很动人，红脸关公、黑脸包公等妇孺皆知，没有人反对说那不像。可见，

艺术中"生化"程度越高，才越普及。[18]

戏剧能以有限的舞台空间表现异常丰富的场景，陈子庄认为这一艺术规律适用于绘画创作，绘画也需要在有限的尺幅内通过艺术处理表现出深远的内涵。他说，不过两丈宽的舞台，可谓包罗万象：有金銮殿、书房、花园、洞房等，甚至还可以驾车跑马、行军打仗。比如划船，舞台上并无船，全靠桨、篙表现。《陈姑赶潘》中的艄公是源于现实的船夫，但又不仅仅是现实中人，人物形象塑造结合了舞蹈的身段，化妆、唱词、台步都经过艺术处理，用歌唱传达感情。因其艺术性高，故令观众忘记了舞台上本无水。如果非要有水，则不如去河边看。绘画也是同样道理，把什么都画得像，就无趣了。[19]

为了作品有内涵、有意趣，在绘画创作的过程中，对于从生活中来的原材料，画家需要把它们抽象化，进行夸张。这与戏剧的加工手法很相似。陈子庄在回答学生"摄取事物精神不容易"的问题时，巧用戏剧为喻，他幽默地说：

> 摄取事物精神之法在于抽象。人类的文学、艺术，从发展眼光看，都是抽象的好。抽象一分就高一分。如果在艺术中没有抽象，光搞实像，那还了得！演戏要砍头就真去砍一个头还行？[20]

他进一步指出，艺术的夸张不仅有夸大，还有夸小。这与戏曲舞台有异曲同工之妙，夸大的例子如齐白石八十五岁画的菊花花朵有小缸钵大；夸小的例子如用斗方画峨眉，就像在舞台上表演打仗一样。[21]

有时候我们会看见不同季节、不同地点的景物在同一幅画面的情况，这是由于画家观察生活不细致、不忠于生活吗？有学生问陈子庄："齐白石的画有'梅花彩蝶'，开梅花时，不应有彩蝶呀？"陈子庄并没有直接回答，而是先从戏曲说起，杨小楼、郝寿臣都善演《霸王别姬》中的霸王，虽然各人画的脸谱不同，演出来的性格也不相同，但都是观众认可的霸王。齐白石的梅花，看起来不像蜡梅却又是蜡梅，配以彩蝶，造成春天的气氛，这是他创造出来的。他不画衰杀之景。画画与照相不同，画中物象不是标本，不能以季节来限制。譬如唱戏，舞台上的小生一年四季都拿着扇子，现实生活中哪有冬天拿着扇子的？非但如此，不管演哪个时代的戏，小生都拿折扇，而折扇是明代才从朝鲜进贡来的，明以前中国是没有折扇的。不能用自然与现实去限制艺术。[22] 可见，绘画的艺术处理与戏剧处理一样，跳出具体的时间、地点等限制的框框，才能使作品具有感染力和艺术性。

陈子庄还指出，绘画写神的过程即是一个抽象化的过程，它应该是合理有度的，不能脱离原型，成为无源之水、无本之木。画画可以将自然物艺术化、抽象化，但是不能改变其性格，比如画花卉，草本与木本有质的区别，都须在画中各显其性。如戏曲中的刘备、关羽、张飞，从表演艺术到脸谱、服装与音乐都是生活中所无，如何抽象都取决于人物性格。[23]

孙克对陈子庄艺术与戏剧相似这一观点也有深刻认识。他指出：

> 陈子庄个性强悍，画风独到，不随时趋，运笔纵横而且特别简练，其实功夫很到家。画家石鲁曾经总结中国画的特点是"程式"（中国的戏曲表演艺术的特点亦如此），而陈子庄画面上的程式意味，甚至达到象征性的程度。

这样的画风当年岂是一般人所能理解的？[24]

（二）以戏喻画，生动揭示绘画与戏剧的其他共同点

陈子庄还从多方面揭示了绘画与戏剧的共通性。如二者皆需要目标正确、持之以恒，才能达到相当的艺术成就。"学画须有计划、有步骤地进行钻研，由浅入深，循序渐进。否则到头来也只是能画几笔，终是票友。"[25]

二者的魅力均在于靠内涵，靠激发人的想象营造艺术境界，并不是靠技巧打动人。他说，戏剧舞台上的武生"扯倒提"属于高难动作，但这是技术范畴，最好的表演不在于此，而在于善于刻画人物性格之处。[26]

他还用了一个生动的例子，讲出绘画切不可停留于技法上甚至炫技，那样是没有前途的。他说，戏剧中的"武把子"，应当根据剧情需要来用。如果忽略人物性格，该不该用都来耍一场，只会博得庸俗观众的叫好。在绘画上搬弄技法者，同样如逢人就翻筋斗一般可笑。过去四川舞台上有个高蛮子，耍关刀很有名，他一耍，台下就叫好。台下越叫，他就越耍得快，常常把刀耍掉在人丛中，被甘蔗渣、小石头打回后台。搬弄技法者，最后将坏在技法上。[27]

除此之外，不论是绘画，还是戏曲，在艺术处理上都必须注意对比，制造矛盾，又使其统一。例如吴昌硕《玉兰牡丹图》所画的两种花并非同季节开放，由于是绘画就不用追究。在作艺术处理时，总要设法使其既矛盾又统一，玉兰拙，牡丹便要画得巧，巧拙兼施，互相映衬，譬如一出戏中出现四个朝臣，则需一个红脸，一个白脸，一个黑脸，一个小花脸一样。[28]他强调对比："画之六字诀（之一）：陋，陋者朴拙。如戏剧中之黑头。演戏不能一台子都是小生小旦，须有花脸映衬，丑中亦有美。"[29]

可见，二者皆需据情况运用巧拙对比、映衬之法，才能打动观众。而绘画、戏剧的最高境界，表现出来都是大巧若拙、朴实无华的。"无论川剧、京剧，最高水平的演员唱腔皆朴实无华。绘画无论粗笔、细笔，最高水平的画家技巧也都朴实无华。"[30]

（三）以戏作譬，批判继承，针砭美术史大家

陈子庄还用戏剧为譬喻，作了许多见解独到、眼光犀利的艺术评论，许多观点言前人所未言，见前人所未见，可谓一家之言，富有启迪性。比如对美术史上地位很高的陈淳、徐渭，他竟然评他们"只是票友"，对明四家、四王他都看到其局限，因不符合他绘画的理想目标而不推崇："要达到'乱画'的境界不容易，所谓信笔涂抹，皆成妙品，历史上只有方方壶、孙龙、石涛、八大山人做得到。青藤、白阳只是票友，唱几腔还可以，真的要他穿上袍带扎上靠子就不行了。以'乱画'而论，文、沈、仇、唐、'四王'等人可以说尚未入门。"[31]对于传统，他始终持批判继承的态度，对数百年来的画坛偶像元四家，都敢于批驳其局限性："元四家我都不推崇。黄公望的山水画法，得之一山，始终画之，就好像唱过街戏的，翻来覆去就那么两折。元四家大多依附前代，自己的创造不多。"[32]

陈子庄的艺术批评是很用心的，都是经过独立思考而来，艺术上他从来不愿意依傍于任何一家。[33]他曾说："我最近清出一批画来烧毁。凡学前人痕迹重的，虽有笔情墨趣，弃之不足惜。要留的是有我自己面貌的、有独特风格的作品。"[34]即使是面对自己非常欣赏、学习、钻研颇深的齐白石、黄宾虹等大师，他也大胆指出他们的不足之处，比如他认为齐白石画的鹰虽是画的常态，但像正生，如演袍带戏。潘天寿、李苦禅等人画得凶狠，像草鞋花脸，缺少内涵，靠的是外张。高水平的画应该是既画常态，又要通脱，如能画得像神鹰，就将更好。[35]

他既对黄宾虹赞扬有加，也曾说宾翁在掌握形象上尚差，并直言其弱点，说他文人画的习气很深，画的形象只是仿佛相似，好似"票友"，唱不起刀马戏。比如芭蕉是草本，对应这一本质的外形应当是其干皆直，而宾翁画得像木质。有些画看不出翠鸟到底是站在树上还是草上，等等。[36]

可见，陈子庄的艺术见解犀利，从不人云亦云。他对绘画艺术方面的品评，也常以传统戏剧的某些特征来比拟，显然更易为人所理解。他每学一家都要经过反复思考、揣摩，绝不全盘照搬，凡太似者即毁之。因为只有弄清楚其推崇效法者之不足在何处，他才能取长避短，创造出自己的特点，甚至在某些方面超过这些所师法的大家。

从这幅《豫剧状元打更》的背后，可以看到陈子庄对包括戏剧在内的传统艺术的理解，也可以看到陈子庄画外之"戏"何其丰富，他以一幅幅内涵丰富、境界奇高的作品，诠释了哲学、历史、文学、音乐、戏剧、绘画等学科的融会贯通对成就某一项专门学问的重要性。

鸣谢：本文得到任启华先生的大力支持与指导，在此深表谢意！

---

[1] 他不管外界如何贬低、践踏传统文化，置自身所受冲击与磨难于不顾，始终坚持对艺术的信念，对未来充满乐观的精神："艺术的目的就是要给民众指出前进的方向，指示未来的理想……艺术应使我们中华民族能以中华文化的悠久和精美而自豪，并使中华文化长存于天地之间，不让她趋于消亡。……必须要以民族、国家的前途和民族文化的长存不衰为前提，从事绘画艺术才有意义。"（陈滞冬《石壶论画语要》[M]，桂林：广西师范大学出版社，2015.《石壶论画语要》一书系陈子庄的学生陈滞冬将他平时授徒教学时的谈艺录稿整理而成。

[2][3][5][6][7][8][9][10][16][17][18][19][20][21][23][25][26][27][28][29][30][32][34][35][36]陈滞冬.石壶论画语要[M].桂林：广西师范大学出版社，2015.

[4] 学画要深究哲学。初成"画家"，后来要脱离画家，否则最终只是画匠，最多"巨匠"而已。陈滞冬.石壶论画语要[M].桂林：广西师范大学出版社，2015.

[11]《年表》："1942年，29岁，在荣昌。任哥老会'叙荣乐社'社长、青帮'进德社'名誉社长。"陈滞冬.石壶论画语要[M].桂林：广西师范大学出版社，2015.

[12] 此据2019年8月17日上午录音整理。至于请了哪些具体的名角、是否在家中演出、演出或讨论了哪些戏目等，唐德强先生说他妈妈记不住，只能说个大概。

[13] 据2019年8月17日上午录音整理。

[14] 据2019年8月13日上午录音整理。

[15] 据2020年5月27日上午录音整理。

[22] 关于折扇，古称"聚头扇"，相传从宋代开始从朝鲜传入中国，明永乐年间大量输入。子庄先生记忆略有出入，不影响结论正确。陈滞冬.石壶论画语要[M].桂林：广西师范大学出版社，2015.

[24] 孙克《陈子庄和任启华》，此为孙克先生发给任启华先生的未刊稿。

[31] 关于徐渭，他还犀利地批评："徐青藤艺术想象力丰富，但生活接触面太窄，以画论，还是票友，没有作画的基本功。"陈滞冬.石壶论画语要[M].桂林：广西师范大学出版社，2015.

[33] 蒋蓝《国画大师陈子庄的成都断代史》一文引用王发强的观点，称陈子庄取号"阿九"是因为仰慕美术史上八位有名画家，甘心排于其后，"这不是'臭老九'的自况，而是他心目中的画坛排序"，实无根据。此观点已经被任启华先生以充足证据否定。

山西寺庙"皇帝万岁"碑额源流考
——兼论古代祝圣文化

侯垿楠
太原市文物保护研究院

摘要："皇帝万岁"碑额广泛存在于山西各寺庙内。通过考察历史,"皇帝万岁"铭文入刻最早始见于北朝佛家造像记;此后,这种拥有"皇帝万岁"铭文的石刻也由佛教拓展到道教、民众祠神信仰。从宋代起,该类型石刻发生了重要变化,其铭文由先前碑身祝辞的位置转移到碑额上,最终形成了"皇帝万岁"碑额。石刻上的"皇帝万岁"铭文与我国古代社会的祝圣文化有关。祝圣最初源于佛道二教,并扩展至社会各领域。而随着历史发展,祝圣活动也日趋异化成为一种特殊的社会文化传统,不能再简单视为对皇帝个人的崇拜。

关键词:皇帝万岁;祝圣;石刻;山西

在山西许多寺庙内的碑额上,都可以看到这样一种奇特的图像。碑额周围衬饰满双龙云纹,正中赫然立着一个高大的牌位,上书"皇帝万岁位"。[1](图1)皇帝的影子何以能深入到乡野丛祠之中?如果细察历代石刻,此类"皇帝万岁"碑额具有漫长的演变历史,它来源于我国古代社会的祝圣文化。目前学界已从各种带有"皇帝万岁"铭文的器物入手,对此种现象作了初步解析。[2] 本文以《三晋石刻大全》所收录的山西石刻为主要线索,欲从图像学角度,试就此问题进行再探讨。

一、宗教上的渊源

在山西,以"皇帝万岁"铭文入刻,具有悠久的历史。它来源于宗教,最早可见于北朝佛家造像记内的祝辞。北齐天统三年(567年)《避水

图1 《神掌宼补修碑记》碑额拓片

石碑记》载：

> 佛弟子李磨侯敬造镇池寺一所，石佛象（像）释迦一会，以报前愿。皇帝万岁，太保千秋，文武百僚常居禄位。[3]

之所以这样做，是因为佛子、居士希望通过修造佛像之善行以积立功德，进而向皇帝、官员祝赞祈福。立功德祝赞为我国宗教常见做法。如唐代敦煌地区佛教徒因法会、开窟、立像之故，产生了大量祝赞性质的愿文写卷。[4]而宋代释宗镜于《销释金刚经科仪会要注解》记载，僧人颂《心经》结束后，须"上祝皇王圣寿万岁"，是因为诵读"此经有无尽之功德"，故可"祝延圣寿无疆，邦畿永固"。[5]皆是如此缘故。

当然，除了"皇帝万岁"外，佛家造像记祝辞中还可以用其他铭文来表示同样的祝赞含义。如东魏武定七年（549年）《兴化寺高岭诸村造像记》所载："建立法仪造像一区（躯），平治道路，刊石立碑，以述之功。上为皇帝陛下，渤海大王延祚无穷，三宝礼隆，累级功德。七世父母，现存眷属，后愿生生之处，遭□遇圣，值佛闻法，常有善业，□至菩提，誓不退转。"[6]又如北齐天保九年（558年）《张洪贵造像碑》云："敬造石像一区（躯），上为国祚延康，复愿皇帝陛下、臣僚百官永隆千载。复为七世父母、前生父母回缘眷属，复为边地众生新□厄难者去离三屠，群迷□□。"[7]无论是"皇帝万岁"，还是"延祚无穷"，为皇帝刻写这些祝辞的主要目的是祝愿其延续无尽之福寿。这种专门为当今皇帝祝赞祈福的行为在古代一般称为"祝延圣寿"，亦可略称为"祝圣"。

随着时代发展，初唐以后佛教祝圣之石刻不再局限于造像记题材，此时佛寺内凡有修造则皆立刻祝圣。例如唐元和六年（811年），寿阳县重修大乐山古楞伽寺，立碑云："成斯功德，以彰不朽之名。所有造碑功德，宜勒于石。上祝：圣寿遐昌，唐王永久。握干风以巩万邦，来驿贡以朝万国。仙鹤神山，永镇无疆。"[8]同时，道教也开始了于石刻内祝圣。唐天宝二年（743年），神山县庆唐观道士立碑纪念之前举行的金箓大斋，便刻有："朝拜九天，醮祠五老。……钧感通上界，神降洪福，景命来假，天子万年者乎。"[9]

总之，在宋代以前，祝圣石刻皆为佛道二教所为。那么，佛、道因何缘故频繁祝圣？细心考察，这种行为是能在二教的历史中找到渊源的。

首先，此种做法是有宗教经典支撑的。《大乘本生心地观经》言："世出世恩有其四种：一父母恩，二众生恩，三国王恩，四三宝恩。如是四恩，一切众生平等荷负。"[10]佛教从来便有"上报四重恩"的传统，认为佛教徒能行立于世间，皆受父母、统治者、众生及佛法之恩，有为其感恩祈福的义务。因此，佛教徒常须报"国王恩"、行祝圣之法。

道教也有类似教义，似应为借鉴佛教而来。完整的报"四恩"表述在道教内出现的时间较晚，约见于北宋。当时道士贾善翔所著《太上出家传度仪》中言，入教道士"既已当上报四恩：一天地恩，二国王恩，三生身父母恩，四师长恩"，必须"幡花果实礼拜供养，上愿皇帝万岁、家国太平；次愿生身父母、九祖先亡幽显，沾恩已身得道；次愿师尊长寿、法属兴隆；次愿十方信施常蒙道荫"。[11]但是，报"四恩"的部分理念在此之前很久已于道门内广泛流行。如约成书于唐代之前的《洞玄灵宝千真科》，书内言见"国王恩"之字，并有"第一礼国王帝主德泽无尽，第二礼州县官长度脱之恩，第三礼存没父母得与出家离俗"等语[12]，则可知祝圣之法早在道教中生根发芽了。

其次，受到后世世俗王权的推动，佛道二教也逐渐发展起自己专门的祝圣仪式。

南北朝时皇室大力扶植佛道二教，故而佛道本身的宗教活动与皇帝个人的关系也日趋紧密。在这一时期，僧道开始为皇帝举行专门的祝圣活动。目前史籍记载中此类最早的活动，是宋代《佛祖统纪》所录北魏太武帝于始光二年（425年）"诞节诏于佛寺建祝寿道场"，此事被后世僧徒认为是"圣节道场之始"。[13]不过，该书所出甚晚，其记载也与相关史实略有出入，例如皇帝生辰始升为节日是唐代之事，因此此事的真实性尚待考证。但是，至少能确定至南北朝末叶，道教已确实举行过大型的祝圣活动了。同期成书的《太上洞玄灵宝业报因缘经》中便载有"或见金箓道场高功众官祝延圣寿"。[14]此时祝圣内容与金箓醮仪相结合，这是日后道教为皇帝举行的一系列祝圣仪式的先声。结合前述石刻祝辞情形，推论佛道祝圣之风兴起于南北朝应是不差的。

至唐代，皇帝继续拉近与佛道二教关系，并试图在制度上明确其祝圣义务。已有学者研究发现，这时皇帝欲用各种手段重新形塑佛道。他们或向重要寺观下颁御像以令供奉，或规定寺观承办各级官府为先帝举行的国忌日行香活动，以使二教活动融入国家祭祀体系。[15]而在唐玄宗时颁布的国家政典《唐六典》中，规定："凡道观三元日、千秋节日，凡修金录（箓）、明真等斋及僧寺别敕设斋，应行道官给料。"[16]首次将金箓醮仪、明真斋仪等诸宗教祝圣仪式列入朝廷法规。另外，条文中还提到了千秋节（按：即皇帝生辰，其名各代相异，后世一般通称为"圣节"）之日由朝廷来供应道观所需祭祀用品，但由于没有注明，所以不能确定此日仪式是否也为祝圣之用。不过，从五代时期的情况来看，当日朝廷确实会将官方庆寿活动移于寺观内，举行祝圣仪式。如后唐天成元年（926年）明宗生辰应圣节，"百僚于敬爱寺设斋"。[17]当然，皇帝更希望寺观能为其永久祈福。唐大中六年（856年），宣宗将长安永泰寺改为万寿寺，其"亲幸赐额，命官造理。……敕度一百二十僧，受牒免差，入寺焚修，祝延圣寿"。[18]将之作为专门的祝圣场所。

如此，在宋代之前，基于信仰要求与世俗推动等因素，佛道二教已形成了祝圣的文化传统。而有趣的是，在后续发展进程中，二教于实践上逐步偏离了最初教义，从而显示出世俗因素作用的强大。前文所论的报"四恩"，隋唐以后在实际操作中渐渐异化为报"皇恩"。这里以佛教为例，我们知道在其宗教经典中报"国王恩"是不处于报"四恩"首位的，早期的石刻祝辞中也尚能见得祝赞父母先于祝赞皇帝的情况。如北魏正光二年（521年）《王忠南山造像碑》云："王忠于邑之南山茅蓬寺造像一区（躯），为七世父母上生天上，皇帝陛下享祚无穷。"[19]此辞合于佛家经典，因为"父母恩"为第一位，"国王恩"为第三位。但是，此种情形在北朝以后基本绝迹。考察之后石刻祝辞，例如隋仁寿三年（603年）《力显资造像记》："伏为皇帝□下、七世姑嫜、所生父母、合家大小因缘眷属俱登正觉。"[20]唐龙朔三年（663）《郭石生妻造像碑》："上为皇帝陛下及现存父母合养佛时。"[21]又如宋熙宁三年（1070年）《香山寺六面碑》："皇帝万岁，郡主千秋。本县三官常居禄位。"[22]元太宗三年（1231年）《白道村修建佛堂经幢》："伏愿皇帝万岁，寮宰千秋，风调雨顺，五谷□□。"[23]则可以发现各时期祝辞虽然变化极大，"四恩"之报也不一定尽书于石刻内，一般都会省略部分。但是无论何种变化与省略，祝圣、报"国王恩"则不变，且一直处于祝辞首位。这样，祝圣在宗教报恩活动中愈发重要，有时祝圣本身甚至可代表报"四恩"。元皇庆元年（1312年）泽州僧徒重修崇寿寺，他们还是按传统，立碑记以祝赞报恩，可其中却如此言："于是镌诸翠琰，传之无穷，上以赞皇图之有万，祝延圣寿，庶几有补于将来者。"[24]除皇帝之外，其余部分已不见了踪迹。

发展至宋元时期，佛道中人对于祝圣的论述越来越多，并进一步将其制度化。而在此时，最显著的特征就是各种通行的教门清规、宗教指南中，都会详尽阐释祝圣之义，甚至专门成篇，此为前代未有。如《道门通教必用集》为南宋时道教徒所用仪式参考书籍，书内《威仪篇》第一节名为"第一时，以今第一遍为国祈祥、祝延圣寿"，即一一述明仪式中的祝圣要求。[25]

总的来说，诸宗教中以佛教为祝圣所建立的制度与文化体系最为严密、庞大。早在北宋，《禅苑清规》就明确佛门住持之职，曰：

  代佛扬化，表异知事，故云：传法；各处一方，续佛慧命，斯曰：住持；初转法轮，命为出世，师承有据，乃号：传灯。得善现尊者长老之名，居金粟如来方丈之地。私称

洒扫贵徒，严净道场；官请焚修，盖为祝延圣寿。[26]

住持除了传授正法、管理僧徒等这些佛门内部之责外，还肩负主持祝圣的公共职责。元代《敕修百丈清规》以记叙祝圣制度的《祝釐章》为教规首篇。当时僧人被要求在每年圣节、景命日（皇帝即位纪念日）、每月四斋日（初一、初八、十五日、二十三日）、每日两次斋粥后都要进行祝圣仪式。届时"僧众必须登殿""端为祝延今上皇帝圣寿万安"云云。[27]同时，祝圣也渗透到僧徒日常一言一行中。宋代佛教语录中记录了许多高僧与此相关的"嘉言懿行"。例如真净禅师于金陵报宁寺开堂主讲，讲前不做他事，先拈香一炷，并言："此一瓣香，恭为今上皇帝祝延圣寿万岁万万岁。伏愿尧风永扇，同日月之盛明；汤德弥新，共乾坤而久固。"[28]蕲州五祖寺法演禅师在圣节上堂开示众僧云："十二月初八日，今上皇帝降诞之辰。不得说别事，乃高声云皇帝万岁、皇帝万岁。"[29]至此，佛门上下莫不以祝圣为看家本领。

我们还可以从宋元时期山西许多寺观碑记中看到当时僧道的祝圣活动。宋崇宁年间（1102—1106）《存留大悲之院碑》载：曲沃县曲村镇大悲院"僧众为国焚修，以长生讲席赞祝皇帝万世无疆"。[30]元至元二十六年（1289年）《敕赐靖应真人道行碑》曰：平阳府城南尧庙道士行"岁时香火，以祝明天子万年之寿"。[31]大德元年（1297年）《雕藏经主重修太阴寺碑》云：绛县张上村太阴寺僧人"钟鼓鸣于宝坊，□乳焚于金鼎，晨夕礼念，旰午行持，种种功勋，端为祝延当今皇帝圣寿万岁"。[32]则此时上自通都名邑，下至

乡野荒村,皆能时时闻寺观祝圣之音。而在这一时期,刻有"皇帝万岁"等铭文的寺观祝圣石刻不断被新造起来。

二、社会风气的形成

对于以上佛道二教祝圣传统的演进史,有学者基于古代基层政权控制或"神道设教"的考量,认为其中很大程度上是一种消极被动的过程,或者说是世俗力量对宗教强制灌输改造的过程。[33]但事实上,这种观点将历史演进看得过于简单。对于祝圣,佛道二教在许多时候所表现出来的是一种积极热心的态度,甚至其还不断主动迎合朝廷方面的要求。如果没有来自佛道内部的强大动力,很难想象祝圣能够在其宗教内如此长久、广泛地扎下根来。在这一点上,佛道中人自己的说法更具有说服力。元代释德辉在《敕修百丈清规》中解释,为什么要把祝圣放到佛门教规第一章,他写道:

> 人之所贵在明道。故自古圣君崇吾西方圣人之教,不以世礼待吾徒,尊其道也。钦惟国朝优遇尤至,特蠲赋役使安厥居,而期以悉力于道。圣恩广博天地莫穷。必也悟明佛性,以归乎至善。发挥妙用,以超乎至神。导民于无为之化,跻世于仁寿之域,以是报君,斯吾徒所当尽心也。其见诸日用,则朝夕必祝,一饭不忘而存夫轨度焉。[34]

直接言明祝圣是因为感念皇帝庇护之恩。宗教之所以能在此世存续,实则依赖于世俗王权的认可与庇佑。历经各代宠辱兴废,尤其是经过"三武法难",佛教徒对于此点应该有更为深刻的认识。虽然佛法弘立于万世,但佛教兴衰却不得不仰仗于皇帝本人。数百年之后,清代释仪润注解此条时,亦言道:"僧轮凭帝而炽盛。若帝王臣宰,少金汤之志,则真教陵夷,惠风掩扇,法雨难施矣。是知城堑当时,津梁后进者,莫尚王臣拥护。盖皇以覆护恩德被僧,僧以明道熏修报答,此乃法门第一要事。故须日日祝延圣寿,事事祝延圣寿。"只有这样,才能"以此悦佛神,而报皇恩也"。[35]为了佛门存续,僧徒必须时时刻刻主动讨好皇帝。而道教徒也是因为同样的原因举行祝圣。元至元十七年(1280年)《遇真观记》言:"祝延圣寿,庶几所以报洪恩万分之一焉。"[36]

当然僧道进行祝圣还有更深的考虑,就是向世俗宣传其宗教活动的正当性。佛道以出世静修为务,自然与世俗相抵触,故其向来遭到许多人以"无君无父"为名的责难。为了能够在社会上站稳脚,僧道亟须向世人表明其心存君父,而祝圣正好为其提供了一个最好的辩白。至元明时,多能见僧道以祝圣为名修建寺观,并借此向社会寻求募捐。例如元代《沧州庵修造疏》言:"本庵草创之初,事有未备。兹欲盖造前轩,装塑观音圣像。晨香夕灯,修行净业,端为祝延圣寿,上报四恩,旁资三有。敢望诸大檀越相与作成,指挥金多多益办。"[37]明代《募缘建真武庵疏》言:"瀛蟾道人欲于超然山建庵祀真武神。朝夕焚修,上以祝延圣寿,下以保安庶民。奈赤手以难成,必众力之是赖。敬持疏语,历扣贤门,快为点头,便能遂意。"[38]

客观来说,佛道利用祝圣来迎合世俗,争取社会合法性、正当性,确实起到不错的反响。此举得到了包括皇帝、士大夫在内许多人的好感与青睐。南宋初,高宗避金兵,落难台州章安镇附近小岛。觅得岛上有僧庐数间,"见壁间有小榜云:'为金人侵我中原,伏为今上皇帝消灾祈福,祝延圣寿。'"高宗大喜,令"赐金五十两,三僧各赐紫衣,二童僧各赐度牒披剃,仍令礼部赐额"。[39]而官员、士大夫因各种公私需求,要时常为皇帝祈福延寿,但他们缺乏与之相关的专业仪式与技术。僧道拥有较为完善的祝圣制度,可以说是此方面的专家,他们的出现及时补足了其短板。《永乐大典》引南宋《西湖老人繁胜录》所记当时杭州风俗,每年临安知府会于佛诞日"在西湖上放生亭设醮,祝延圣寿,作放生会"。[40]即使像宰相王安石这样标榜儒学之人,亦未能免俗。晚年特向宋神宗上书,希望将其江宁旧居舍"为僧寺一所,永远祝延圣寿"。[41]官员们求助僧道祝圣达到了自己的政治目的。由此足见佛道积极利用祝圣来营造自己形象的成功。

直至明清时期,佛道依然承担了国家与社会主要的祝圣活动。难怪明人感叹道:"朝廷每岁春秋之时举行祈报之典,创造寺观不惜财力,修做斋醮不时赏赉。所以然者,上以祝延圣寿,下以济利生民。"[42]

随着时间发展,祝圣的传统也越出寺观之外,走向社会各个领域,共同形成了我国古代社会独特的祝圣文化。

首先,其他宗教、信仰也借鉴佛道祝圣之法来争取自己的合法性。这以伊斯兰教、天主教等外来宗教最具代表。元至正二年(1342年)《重建礼拜寺记》载,定州穆斯林为重建清真寺,声言该寺"乃教众朝夕拜天,祝延圣寿之所"。他们还进一步向世人证明这是其优于释老之徒之处,不似彼辈"率天下之人而人于无父无君之域"。[43]根据研究,伊斯兰教祝圣活动一直持续到清代,许多清真寺也假此名修建。[44]天主教同样利用借祝圣正名的策略。明崇祯(1628—1644)年间,光禄寺卿管历局事李天经为传教士汤若望等人向朝廷争取修建教堂的机会,上书道:"所有远臣焚修处所恳请敕建,重修扁额字样,以便朝夕焚修,祝延圣寿。"[45]

民众祠神信仰也感染了佛道风气。约在宋金时期祠庙碑刻内出现了祝圣之语。例如宋皇祐三年,永和县乡民移建龙王殿,立碑记事,于碑首题:"皇帝万岁,郡主千秋。"[46]金大定二十六年(1186年)沁源县良安乡民众重修崔府君之庙,立功德幢曰:"重修庙宇。上祝皇帝万岁,臣佐千秋,国泰民安,时丰岁乐。"[47]不过,由于民众祠神信仰组织的松散性,祠庙内并未形成固定成型的祝圣活动。

其次,世俗社会也逐步吸收了佛道祝圣的部分做法。宗室、朝臣于私人空间内借鉴佛道二教立万岁牌、"焚修"的祝圣仪式,来表达对今上的感念之情。在明代,伊定王朱诋铒于洛阳"作楼贮玺书与万岁牌,朝夕祝延。岁时令节,躬奉至殿,拜起如在上"。[48]兵部尚书胡世宁因老病不能趋诣就职,恳乞休致,并表示愿"学缁流,稽首焚香而祝延圣寿"。[49]

在民间,一些与宗教无关的修造工程中,百姓也学习佛道立功德祝赞的形式进行祝圣。清咸丰八年(1858年)新化县修建长丰风雨桥,桥上屋梁题有"皇帝万岁"等字。[50]

需要强调的是,随着祝圣活动在社会上大行其道,刻写祝辞的载体也越来越丰富,宋代以后已不再限于传统的石刻，人们可以在刊印的宗教书籍上祝圣。北宋中后期福州东禅院刊刻《崇宁万寿藏》，于《大方等大集经》第二十卷首题"恭为今上皇帝、太皇太后、皇太后、皇太妃祝延圣寿，国泰民安，开镂大藏经印板一副，总计五百函，函各十卷"。[51]也可以在修造的寺庙梁枋上祝圣。元至元十七年（1280年）汾阳修建二郎庙（按：今异地保存于太原晋祠内），人们于枋上书："恭为皇帝万岁，臣佐千秋，国泰民安，同沾斯福。"（图2）还可以在为寺庙贡献的法器上祝圣。明天启三年（1623年），信士为太原县唐叔虞祠奉上铁香筒，上铸"皇帝万岁""国主千秋"等字。[52]

发展至最后，我国古代社会的祝圣活动可以说已经到了事事可祝圣、处处可题赞的地步，这也是山西众多寺庙内拥有"皇帝万岁"铭文石刻的文化背景。

三、石刻图像的革新

山西寺庙内祝圣石刻从宋代起发生了一次革新，那就是原先位于碑身祝辞中的"皇帝万岁"铭文开始转移到了碑额上，此即本文导言所论的"皇帝万岁"碑额。"皇帝万岁"碑额的演变可分为早、中、晚三期。

早期"皇帝万岁"碑额出现于宋元时代。这一时期人们省却过往祝辞中多余的修饰语，将其提炼成以"皇帝万岁"为首的四字联句，刻于碑额上。例如宋皇祐三年（1051年）永和县移建龙王殿碑记，人们于碑阳额题有"皇帝万岁、郡主千秋"字样。[53]（图3）而元至顺元年（1330年）《皇元重修特赐舍利山开化禅院碑》则在碑额中镌"皇帝万岁，国泰民安，法轮常转"等字。[54]

如果考察同期宗教发展情况，其原因可能与当时宗教祝赞新趋势有关。其时宋元佛道诸教在相关活动中出现了简化、具象化的趋势。

一方面，原来人们立功德后，会在物体上写下一段长长的祝辞，这时则简化为只题写"皇帝万岁"等几个字。此可以在相关出土文物中得到印证。例如河南荥阳大海寺遗址所出土宋元丰四年（1081年）行化释迦牟尼石像，基座有造像记题刻。祝辞用大字题于上榜首，曰："皇帝万岁。"[55]而河南鲁山段店窑址则出土宋代白釉珍珠地划花瓷瓶残片，瓶正中大书"皇帝万岁"四字祝辞，有关专家根据形制考证，其应为佛家所用"经瓶"。[56]此种简化趋势也可以在传世文献中得到佐证。宋范成大《吴船录》记其于峨眉山普贤寺所见："经帘织轮相、铃柝器物及'天下太平''皇帝万岁'等字于繁花缛叶之中。"[57]如前文所述，佛道在后世实践中，逐渐将报"四

图2　汾阳二郎庙梁枋题书

图3　"永和县移建龙王殿碑记"碑额拓片

恩"异化为报"皇恩",这可能便是此种祝辞简化的原因。

另一方面,在宗教祝圣仪式中,人们开始把"皇帝万岁"等字书写在牌位上,作为礼拜的对象。这使仪式场域中设想的皇帝"在场"拥有了具象化的载体,操作更具有指向性,应视为一种进步。这种书写有"皇帝万岁"的牌位,一般称为"万岁牌"[58]、"龙牌"[59]、"圣寿位"[60]。根据学者考证,万岁牌最早出现于寺观内。[61]《元典章》载元代各路府州县官府圣节、正旦拜贺行礼制度,届时"必就寺观中将僧道祝寿万岁牌迎引至于公厅置位,或将万岁牌出其坊郭郊野之际以就迎接,又必拣选便于百姓观看处所安置"。[62]则可知平日"万岁牌"是设在寺观内的。不过对于"万岁牌"出现的具体时间,学界则存在争议。目前有关此最早的记载是《马可·波罗行纪》中地方正旦拜贺行礼情形,言:"坛上置一朱牌,上写大汗名,牌前置一美丽金炉,焚香,诸人大礼参拜毕,各归原位。"[63]该记录时间为元朝立国后不久。而"万岁牌"采用神位的形式,具有浓郁的汉文化色彩,此物显非蒙古人短期内能消化创制出来的;另外如上文所见,自宋代以来,"皇帝万岁"等字越来越在祝辞中被提炼出来,放在醒目的位置。因此,推测"万岁牌"可能在元代之前就已在寺观内出现了。

无论是祝辞简化在先,还是万岁牌出现在后,其都在强化这样一种趋势:作为符号的"皇帝"应从一般的祝赞场域中突出出来,处于核心地位。那么,为了适应这种变化,石刻上的"皇帝万岁"铭文也应放到最醒目的位置,碑额是再合适不过的选择了。不过,该形式的碑额在宋元时期寺庙内只是零星出现,真正大规模出现发生在明代。

在明成化(1465—1487)至正德(1506—1521)年间,山西佛寺内出现了大量"皇帝万岁"碑额。例如明成化十九年(1483年)《重修兴川寺记》,碑阴额题"皇帝万岁"。[64](图4)约立于明弘治元年(1488年)的《东亭寺重修钟楼碑记》,额首题"皇帝万岁,国泰民安"。[65]这一时期碑额可以称为中期"皇帝万岁"碑额,其与前代最大的不同,就是铭文基本上只简化为"皇帝万岁"四字,其他人已不再能与皇帝同享祝赞,皇帝的地位更加突出。

该时期佛教势力的复兴与佛寺装饰艺术的发展可能共同推动了"皇帝万岁"碑额大规模出现。

经过元末战乱,以及明初推行严格的宗教控制,整个佛教发展缓慢。进入明中期,经过百年的恢复,加之政策松弛,佛教开始复兴。根据研究发现,此时佛教发展迅猛,甚至达到了膨胀的地步。全国僧尼人数与佛寺都在不断增加。[66]以至于时人感叹"京师天下首善地,禅林梵宇盈山川"[67],而山西也是如此。我们从《三晋石刻大全》所录明洪武至正德年间修造佛寺碑记数量(表1),可管窥当时山西佛教发展态势。

图4 《重修兴川寺记》碑额拓片

表1 明洪武至正德年间修造佛寺碑记数量

年代	洪武	建文	永乐	洪熙	宣德	正统
碑刻数	4	0	3	0	1	11
年代	景泰	天顺	成化	弘治	正德	
碑刻数	12	5	42	47	41	

从表中可以看到明代山西佛寺修造活动在前期一直处于低迷状态。进入中期，自正统年间（1436—1449）开始有所增加，而至成化之后急速激增，反映出这一时期佛教复兴的盛况。如前文所述，佛道视祝圣为要务，而佛教在此方面又远比道教出色。故而此时佛寺内大规模出现"皇帝万岁"碑额，其原因也就不难理解了。

佛教复兴催生了佛寺装饰艺术的发展，这也体现到碑刻装饰变化上。众所周知，明中期以前各种碑刻的碑额正中主体部分大多数为碑记题目。但至明成化至正德时期，山西佛寺内碑刻广泛出现了这样的现象：原先的碑记题目让位于装饰图案或寓意性文字，移置于碑额底端或直接省略。如明弘治六年（1493年）《重建青果寒泉禅寺记》，碑额底部横题碑记名"重建清果寒泉禅寺记"，上部刻画双龙戏珠图案。[68]（图5）又如明弘治十五年（1502年）《重修佛庙金銮圣像碑记》，碑额省去碑记题目，只书"振古如兹"。[69]（图6）类似的还有刻写"临济正宗""智慧清静、道德圆明、真如妙海、寂照普通"，以及"圆满之碑"等[70]，都是具有一定寓意性的文字。正是在此背景下，"皇帝万岁"铭文普遍进入了碑额图像中。原先拘泥于碑刻装饰传统，宋元时期"皇帝万岁"碑额只是零星出现。现在有了佛教改良装饰样式，从而为其大规模出现提供了艺术上的基础。而此新式装饰碑额也逐渐向佛寺以外流行开来。

但这时的"皇帝万岁"碑额还没有形成固定的形制。"皇帝万岁"铭文既可以竖置，也可以横置，周围装饰图案也经常变化。

"皇帝万岁"碑额在晚明扩展到佛寺以外的民间祠庙中，最终演变出了万岁牌式的碑额，即晚期"皇帝万岁"碑额。例如明崇祯四年（1631年）《新建白衣大士关圣帝君祠记》，碑额周饰云纹，正中刻书"皇帝万岁"等字牌位。[71]（图7）

将器物上的"皇帝万岁"铭文用万岁牌形式来表现，这种趋势在明代佛教用品上已经出现。明弘治十二年（1499年）《资寿寺药师佛殿碑记》所记捐献信法物名录中有"正佛殿上造琉璃碛一道，万岁牌炉一座，香炉一座"。[72]这里提到"万岁牌炉"，应该就是在香炉上用万岁牌形式题写

图5 《重建青果寒泉禅寺记》碑额拓片

图6 《重修佛庙金銮圣像碑记》碑额拓片

图7 《新建白衣大士关圣帝君祠记》碑额拓片

的祝圣铭文。另外，在山西之外的浙江天童寺，寺内所藏明崇祯八年（1635年）背花炉，瓷炉前部绘有"皇帝万岁万岁万万岁"铭文牌位，背面题记供奉人之名与时间，也同此例。[73]万岁牌碑额应该就是受此风气影响产生的。

万岁牌碑额广泛流行还是在清代。这种碑额在山西范围内，以晋中地区为多。现将《三晋石刻大全》所录清代各时期晋中万岁牌碑额情况列表如下。（表2）

表2 清代各时期晋中万岁牌碑额数量

年代时间	总数	寺观内数量	祠庙内数量	占该地总碑额量比例
顺治	1	1	0	3.8%
康熙	10	3	7	7.0%
雍正	5	2	3	7.5%
乾隆	12	3	9	3.1%
嘉庆	4	2	2	1.8%
道光	7	3	4	2.3%
咸丰	0	0	0	0.0%
同治	1	0	1	0.9%
光绪	2	0	2	1.0%
宣统	1	0	1	4.2%

从表中可以得到这样几个重要信息：第一，万岁牌碑额在祠庙中数量远比寺观中为多，反映出此时祝圣已深植于民众祠神信仰文化里；第二，万岁牌碑额在清代经历了一次波动。先是在康熙、雍正时期激增，这时其在碑额总量占比中超过了历史上任何一个时期。而之后虽然数量有所增加，但是与不断增长的寺庙修造碑刻量相比，其实相对量是在减少的。独特走势似乎暗示此与社会上的某种变动有关。综合以上信息，将有助于解开清代万岁牌碑额何以能广泛传播。

联系历史，在康熙、雍正时期，由于朝廷推行圣谕宣讲，在各地祠庙都大量设置有万岁牌，这或许正是刺激万岁牌碑额流行的原因。清初，为了加强社会控制、推行教化，康熙帝、雍正帝先后颁布《圣谕十六条》《圣谕广训》，令基层采用乡约形式定期集众宣讲。此种活动称为"讲约"，其活动场地称为"讲约所"。关于"讲约所""无定处"，据史载人们一般于城邑中"在四城门内择宽敞庙宇为讲约所"[74]；于乡间，"或合乡共购，或就宽大寺院庵观亦可，如每村每族俱宜专设，或就村之寺宇、族之祠堂"。[75]城乡各种公共祠庙成为集众讲约的首选之地。在宣讲时，为了使活动更具指向性、规范性，人们便借鉴寺观内的做法，于祠庙也普遍设置有万岁牌。届时"正北设龙牌，行三跪九叩礼，宣讲《圣谕广训》一条"。[76]（按：清代部分地方讲约仍沿用明代旧例，宣讲供圣谕牌，不供万岁牌）高平县永万村玉皇庙内存有《重整社规碑》，记当时乡里讲约之式："其复至冬至，请有学问者在万岁牌侧讲读《圣谕》。"[77]故而祠庙内万岁牌碑额的流行则应是染此风气。世俗社会借鉴佛道成例以为己用，在历史上屡见不鲜，其实早在元代朝廷就一度借鉴寺观此法，令学宫、书院广设万岁牌公祭，只是不久后便在明代废绝；[78]而如前文所述，明代也有宗室于私邸内供奉万岁牌感怀今上的事情。如此清初圣谕宣讲于祠庙内设位不过延续了这一历史上做法。但是，学者通过研究发现，清代圣谕宣讲推行后不久就出现了松弛，这在乾隆时期已见端倪。[79] 圣谕宣讲活动兴衰与万岁牌碑额发展历程如此吻合，更证实了二者之间的密切关系。

清代圣谕宣讲其实是借鉴延续了明代的活动，那么为什么在明代祠庙内没有流行万岁牌碑额？这与明代圣谕宣讲实践状况有关。有明一代，圣谕宣讲方式非一成不变，学界以嘉靖、万历为界将其分为两个时期：前期采用"木铎宣诵"形式，沿途流动宣讲，没有固定场所；后期始用"乡约会讲"，于固定场所集众举行，不过活动中一般供奉的是"圣谕牌"，而非万岁牌。[80] "圣谕牌"上只题刻有明太祖《圣谕六言》。[81] 这也就解释了万岁牌碑额出现于明代，流行却是在清代了。

清代万岁牌碑额中，牌位图案内的文字一般为"皇帝万岁"，也有写为"皇帝万岁位"、"皇帝万岁万万岁"[82]、"天子万年"[83]、"万寿无疆"[84]等。而在后续演变中，其逐渐形成了固定样式。清康熙中叶出现了以双龙云纹衬底的万岁牌碑额图案，这成为日后该类碑额样式的主流。例如清康熙五十六年（1717年）《创建龙王庙碑记》就是如此。[85]（图8）同期，万岁牌图案基座上还出现了莲花座，但那时只是部分出现，直至嘉庆年间（1796—1820）才普遍盛行。至此以双龙云纹衬底，莲花座与万岁牌相结合的图案，成为万岁牌碑额的主要形制，未再改变。[86]（图9）而碑额采用莲花座这种典型佛教图案，也显示了祝圣这项活动起源于寺观的本色。

当然，在晚近万岁牌碑额盛行的时代，仍然还有人于碑身正文镌刻祝圣辞或使用中期"皇帝

图8 《创建龙王庙碑记》碑额拓片

图9 1.《重修落伽山大安寺碑记》碑额拓片；2.《重修显泽大王碑记》碑额拓片

万岁"碑额形制，这应该视为一种历史的残留。

四、"皇帝"符号的意义

基于以上论述，至晚近时期，各地寺观祠庙内广泛进行祝圣活动，并使用万岁牌与"皇帝万岁"碑额。那么，我们是否可以这样认为：随着我国古代皇权不断加强并下渗到基层，社会各阶层都掀起了对皇帝个人的狂热崇拜，是为一种集

权政治。但如果认真考察前文所述的祝圣文化历史，这是明显错误的。其将问题看得过于极端、简单，事实真相却是复杂得多。

祝圣在社会上广泛盛行绝非皇权一己之力能为。回顾前文，石刻上"皇帝万岁"铭文经历从碑文中祝赞、祝辞移置于碑额、祝圣辞独占碑额，直至使用万岁牌碑额等各阶段。在此过程中，作为符号的"皇帝"于石刻中的地位不断被突出。但是细心检视，这些变化基本都是来源于佛道祝圣活动的新变化；即使最后一次是与朝廷政策明显有关，但也非朝廷自创，而是沿用寺观成法。可以说，佛道二教就祝圣所做的不断努力与创新，为社会提供了大量关于皇帝崇拜的新形式。客观来说，除了在早期皇权对佛道形成祝圣传统起到了积极的作用，在后期佛道对祝圣的改进运动中并未见到明显的皇权影响痕迹。这些创新更多是出于佛道自身实践合理化的需求，以使相关活动更加简明、规范，易于操作。相反，这时皇帝甚至还对寺观内的祝圣活动进行了限制。例如明太祖于"洪武元年令正旦、冬至及寿日，各衙门不许于寺观行香；其万岁牌不许复设"。[87] 一反唐宋以来做法。这就产生了一个吊诡的现象，随着皇权日趋加强，但皇帝却并未比前代表现出更为强烈的欲望，以强制民众对其崇拜；但是社会上的祝圣浪潮却越来越高。帝国譬如一台机器，越到晚近时期，社会日趋完善，则自动化程度越高。皇权只要给予一个最初发动力，其便能自己运行。而皇权之下，僧道也在自己形成的祝圣传统上不断调适完善、越走越远。如果说谁造就了古代社会兴盛的祝圣文化，除了皇帝本人外，僧道则是最大的共谋者。

而社会成员普遍祝圣也并不是简单指向皇帝个人。事实上，"皇帝"在祝圣活动中是一个混沌的概念，而这种现象在最初的宗教语境已经有所体现。有学者研究北朝佛家造像记时，发现祝辞中的"皇帝"除了表示皇帝本人外，还可以表示国家。[88] 而在中古时期，人们的观念中一直存在着把皇帝与国家混同的现象。[89] 近代民族国家未兴起以前，人们脑海中对于国家主权这一抽象的概念还没有明确的认识，往往是将其寄托于一些实体上，如皇帝、社稷、宗庙、山川等。我们可以从寺院为皇帝专门举行的祝圣仪式看到这种模糊性，据金代李俊民《庄靖集》载《碧落治平院祝寿榜》言：

> 窃以丛林标准，法海津梁开诸佛方便之门，证无上菩提之路。虽云弘教所重报恩，今请到因公和尚本院开演圆觉静讲，为国祈福、祝皇帝万岁，伏愿宝历无疆、洪基永固、四海享太平之乐，百僚崇相让之风，一切有情同登觉岸。[90]

为皇帝祝寿旨在"为国祈福、祝皇帝万岁"，这里皇帝与国家是等同的。在古代，中国被视为世界的中心，因此这时"国"进一步有了"天下"的含义。宋代宗镜禅师解释仪式中为何须"上祝皇王圣寿万岁者"时，说道唯此愿"四海讴歌共享殷汤之世，八方鼓腹同欢尧舜之年"。[91] 虽然宗镜禅师将今上个人与上古圣王等同，但其所希求却是天下的太平。皇帝不仅指其本人，更象征一种政权、国家与人世间的秩序。

世俗社会亦然。例如清康熙十三年（1674 年）《创建兴盛宫碑记》所记祝辞："见今工成完备，勒碑刻铭愿祝。皇王永固，太后仁慈，八方称有道之君，四海乐无虞之化，民无疵疠，岁有丰登，更异诸缘遂意，万晕均沾。商贾岁时而生财，茂盛士庶威安，而福利无穷。再祈本庙香火绵远，教法兴隆。立石万古，世代瞻恩，功德无量矣。"[92] 这份晚近时期的民间神祠祝辞与最初佛道为报"四恩"的祝辞相差甚远，其主要目的不是报恩于人，而是求一己之福。文中的辞句如"岁有丰登""岁时而生财"等，都是对一种理想生活状态的憧憬。而此时并列于其中祝福皇帝的文字，更近似于"国泰民安""天下太平"之类的话语，主要是希求社会秩序的安稳。检索其他民间文献，例如清光绪八年（1882 年）潞城县《排神簿》写卷所记乡里赛会神位摆放情形：

（后排左半部分，左起）五道将军之神、太尉将军之神、显右伯城隍尊神、风伯雨师尊神、扬威侯尊神、五方行雨龙王尊神、护国显济王尊神、齐圣广佑王尊神、救苦救难观世音菩萨、敕封关圣帝君、山川社稷五谷尊神、大唐仙师菩萨、夏祖大禹圣帝、九天圣母元君、神农炎帝尊神、昊天玉皇上帝。

（右半部分，左起）后土高皇大帝、东岳天齐仁圣帝、大成至圣先师孔子、北极玄天上帝、大唐太宗圣帝、护国灵贶王尊神、大罗冲淑、惠真人、大唐元宗尊神、昭泽龙王尊神、螟蚣八蜡尊神、广德灵泽王尊神、河伯龙王尊神、本境土地正神。

（前排左起）日宫天子太阳星君、昊天玉皇上帝、天地君亲师、皇帝万岁万万岁、四值功曹使者尊神。[93]

赛会当天百姓会把其认为所有重要的神祇全部供奉出来，以祈福禳灾。神位的排列共同构建出民众想象中的宇宙秩序，这里天地一切皆有对应的神灵化身，而皇帝竟然也位列其中。皇帝在民众视域内毋宁说是一种人格化的此世秩序。

这种虚化的"皇帝"也可以得到其他方面的印证。在宋代，僧人在祝圣仪式中，部分使用"皇风永扇，帝道遐昌"来代替原来的"皇帝万岁"。[94] 此在明代最终被固定为"皇图永固，帝道遐昌"，并广泛流行开来。如明成化元年（1465 年）《太平县南史威普净寺重修殿宇碑铭并序》载："上祝：皇图永固，帝道遐昌。佛日增辉，法轮常转。"[95] 而在清代，其也同"皇帝万岁"一样在碑额中使用了牌位的形式，如清咸丰十一年（1861 年）《重修二郎庙正窑碑记》[96]。（图10）人们通过将"皇帝"拆分为"皇图"与"帝道"以进行替换，反映在民众心目中，皇帝更多对应的是江山版图、道德教化之类的秩序概念。

一旦"皇帝"被虚化为一种秩序，那么原来为皇帝个人举行的祝圣活动也就改变了意义，"皇帝万岁"并非祝福其万寿无疆。清军攻灭南明弘光政权，进入南京后，"传百姓设香案，俱用黄纸书'大清国皇帝万岁万万岁'，并'风调雨顺，国泰民安'等字。又大书'顺民'二字，黏于门"。[97] 在

图 10 《重修二郎庙正窑碑记》碑额拓片

这里，包括"皇帝万岁"在内等常用祝辞话语被用来作为向新政权效忠的表示。而清乾隆五十一年（1786年），台湾林爽文起义，粤庄港东、港西两里乡民不从义军之招，"齐集忠义亭供奉万岁牌，同心堵御挑选壮丁八千余名"以抗击之[98]，也是将用来祝圣的万岁牌作为向王朝效忠的符号。至于清代陵川县平城镇乡民解释在社庙内设立万岁牌的主要原因，其言道："凡所以宣明政教，稽查保甲，靖地方以安商旅，察奸宄以悦万民。"[99]（按：此碑具体时代不详，从碑文中"稽查保甲"等字，可知应是在清代于乡里推行保甲制之后）已不见为皇帝祝福延寿的内容。祝福"皇帝万岁"更像是一种对现有秩序的服从、对理想秩序的期望。

当"皇帝"化为一种文化符号，祝福"皇帝万岁"化为一种社会固定的文化传统，那么其便与皇帝本人的实体无关。这也就解释了在民国11年（1922年），帝制覆灭多年之后，人们依然在碑额上写下了那古老的祝福——"皇图永远"。[100]

至此，我们可以就"皇帝万岁"碑额的演变描绘出一个大致的脉络："皇帝万岁"铭文入刻最早见于北朝佛家造像记；此后，这种拥有"皇帝万岁"铭文的石刻范围也由佛教拓展到道教、民众祠神信仰。而从宋代起，该类型石刻发生了一次重要变化，其铭文由先前碑身祝辞的位置转移到碑额上，最终形成了"皇帝万岁"碑额。石刻上的"皇帝万岁"铭文与我国古代社会的祝圣文化有关。祝圣最初源于佛道二教，并扩展至社会各领域。而随着历史发展，祝圣活动也日趋异化成为一种特殊的社会文化传统，不能再简单视为对于皇帝个人的崇拜。当然，以上的论述只是就此问题做了一个粗略的探索，尚有许多细节需进一步论证。另外，应当指出，在历史上朝廷与民间社会为皇帝庆寿的活动具有一定独立性，不能完全视其为受佛道被动的影响，而其对我国祝圣文化产生了怎样的影响，留待日后继续探索。

---

[1] 佚名. 神掌窊补修碑记[M]//三晋石刻大全·晋中市和顺县卷. 太原：三晋出版社，2012.

[2] 扎西次仁. 康熙万岁牌和乾隆皇帝像供奉布达拉宫考[J]. 中国西藏（中文版），1997（4）；刘涛. "皇帝万岁"铭瓷器与中国佛教[J]. 中原文物，2001（1）.

[3] 佚名. 避水石碑记[M]//三晋石刻大全·阳泉市盂县卷. 太原：三晋出版社，2010.

[4] 陈晓红. 敦煌愿文的类型研究[M]. 北京：九州出版社，2018.

[5] 释宗镜. 销释金刚经科仪会要注解[M]//《卍新纂续藏经》白马影印本.

[6] 佚名. 兴化寺高岭诸村造像记[M]//山右石刻丛编. 清光绪二十七年刊本.

[7] 佚名. 张洪贵造像碑[M]//三晋石刻大全·长治市沁源县卷. 太原：三晋出版社，2011.

[8] 释道□. 寿阳县大乐山重修古楞伽寺碑记[M]//山右石刻丛编. 清光绪二十七年刊本.

[9] 崔明允. 龙角山庆唐观大圣祖元元皇帝金箓斋颂并序碑[M]//三晋石刻大全·临汾市浮山县卷. 太原：三晋出版社，2012.

[10] 般若. 大乘本生心地观经[M]//《大正新修大藏经》刊本.

[11] 贾善翔. 太上出家传度仪[M]//《正统道藏》影印本.

[12] 佚名. 洞玄灵宝千真科[M]//《正统道藏》影印本.

[13] 释志磐. 佛祖统纪[M]//《大正新修大藏经》刊本.

[14] 佚名：太上洞玄灵宝业报因缘经[M]//《正统道藏》影印本.

[15] 雷闻. 郊庙之外：隋唐国家祭祀与宗教[M]. 北京：生活·读书·新知三联书店，2009.

[16] 张九龄. 唐六典[M]. 北京：中华书局，1992.

[17] 薛居正. 旧五代史[M]. 北京：中华书局，1976.

[18] 柳玭. 大唐万寿寺记[M]//全唐文. 北京：中华书局，

1983.

[19] 佚名. 王忠南山造像碑[M]//三晋石刻大全·长治市武乡县卷. 太原：三晋出版社, 2013.

[20] 凤凰出版社. 山西府县志辑59光绪直隶绛州志、民国新绛县志[M]. 南京：凤凰出版社, 2005.

[21] 佚名. 唐龙朔三年郭石生妻造像碑[M]//三晋石刻大全·临汾市襄汾县卷. 太原：三晋出版社, 2016.

[22] 佚名. 香山寺六面碑[M]//三晋石刻大全·晋中市和顺县卷. 太原：三晋出版社, 2012.

[23] 佚名. 白道村修建佛堂经幢[M]//三晋石刻大全·临汾市霍州市卷. 太原：三晋出版社, 2014.

[24] 苏殷. 重修崇寿寺记[M]//三晋石刻大全·晋城市泽州县卷. 太原：三晋出版社, 2012.

[25] 吕太古. 道门通教必用集[M].《正统道藏》影印本.

[26][94] 释宗赜.（重雕补注）禅苑清规[M].《卍新纂续藏经》白马影印本.

[27][34] 释德辉. 敕修百丈清规[M]//《卍新纂续藏经》白马影印本.

[28] 释赜藏. 古尊宿语录[M]//《卍新纂续藏经》白马影印本.

[29] 释才良：法演禅师语录[M]//《大正新修大藏经》刊本.

[30] 佚名. 存留大悲之院碑[M]//三晋石刻大全·临汾市曲沃县卷. 太原：三晋出版社, 2011.

[31] 李榘. 勅赐靖应真人道行碑[M]//三晋石刻大全·运城市新绛县卷. 太原：三晋出版社, 2015.

[32] 释文秀. 雕藏经主重修太阴寺碑[M]//三晋石刻大全·运城市绛县卷. 太原：三晋出版社, 2015.

[33][61][78] 马晓林. 马可·波罗与元代中国：文本与礼俗[M]. 上海：中西书局, 2018.

[35] 释仪润. 百丈清规证义记[M]//《卍新纂续藏经》白马影印本.

[36] 秦伟. 遇真观记[M]//三晋石刻大全·晋城市陵川县卷. 太原：三晋出版社, 2013.

[37] 谢应芳. 龟巢稿[M]//江安傅氏双鉴楼藏元钞本.

[38] 凌云翰. 柘轩集[M]//文渊阁《四库全书》影印本.

[39] 徐梦莘. 三朝北盟会编[M]. 上海：上海古籍出版社, 1987.

[40] 西湖老人. 西湖老人繁胜录[M]//永乐大典. 影印明嘉靖内府重写本.

[41] 王安石. 临川文集[M]//文渊阁《四库全书》影印本.

[42] 周玺. 垂光集[M]//景上海涵芬楼藏明刊本.

[43] 孙贯文. 重建礼拜寺记碑跋[J]. 文物, 1961（08）.

[44] 金宜久. 伊斯兰教辞典[M]. 上海：上海辞书出版社, 1997.

[45] 徐光启. 新法算书[M]//文渊阁《四库全书》影印本.

[46] 佚名. 郡主千秋皇帝万岁碑记[M]//三晋石刻大全·临汾市永和县卷. 太原：三晋出版社, 2015.

[47] 佚名. 沁源县良安乡功德幢[M]//三晋石刻大全·长治市沁源县卷. 太原：三晋出版社, 2011.

[48] 王鏊. 震泽集[M]//文渊阁《四库全书》影印本.

[49] 胡世宁. 胡端敏奏议[M]//文渊阁《四库全书》影印本.

[50] 邱向明. 新化县天门：清代古桥上题有"皇帝万岁"[EB/OL]. https：//hn.rednet.cn/c/2013/11/01/3185452.htm, 2013-11-01.

[51] 山西省文物局. 山西珍贵文物档案11[M]. 北京：科学出版社, 2020.

[52] 刘大鹏. 晋祠志[M]. 太原：山西人民出版社, 2003.

[53] 佚名. 郡主千秋皇帝万岁碑记[M]//三晋石刻大全·临汾市永和县卷. 太原：三晋出版社, 2015.

[54] 韩溪文. 皇元重修特赐舍利山开化禅院碑[M]//三晋石刻大全·晋城市高平市卷. 太原：三晋出版社, 2011.

[55] 郑州市博物馆. 河南荥阳大海寺出土的石刻造像[J]. 文物, 1980（3）.

[56][73] 刘涛."皇帝万岁"铭瓷器与中国佛教[J]. 中原文物, 2001（1）.

[57] 范成大. 吴船录[M]. 北京：中华书局, 2002.

[58][60][62] 陈高华. 元典章[M]. 天津：天津古籍出版社, 2001.

[59] 熊开元. 邓尉山圣恩寺志[M]//圣恩寺藏民国十九年刊本.

[63] 冯承钧. 马可·波罗行纪[M]. 上海：上海书店出版社, 2001.

[64] 释洪蕃. 重修兴川寺记[M]//三晋石刻大全·临汾市大宁县卷. 太原：三晋出版社, 2014.

[65] 佚名. 东亭寺重修钟楼碑记[M]//三晋石刻大全·太原市古交市卷. 太原：三晋出版社, 2012.

[66] 董毅然. 明中期佛教寺院兴盛的原因与社会影响——以正统至正德时期为考察中心[D]. 北京：北京师范大学, 2004.

[67] 严安理. 善果寺碑[M]//北京图书馆藏中国历代石刻拓本汇编·第53册. 郑州：中州古籍出版社, 1991.

[68] 释海溟. 重建青果寒泉禅寺记[M]//三晋石刻大全·长治市沁源县卷. 太原：三晋出版社, 2011.
[69] 佚名. 重修佛庙金鎏圣像碑记[M]//三晋石刻大全·临汾市尧都区卷. 太原：三晋出版社, 2011.
[70] 李遵. 圣佛岩新修观音堂记[M]//三晋石刻大全·临汾市古县卷. 太原：三晋出版社, 2012.
[71] 李成名. 新建白衣大士关圣帝君祠记[M]//三晋石刻大全·太原市尖草坪区卷. 太原：三晋出版社, 2012.
[72] 佚名. 资寿寺药师佛殿碑记[M]//三晋石刻大全·晋中市灵石县卷. 太原：三晋出版社, 2010.
[74][76] 凤凰出版社. 山西府县志辑18民国昔阳县志、雍正辽县志、民国重修和顺县志、光绪榆社县志[M]. 南京：凤凰出版社, 2005.
[75] 黄六鸿. 福惠全书[M]//清光绪十九年文昌会馆刊本.
[77] 佚名. 重整社规碑[M]//三晋石刻大全·晋城市高平市卷. 太原：三晋出版社, 2011.
[79] 瞿同祖. 清代地方政府[M]. 天津：天津出版社, 2011；雷伟平. "圣谕广训"传播研究[D]. 上海：华东师范大学, 2007.
[80] 赵克生. 从"木铎宣诵"到"乡约会讲"——明代地方社会的圣谕宣讲[C]//世界大变迁视角下的明代中国——国际学术研讨会论文集. 长春：吉林人民出版社, 2012.
[81] 高攀龙. 高子遗书[M]//文渊阁《四库全书》影印本.
[82] 曹希彬. 重修关圣庙碑记[M]//三晋石刻大全·太原市古交市卷. 太原：三晋出版社, 2021.
[83] 弓中侯. 重修观音庙碑记[M]//三晋石刻大全·太原市古交市卷. 太原：三晋出版社, 2021.
[84] 韩玠. 重修藏山神祠碑记[M]//三晋石刻大全·阳泉市盂县卷. 太原：三晋出版社, 2021.
[85] 康秉宁. 创建龙王庙碑记[M]//三晋石刻大全·太原市古交市卷. 太原：三晋出版社, 2021.

[86] 阎思义. 重修落伽山大安寺碑记[M]//三晋石刻大全·晋中市寿阳县卷. 太原：三晋出版社, 2010；张秀升. 重修显泽大王碑记[M]//三晋石刻大全·晋中市寿阳县卷. 太原：三晋出版社, 2010.
[87] 申时行. 大明会典[M]//明万历内府刊本.
[88] 侯旭东. 造像记所见民众的国家认同与国家观念——北朝村里社会研究之一[M]//民间信仰与社会空间. 福州：福建人民出版社, 2003.
[89] 甘怀真. 皇权、礼仪与经典诠释：中国古代政治史研究[M]. 上海：华东师范大学出版社, 2008.
[90] 李俊民. 庄靖集[M]//文渊阁《四库全书》影印本.
[91] 释宗镜. 销释金刚经科仪会要注解[M]//《卍新纂续藏经》白马影印本.
[92] 佚名. 创建兴盛宫碑记[M]//三晋石刻大全·大同市南郊区卷. 太原：三晋出版社, 2014.
[93] 张南院. 排神簿[M]//庙宇·仪式·群体：上党民间信仰研究. 北京：中国社会科学出版社, 2015.
[95] 释善德. 太平县南史威普净寺重修殿宇碑铭并序[M]//三晋石刻大全·临汾市襄汾县卷. 太原：三晋出版社, 2016.
[96] 杨凝辉. 重修二郎庙正窑碑记[M]//三晋石刻大全·吕梁市柳林县卷. 太原：三晋出版社, 2013.
[97] 叶绍袁. 崇祯记闻录[M]. 台北：台湾银行经济研究室, 1972.
[98] 佚名. 钦定平定台湾纪略[M]//文渊阁《四库全书》影印本.
[99] 佚名. 重修元阳观碑记[M]//三晋石刻大全·晋城市陵川县卷. 太原：三晋出版社, 2013.
[100] 佚名. 张兴台墓碑[M]//三晋石刻大全·晋中市榆次区卷. 太原：三晋出版社, 2012.

基于史书记载的伊尹传说考证

许小丽
河南博物院

摘要：伊尹是中国历史上的名相，他辅佐商汤南征北战，他不仅是治国的贤相，而且在医药、餐饮方面的贡献良多，并为后世所传承。根据史书记载，对伊尹的出身、故里及墓地进行了考证，认为伊尹是一个很有才华的人，其生于伊水之滨，养育成人于有莘。

关键词：史书记载；伊尹；

一、伊尹是中国第一名相

《中国将相辞典》收录自夏至清在中国历史上有一定影响的878位将相，《中国名相辞典》收录了中国历代名相52人，首位便是伊尹。《史记·殷本纪》云："伊尹，名阿衡。"但《索隐》引《孙子兵书》则说："伊尹，名挚。"孔安国亦曰："伊挚。"均以为阿衡为官名，非人名。不过史书上多把伊挚称为伊尹，伊尹之名遂广为流传。

宰相性质的官职出现较早，但是夏王朝和先商时尚未看到具体人名。商代早期，《尚书·汤誓》开章便说："伊尹相汤伐桀。"《商书》中的《伊训》《太甲上》《太甲下》诸篇均记载了伊尹在商王朝的具体活动事例。《诗经·商邶颂·长生》也有伊尹辅佐商王的记载。《淮南子·原道训》中提到伊尹，高诱注曰："伊尹名挚，（殷）汤之贤相也。"伊尹是商王朝的名相、贤相，在所有史书中没有二议。

《史记·殷本纪》记载，在汤灭夏之前征伐诸侯时，伊尹便一直辅佐商汤南征北战。汤最早灭掉葛国，当时就受到伊尹的拥护支持，如《史记·殷本纪》载："葛伯不祀，汤始伐之。汤曰：'予有言：人视水见形，视民知治不。'"伊尹便积极表态支持，曰："明哉！言能听，道乃进。君国子民，为善者皆在王官。勉哉！"之后伐书、顾、昆吾直至夏桀，"汤乃兴师率诸侯，伊尹从汤，汤自托钺以伐昆吾，遂伐桀"。在伐桀之前，"伊尹去汤适夏。既丑有夏，复归于亳。入自北门，遇女鸠、女房，作《女鸠》《女房》"。这段话的意思是，伊尹到夏去做反间活动，并了解夏王朝的内幕，为伐桀作好知彼知己的准备。复归于亳，把了解的情况向商的贤臣鸠、房作介绍，并写了《女鸠》《女房》两篇调查报告。汤灭夏之后，"伊尹报。于是诸侯毕服，汤乃践天子位，平定海内"。"伊尹报"，《集解》引徐广曰："即伊尹报政。"这段话整体意思是说，汤灭夏后，伊尹总结了当时的形势，向各路诸侯作了一个政治报告，诸侯都很佩服，汤乃登上君主地位。

《殷本纪》："汤崩，太子太丁未立而卒，于是乃立太丁之弟外丙，是为帝外丙。帝外丙即位三年，崩，立外丙之弟中壬，是为帝中壬。帝中壬即位四年，崩，伊尹乃立太丁之子太甲。太甲，成汤嫡长孙也，是为帝太甲。帝太甲元年，伊尹作《伊训》，作《肆命》，作《徂后》。"《集解》引郑玄注曰："肆命者，陈政教所当为也。徂后者，言汤之法度也。"上述这一段话是说汤崩后，外丙、中壬、太甲三位国君一直以伊尹为相，特别是到太甲时，伊尹将汤时的政教和法度编撰成册，作为法令公布，依法来治理国家。但是"帝太甲既立三年，不明，暴虐，不尊汤法，乱德，于是伊尹放之于桐宫。三年，伊尹摄行政当国，以朝诸侯"。即太甲不守汤法，伊尹把太甲囚于桐宫令其反省，而自己摄行国事。"桐宫"，《集解》引孔安国曰："汤葬地。"引郑玄注曰："地名也，有王离宫也。"《正义》引《晋太康地记》云："尸乡南有亳阪，东有城，太甲所放处也。"考古发掘证明，偃师尸乡沟确实发现了商代早期的城，桐宫当在此地。"帝太甲居桐宫三年，悔过自责，反善，于是伊尹乃迎帝太甲而授之政。帝太甲修德，诸侯咸归殷，百姓以宁。伊尹嘉之，乃作《太甲训》三篇，褒帝太甲，称太宗。太宗崩，子沃丁立。帝沃丁之时，伊尹卒。"《正义》引《帝王世纪》："伊尹名挚，为汤相，号阿衡，年百岁卒，大雾三日，沃丁以天子礼葬之。"以上便是中国第一名相伊尹一生从政梗概。

另外，伊尹从政以外，传说《汤液经法》为伊尹所撰。医圣张仲景著有《论广伊尹汤液》数十卷。晋皇甫谧之后的元明清各代医家都认为伊尹是一位医学家。后世学者还认为伊尹是厨师、烹饪的鼻祖，是他创立了"五味调和"餐饮烹饪理论。2009年首届中华伊尹饮食文化论坛及名厨拜祖大典在河南虞城县举行，有三百多名厨师前去拜祖。这说明伊尹不仅是治国贤相，而且在医药、餐饮方面的贡献普及到民间，并为后世所传承。

二、关于伊尹的出身

伊尹相汤，历经外丙、中壬、太甲，一直是一人之下万人之上的权势人物，死后沃丁还以天子之礼葬之，显然是权倾一时的贵族。但是他的出身史书尚有分歧。《史记·殷本纪》载伊尹"为有莘氏媵臣，负鼎俎，以滋味说汤，致于王道"。有莘氏女为汤妃，伊尹是陪嫁的奴隶，而且擅长餐饮技术，在接触商汤时以餐饮理论来阐述王道，后来得到重用。但是《殷本纪》还说"或曰，伊尹处士，汤使人聘迎之，五反然后肯往从汤，言素王及九主之事，汤举以周政"。这里提到伊尹处士，汤前去聘迎，往返五次伊尹才答应从汤。伊尹向汤介绍了"九主之事"，即与国家兴亡有关的九件事例，得到汤的信服，于是委以国政。

从这一条材料看，伊尹相汤前不是奴隶，而是很有名望、很有才华的"处士"。

《墨子·贵义》："昔者汤将往见伊尹，令彭氏之子御。彭氏之子半道而问曰：'君将何之？'汤曰：'将往见伊尹。'彭氏之子曰：'伊尹天下之贱人也。若君欲见之，亦令召问焉，彼受赐矣。'汤曰：'非汝所知也。今有药此，食之，则耳加聪，目加明，则吾必说而强食之。今夫伊尹之于我国也，譬之良医善药也，而子不欲我见伊尹，是子不欲吾善也。'因下彭氏之子，不使御。彼苟然，然后可也。"[1]

上述材料说明汤把伊尹视为隐在民间的贤人。可是彭氏之子说"伊尹天下之贱人也"，显然把伊尹视为奴隶阶层的人。

《墨子·尚贤上》："成汤举伊尹于庖厨之中，授之以政。"注曰："成汤举伊尹于疱厨之中，授之政。"注引《韩非子》云："上古有汤至圣也，伊尹至智也。然且七十说而不受，身执鼎俎为庖宰，昵近习亲，而汤乃仅知其贤而用之。"

《墨子·尚贤中》："伊挚，有莘氏女之私臣，亲为庖人。汤得之，举以为己相，与接天下之政，治天下之民。"

以上两段话其意大体相同，是说伊尹是汤妃有莘氏之女的私臣，即陪嫁的奴隶，是庖厨餐饮的负责人，但是很有才华，汤举之为己相。这样说来，伊尹为相之前应该是掌管庖厨的奴隶。

《孟子·万章上》：万章问曰："人有言'伊尹以割烹要汤'，有诸？"孟子曰："否，不然。伊尹耕于有莘之野，而乐尧舜之道焉。非其义也，非其道也，禄之以天下，弗顾也；系马千驷，弗视也。非其义也，非其道也，一介不以与人，一介不以取诸人。汤使人以币聘之，嚣嚣然曰：'我何以汤之聘币为哉？我岂若处畎亩之中，由是以乐尧舜之道哉？'汤三使往聘之，既而幡然改曰：'与我处畎亩之中，由是以乐尧舜之道，吾岂若使是君为尧舜之君哉？吾岂若使是民为尧舜之民哉？吾岂若于吾亲见之哉？天之生此民也，使先知觉后知，使先觉觉后觉也，予，天民之先觉者也；予将以斯道觉斯民也。非予觉之，而谁也。'思天下之民匹夫匹妇有不被尧舜之泽者，若己推而内之沟中。其自任以天下之重如此，故就汤而说之以伐夏救民。吾未闻枉己而正人者也。况辱己以正天下者乎？圣人之行不同也，或远或近；或去或不去，归洁其身而已矣。吾闻其以尧舜之道要汤，未闻以割烹也。伊训曰：'天诛造攻自牧宫，朕载自亳。'"[2] 从孟子与万章的对话来看，当时社会流传一种说法，即认为伊尹是庖厨奴隶出身。但是孟子则认为伊尹是耕于有莘之野的隐士、贤达，否认伊尹是从事庖厨的奴隶。

《吕氏春秋·本味篇》说：伊尹"长而贤，汤闻伊尹，使人请之有侁氏（即有莘氏），有侁氏不可。伊尹亦欲归汤，汤于是请取（娶）妇为婚，有侁氏喜，以伊尹为媵送女。故贤主之求有道之士，无不以也"[3]。这里说的是：虽伊尹是贤者，但有归汤的愿望，但还不是自由民，只有作为陪嫁才接触了商汤。

《水经注·伊水》说伊尹从小寄养于庖人，"长而有贤德，殷以为尹，曰伊尹也"。

这是把两种不同的观点糅合在一起，既不排除伊尹是庖厨、媵女之奴隶，也承认其为贤人。

根据以上所介绍的情况来看，各家有一个共同的观点，即伊尹是一个很有才华的贤达。不同点在于，多数学者都认为伊尹是庖厨奴隶出身。只有孟子认为伊尹是耕于有莘之野的地方贤达，不承认其为庖厨出身的奴隶，但他只是说"未闻"。"未闻"二字很有学问，即使是千真万确的事，但没有听说过，当然允许有这种情况。

三、伊尹故里及墓地

伊尹为商相后，其住地可以说主要在郑、亳两个国都里。关于他的故里和墓地在何处，史书尚有分歧。

《吕氏春秋·本味篇》说："有侁（即有莘）氏女子采桑，得婴儿于空桑之中，献之其君。其君令烰人（即庖人）养之。察其所以然，曰：'其母居伊水之上，孕。'梦有神告之曰：'臼出水而东走，毋顾。明日，视臼出水，告其邻，东走十里，而顾其邑尽为水，身因化为空桑（伊尹母化为空桑）。'故命之曰伊尹。此伊尹生空桑之故也。"《水经注·伊水》："昔有莘氏女采桑于伊川，得婴儿于空桑中，言其母孕于伊水之滨，梦神告之曰：'臼水出而东走。'母明视而见臼水出焉。告其邻居而走，顾望其邑，咸为水矣。其母化为空桑，子在其中矣。莘女取而献之，命养于庖，长而有贤德，殷以为尹，曰伊尹也。又东北过新城县南。"

《水经注》所提到的伊水在洛阳地区。《河南历代名人史迹》中说：嵩县有伊尹祠，"位于嵩县纸房乡龙头村。始建于明初，宣德、崇祯年间及清代多次重修。现存道义门、德堂、三聘台、正殿等。其中正殿正面5间，硬灰筒瓦顶。祠内有明宣德八年（1433年）八月所立《重修伊尹祠记》碑刻一通"。近年有人调查发现"新城县南"即今嵩县平等乡古城村南（即大莘店村）有伊尹墓。莘乐沟传说为伊尹躬耕处，空桑涧（把空桑演变为水名）西南一山平兀如几，相传为成汤聘伊尹处，空桑涧西20里许有一大冢，也传为伊尹母之墓。墓冢方圆5亩许，高1.87米。与嵩县相邻的栾川县有耕莘古地，位于栾川县城西南2公里的漫子头村，曾是商代贤相伊尹躬耕之地。《孟子》载伊尹耕于有莘之野，即此地。栾川县城称耕莘镇，也是由此而得名。子头东有城村，传说伊尹曾在此筑城，名"伊尹城"。附近有石碑一通，上书"耕莘古地"。《河南历代名人史迹》又提到杞县有伊尹庙，位于杞县县城西13公里的西空桑村，即空桑城（这里把空桑演变为地名），旧名伊尹村，传为伊尹出生地。《太平寰宇记》载：空桑城在雍丘县（今杞县）西二十里，"《杞县志·山川》曰伊尹生于空桑，即此"。《河南通志》卷八十《拾遗附》说："……丙寅过，雍丘县（今杞县）空桑，世传伊尹生于此，一里过伊尹墓，道左砖堆石刻云：'汤相伊尹之墓。'乾隆《杞县志》也说空桑是伊尹所生之地，又里许伊尹墓。"《史记·殷本纪》："伊尹卒，既葬伊尹于亳。"《集解》引《皇览》曰："伊尹冢在济阴己氏平利乡，亳近己氏。"[4]《正义》引《括地志》云："伊尹墓在洛州偃师县西北八里。又云宋州楚丘县西北十五里有伊尹墓，恐非也。"[5]《河南历代名人史迹》说："伊尹墓位于虞城县西南站集乡魏固堆村北。此地原属商丘县。"《商丘县志》载："伊尹百岁殁，帝沃以天子之礼葬于亳，即其地也。"引《归德府志》载："谷熟（今虞城县）之南，即古亳故墟，有冢亩余三十丈广，世为伊冢。"现墓冢高3米，周长46米，占地168平方米。墓四周有古柏200余株，明清碑刻20余通。伊尹墓前有伊尹祠，元明以前有祭殿、拜殿、卷棚、钟鼓楼、配房、大门和围墙等。现仅存两座大殿和戏楼。每年农历二月初二、四月初八、九月初九日，附近与邻省群众皆来赶会，至今不衰。山东《莘县旧志》："莘之北门外曰伊尹田，伊尹田北八里，古有莘亭，世传伊尹躬耕处也。"莘亭有康熙五年碑，题有"莘亭伊尹耕处"六个大字。莘县古有伊尹庙。

关于伊尹出生的传说都与空桑有关，而且都说被庖人养大。具体到出生的地望则有两说，一说认为在洛阳地区的嵩县、栾川，因为那里确实有一条从古至今一直流淌着的伊河，也有文献记载。另外一说则认为在开封地区的杞县，因为杞县至山东的曹县一带，历史文献记载是古莘国的地域，后来的莘县正在其地。杞县有伊尹村、空桑村、伊尹庙、空桑城，不少学者认为伊尹出生在此地，即古有莘地、空桑地。伊尹是庖人养大成人，而庖人则是有莘氏之庖人，伊尹出生应该在有莘氏之地。这两种不同观点很难取得共识，有莘氏之地在杞县、曹县一带比较合理，但是没有伊水；嵩县、栾川有伊水，但是作为有莘氏故地，其理由勉强。笔者有一个大胆的推测：伊尹生于伊水之滨，养育成人于有莘，世代相传所留下来的历史信息，虽然有些方面存在发挥、夸张、添枝加叶的地方，但其主流我们无法否定，因此，我认为两地都是伊尹故里。

关于伊尹的墓地说法更多，在嵩县大莘店村有伊尹墓，在空桑涧有伊尹母之墓。《括地志》说伊尹墓在偃师西北八里，《皇览》说伊尹冢在济阳。《河南通志》《杞县志》说杞县有伊尹墓。《商丘县志》《归德府志》均说虞城县有伊尹墓。从科学的角度来分析，这五处伊尹墓都不能认定为真的，因为那时都是墓而不坟，没有标志，现在所说的墓冢都是后人为纪念先祖所追封的。因此不必劳神辨真伪，存者存之，作为一种文化看待就行了。

---

[1] 孙诒让. 墨子间诂 [M]. 北京：中华书局，2001.
[2] 杨伯峻. 孟子译注 [M]. 北京：中华书局，1960.
[3] 陈奇猷. 吕氏春秋校释 [M]. 上海：学林出版社，1984.
[4] 孙冯翼辑. 皇览 [M]. 北京：中华书局，1985.
[5] 贺次君. 括地志辑校 [M]. 北京：中华书局，1980.

试论高质量发展语境下的博物馆教育品牌战略

丁福利[1]　丁　萌[2]
1.河南博物院　2.中国国家博物馆

摘要：本文围绕习近平总书记关于"一个博物院就是一所大学校"的讲话精神，论述了新时代我国博物馆教育转入"高质量发展"阶段的必要性、紧迫性与时代价值；提出"品牌战略"对实现博物馆教育高质量发展、履行新时代新使命具有的重要作用；提出博物馆教育打造品牌、助推高质量发展的七条优化路径。

关键词：博物馆教育；高质量发展；品牌战略；路径

习近平总书记2015年春节前夕在陕西看望慰问干部群众时发表讲话："一个博物院就是一所大学校。"要"加强研究利用，让历史说话，让文物说话"。[1]就博物馆教育而言，究竟怎样做才能不负重托，更好地"让历史说话，让文物说话"，让博物馆更好地发挥一个"大学校"的教育功能呢？党的十九大以来，习近平总书记的一系列讲话为我们指明了努力的方向。2017年10月，习近平总书记在党的十九大报告中讲道："中国特色社会主义进入新时代，我国社会主要矛盾已经转化为人民日益增长的美好生活需要和不平衡不充分的发展之间的矛盾。"[2]"美好生活"自然需要"高质量发展"作为保障。因此习近平总书记同时又强调："我国经济已由高速增长阶段转向高质量发展阶段，正处在转变发展方式、优化经济结构、转换增长动力的攻关期……必须坚持质量第一、效益优先，以供给侧结构性改革为主线，推动经济发展质量变革、效率变革、动力变革。"[3]2020年10月党的十九届五中全会做出的《中共中央关于制定国民经济和社会发展第十四个五年规划和二〇三五年远景目标的建议》（以下简称《建议》）提出，要"把新发展理念贯穿发展全过程和各领域，构建新发展格局，切实转变发展方式，推动质量变革、效率变革、动力变革，实现更高质量、更有效率、更加公平、更可持续、更为安全的发展"。[4] 习近平总书记还就《建议》特别说明："新时代新阶段的发展必须贯彻新发展理念，必须是高质量的发展。"[5] 由此可见，"高质量发展"将是未来相当长一段时期贯穿各个领域发展全过程的关键词和主旋律。鉴于此，在新时代"高质量发展"的语境下，进一步探讨博物馆教育实施"品牌战略"的必要性、可行性和优化路径，对于推动博物馆教育"供给侧结构性改革"，实现高质量发展，担当起新时代博物馆教育服务人民"美好生活"需要的新使命，以及回应总书记关切，把博物馆建设成为高质量的"大学校"，无疑具有重要意义。

一、逻辑思辨：高质量发展为何要提到博物馆教育的重要议程

（一）从宏观角度看，推动新时代我国经济社会高质量发展必要而紧迫

博物馆教育要想不负时代、事业长青，就必须提高站位、与时俱进，深刻理解、主动融入新时代经济社会发展的主流中去。为什么党的十九大以来，党和国家一再就未来相当长一段历史时期的"高质量发展"进行战略部署和系统安排？"习近平总书记指出，推动高质量发展，是保持经济持续健康发展的必然要求，是适应我国社会主要矛盾变化和全面建成小康社会、全面建设社会主义现代化国家的必然要求，是遵循经济规律发展的必然要求。进入高质量发展阶段，我国需求条件、要素条件和潜在增长率发生重要变化，如果不顾客观实际追求高速增长，势必带来较大风险隐患。进入新时代，我国社会主要矛盾发生转化，发展中的矛盾和问题集中体现在发展质量上。只有大力提高发展质量，才能解决好我国社会主要矛盾，以更加平衡、更加充分的发展满足人民美好生活的需要，实现'两个一百年'奋斗目标"。[6]

（二）从中观角度看，我国博物馆高质量发展的号角已经吹响

2019年9月22日，"全国博物馆高质量发展论坛"在太原召开。国家文物局党组成员、副局长关强出席论坛开幕式并讲话。国家文物局博物馆与社会文物司、中国博物馆协会、山西省文物局负责同志和国内外博物馆馆长及相关代表近200人参加本次论坛。

关强在讲话中指出，中国博物馆事业既面临前所未有的发展机遇，又面对与人民美好生活需要不相适应的突出矛盾，新形势下我们如何进一步解放思想，创新思维，推进博物馆改革发展，突破博物馆事业发展中的瓶颈，释放活力，引领博物馆事业迈出新步伐、实现新作为，满足人民对于美好生活的新期待，已成为国家博物馆事业改革发展的重中之重。"在新时代的大背景下，实现博物馆高质量发展已经成为时代赋予博物馆人的责任，也是博物馆融入社会、服务社会、推动社会文明发展的不竭动力。"[7]

论坛上，安来顺等七位来自国际博协、中国博协、国内外博物馆、高校相关负责人和知名学者围绕各自的工作和研究方向，结合大量鲜活、典型的案例和数据，就推动新时代博物馆高质量发展的重要意义和如何推动博物馆高质量发展发表主旨演讲，引发热烈研讨，达成了一系列共识。

可以说，这次会议吹响了我国博物馆全面高质量发展的"号角"。

（三）从微观角度看，推动博物馆教育转入高质量发展的轨道时不我待

我国博物馆已整体转向了高质量发展的新时代，博物馆教育作为博物馆的主要业务组成部分转入高质量发展的轨道自然更应当时不我待。因为博物馆教育担当着博物馆的第一职能——教育职能，体现着当代博物馆的核心价值，处于博物馆发展成果惠及人民群众、满足人民美好生活需要的第一线和窗口地带。因此，博物馆教育的高质量发展，更多地影响着博物馆的高质量发展，更多地影响着博物馆发展成果能否给人民群众带来更多的获得感、幸福感，也更多地影响着博物馆是否履行了自己在新时代服务教育的新使命。

二、品牌战略：博物馆教育实现高质量发展的不二法门

（一）博物馆教育品牌建设与品牌战略的历史回顾

品牌，原本是商业领域的一个名词，指的是消费者对产品及产品系列的认知和信任程度，是企业一切无形资产的总和以及企业核心竞争力的重要体现。一个追求不断成长和高质量发展的企业，必须创造属于自己的品牌商品。品牌建设具有长期性。实施品牌战略，是企业确保取得竞争优势并发展壮大的利器，是企业实现可持续发展的重要手段。最近十多年来，在"融合式发展"的时代潮流激荡下，我国博物馆教育领域，也在一批大馆、名馆的引领下，自觉或不自觉地走上了品牌建设之路，取得了可喜成效，激发了蓬勃生机，赢得了公众持续青睐，打造了我国博物馆教育全新的"风景线"，并且展现出日益广阔的前景。

1. 理念引领自觉实践系列品牌率先叫响中原

我国博物馆教育的品牌之路，从理论的自觉说起应是始于2003年的河南博物院。那一年，该院博物馆教育工作者丁福利在《中国文物报》上发表了一篇题为《博物馆宣教工作也要打造精品树立品牌》的论文，首次提出博物馆教育"品牌战略"的概念。此文开篇就明确提出："在博物馆界，说起打造精品，不少人总想到陈列；说起树立品牌，不少人又都认为那是企业的专用名词。其实，博物馆里各个方面的工作都需要精品意识并打造出自己的精品；市场条件下，博物馆也应当有品牌意识，并树立自己的品牌。总之，博物馆各个方面的工作都应该实施精品战略、品牌战略。因为它能够有效地带动全局的发展，这已被许多博物馆的实践证明，博物馆的宣教活动也不例外。"[8] 作者在文中不仅提出了观点，而且还提出了路径："博物馆宣教活动如何打造精品、树立品牌，从而实施精品战略、品牌战略呢？……从各馆实际出发，找准本馆宣教活动中一两个或若干个重点环节，把它做精、做强、做大，形成局部的独特优势和较大的影响，使之能够为本馆创造两个效益发挥突出的作用，这就是一个行之有效的工作方法。"[9] 从这篇论文发表的2003年起，河南博物院的社会教育工作就自觉地步入了"品牌战略"的漫漫征途。10多年过去了，"如今的河南博物院社会教育工作已拥有了专业讲解、志愿服务、连锁化历史教室、中原国学讲坛、中原

文化宣讲团、暑期少儿活动节、讲解培训基地等一系列能够叫响中原乃至全国博物馆界，并深受公众欢迎、深刻影响社会的品牌"[10]。

2. 龙腾虎跃、百舸争流，教育品牌红遍大江南北

实际上，在河南博物院轰轰烈烈打造系列品牌的过程中，全国陆续新建或完成提升改造的一批大馆、名馆，甚至一些中小型博物馆，也纷纷踏上了博物馆教育的品牌建设之路，并且出现了"龙腾虎跃、百舸争流，教育品牌红遍大江南北"的壮观景象。

特别是由中国博物馆协会主办并于2014年揭晓的"首届中国博物馆教育项目优秀示范案例评选"活动，集中证实和反映了这一事实。首届中国博物馆教育项目优秀示范案例评选，从征集到的包括香港地区在内的全国各地57家博物馆88个教育案例中评选产生了43个优秀教育案例，堪称我国博物馆教育品牌中的"名牌"。这些教育品牌的实施主体几乎包括了各类博物馆，教育品牌的对象涵盖了各个年龄层次以及特殊观众群体，业内普遍公认其教育理念科学先进，内容丰富多彩，形式灵活多样，基本代表了当时国内博物馆社会教育的领先水平和发展态势。可谓"大江南北，品牌荟萃"，令人目不暇接，美不胜收。中国博协的这场推介，用行动肯定了我国博物馆教育的品牌战略、品牌成果和品牌的高质量引领示范作用。

2018年，由中国博物馆协会主办、在福州"博博会"期间揭晓的"2015-2017年度中国博物馆青少年教育课程优秀课程推介活动"，从全国博物馆报送的300多个参评案例中，评选推介了100个优秀课程（其中分类推介了一批十佳教学设计案例）。再次用行动肯定了我国博物馆教育的品牌战略、品牌成果和品牌的高质量引领示范作用。

2020年10月，由国家文物局指导、中国博物馆协会主办的"2015-2019年度博物馆研学旅行课程及线路推介活动"，从全国博物馆报送的129项案例中，评选推介了10项"最佳线路"和20项"最佳课程"，以及30项"优秀线路""优秀课程"。又一次展示了我国博物馆教育普遍取得的品牌建设成果和国家及行业有关部门对博物馆教育品牌建设、品牌战略高质量引领、示范作用的充分肯定与鼓励。

（二）坚持品牌战略是博物馆教育高质量发展的必然选择

通过对博物馆教育品牌建设与品牌战略的历史回顾，可以清晰地看到，我国博物馆教育用短短的十多年时间走过了一段辉煌的品牌建设之路。一路走来，我国的博物馆教育品牌建设和品牌战略从不自觉到自觉；教育品牌从无到有，从少到多，从小到大，从弱到强，从大馆到中小博物馆，从博物馆人的自发探索到国家有关部门与行业组织的充分肯定和导向推动……成为我国博物馆在新时代履行光荣使命、高质量发挥"大学校"教育职能的重要支撑和一道亮丽的"风景线"。实践证明，博物馆教育树立"品牌意识"、实施"品牌战略"是明智之举。品牌，是彰显博物馆教育特色和优势的最大法宝；品牌，是赢得公众人气与口碑的最佳手段；品牌，是博物馆教育可持续发展的最好载体；品牌，是博物馆教育做大、做强的必由之路。总而言之，品牌战略是新时代博

物馆教育实现高质量发展、激发人民群众参与热情、满足人民群众美好生活需求的必然选择。

三、优化路径：博物馆教育锻造品牌实现高质量发展的思考

关于在新时代怎样优化路径，锻造博物馆教育品牌，更好地推进品牌战略、助力高质量发展，笔者有七点初步思考。

（一）加强博物馆教育人才队伍建设，提升博物馆教育高质量发展的核心竞争力

核心竞争力是最根本、最强大、最持久的竞争力。到底什么是一个博物馆的核心竞争力，近些年一直存在不同说法。笔者认为，从最根本的角度观察，一个博物馆真正的核心竞争力莫过于"人才"二字。纵观党的十八大以来各项事业的发展，以习近平为首的党中央，以人才强国为目标，深入实施人才优先发展战略，使得人才资源对经济社会发展的基础性、战略性、决定性作用日益凸显。习近平总书记曾发表重要讲话强调："功以才成，业由才广。世上一切事物中人是最可宝贵的，一切创新成果都是人做出来的。硬实力、软实力，归根到底要靠人才实力。"[11]因此，要锻造博物馆教育品牌，更好地推进品牌战略、助力高质量发展，就必须把人才队伍建设摆在优先位置。

（二）推进文旅融合，让博物馆教育的高质量诗篇传向远方

随着新时代的到来，文旅融合、相生相长成为一种不可逆转的发展潮流。文化是旅游的灵魂，旅游是文化的载体；文化离不开旅游，旅游也离不开文化；文化与旅游的融合，犹如诗与远方的完美结合。这些说法，早已是当今社会的广泛共识和文化与旅游高质量发展应遵循的圭臬。那么，博物馆作为文化"大家族"里的重要一员，作为"诗"的范畴，无疑也应顺应趋势，乘势而上，搭上旅游的"时代列车"，融入旅游思维和旅游市场，尤其注重围绕祖国的明天和未来，做好一代代、千百万青少年研学旅行产品开发和服务工作，才能更好地驶向满足人民"美好生活"需要的理想"远方"。

（三）与国家发展战略同向同行，让博物馆教育的高质量发展融入时代主流

习近平总书记强调："中国各类博物馆不仅是中国历史的保存者和记录者，也是当代中国人民为实现中华民族伟大复兴的中国梦而奋斗的见证者和参与者。"[12]新时代的博物馆要想做到不辱使命，不被时代淘汰或"边缘化"，就要提高站位意识，有所作为，始终与国家发展战略同向而行。要主动围绕"一带一路"建设、京津冀协同发展战略以及黄河文化、大运河文化、长征文化、长城文化等高起点谋划博物馆教育的大文章，争取大作为，让博物馆教育的高质量发展融入时代主流。

（四）构建品牌体系，让博物馆教育高质量的阳光既充分又平衡

虽然近些年来全国不少博物馆在实施品牌战略、着力打造品牌、满足人民美好生活"高质量"需求方面迈出了可喜的步伐，但是也必须清醒地看到，对照党的十九大关于新时代社会主要矛盾的表述，绝大多数拥有教育品牌的博物馆，其品牌建设还没有形成较为合理、完善的体系，而且要么现有针对某种受众定位的品牌不成体系，社会影响力、市场接受度和到达率"不充分"，要

么品牌设计打造的"分众化"成果不够丰富，供给还"不平衡"，诸如针对数亿人的老年群体、数千万人的残疾人群体和亿万偏远乡村受众的教育品牌，普遍少之又少。正因为如此，来自上海博物馆的学者关于"构建体系、塑造品牌"[13]的呼吁尤为值得关注。

（五）彰显特色，让博物馆教育的高质量发展万紫千红

当今世界，尊重文明、文化的"多样性"，加强文明、文化的交流互鉴，已成为人们的一种共识与发展潮流。习近平总书记指出："文明是多彩的，人类文明因多样才有交流互鉴的价值。""文明交流互鉴，是推动人类文明进步和世界文明发展的重要动力。"他还强调："一花独放不是春，百花齐放春满园。如果世界上只有一种花朵，就算这种花朵再美，那也是单调的。"[14]所以，基于不同地域、行业的文明、文化，以传播和交流不同文明、文化为己任的博物馆教育，也应该是多彩的。多彩才有交流互鉴、推动博物馆事业和社会发展的价值。而博物馆教育的"多彩"，显然必须通过一个个具体博物馆教育品牌内容与形式的独有特色才能得以实现。只有彰显品牌特色，才能让博物馆教育的高质量发展"百花齐放""万紫千红"，呈现出无穷的魅力。

（六）无边界发展，让博物馆教育高质量的影响力实现最大化

近些年，"无边界博物馆"概念的理论与实践探索日益成为我国博物馆发展的前沿话题和成功发展模式。"无边界博物馆"的倡导者认为，传统的博物馆存在着内外边界："无论承认与否，这两种边界都是实际存在并阻碍了博物馆的发展。因此，博物馆的无边界发展就是要打破这两种边界，而无边界博物馆观念强调的核心应该是：资源、服务、理念和业务在博物馆内外的跨界流动与互融共享。"[15]无边界化实践的结果，则必然是通过开放、共建、共享，"打破内部体制机制壁垒"，进而"打破外部服务观念与运行机制壁垒"，"实现群众与博物馆文化服务零距离"，使博物馆资源得到最大化的共享。[16]河南博物院历史教室教育品牌的发展为"无边界博物馆"主张的积极意义提供了典型的佐证。该教室始建于2009年，原为一间青少年专属体验区。由于场场爆棚不能满足更多青少年的需求，院内发展空间又有限，从2014年起面向院外走上开放、共建、共享的"无边界、连锁化发展"之路，现已突破院墙的"边界"在全省形成1+9呈东西南北中布局的历史教室连锁机构；2016年起又顺应"互联网＋"的发展趋势，打造了历史教室数字教育公共服务平台，借助信息技术、数字教育终端开发并实施数字课程，使历史教室随时可以"飞"起来，到任何地方一个有网络的空间实施博物馆课程，从而实现了更完全意义的"无边界"教育服务。又如新冠肺炎疫情以来全国异军突起的"云探国宝""云游博物馆"等"云教育""云直播""云推送"等新兴教育品牌，其受众动辄百万、千万计，成为博物馆教育通过"无边界发展"达到资源利用最大化的典型案例。可见，要想让博物馆教育高质量的影响力实现最大化，就必须走"无边界发展"之路。

（七）顺应评估，让博物馆教育的高质量发展确保正确航向

现行的《博物馆定级评估标准》颁布于2019

年12月。因该文件由国家文物局主导、中国博物馆协会具体组织全国著名博物馆专家团队集体编制，又是在充分依据各种有关最新法规的前提下，在汲取之前博物馆评估标准经验的基础上，面向新时代、新需求、新使命编制而成。因而该评估标准对衡量未来我国博物馆运行的质量，自然具有很高的权威性、规范性和导向性。所以，未来我国的博物馆教育要确保高质量发展，不偏离"航向"，也就必须建立在顺应《博物馆定级评估标准》之上。

四、结语

在我国新时代经济社会"高质量发展"的语境下，博物馆教育要想履行新的使命、实现新的价值、发挥好"大学校"的教育功能，必须走"高质量发展"之路。而实施"品牌战略"，加强品牌建设，是博物馆教育进行"高质量发展"的必然选择。加强博物馆教育人才队伍建设、推进文旅融合、与国家发展战略同向同行、构建品牌体系、彰显特色、无边界发展和顺应博物馆定级评估，则是博物馆教育通过有效实施品牌战略达到"高质量发展"的优化路径。

---

［1］习近平.2015年春节前夕赴陕西看望慰问广大干部群众时的讲话［N］.人民日报，2015-02-17.

［2］［3］习近平.决胜全面建成小康社会 夺取新时代中国特色社会主义伟大胜利——在中国共产党第十九次全国代表大会上的报告［EB/OL］.新华网，2017-10-27.

［4］中共中央关于制定国民经济和社会发展第十四个五年规划和二〇三五年远景目标的建议［EB/OL］.新华网，2020-11-04.

［5］习近平.关于《中共中央关于制定国民经济和社会发展第十四个五年规划和二〇三五年远景目标的建议》的说明［EB/OL］.新华网，2020-11-03.

［6］王昌林.深入学习贯彻党的十九届五中全会精神——以推动高质量发展为主题［N］.人民日报，2020-11-17.

［7］刘远富.全国博物馆高质量发展论坛在太原召开［EB/OL］.中国社会科学网转载//中国文物信息网，2019-10-08.

［8］［9］［10］丁福利.博物馆教育的品牌建设之路［N］.中国文物报，2017-06-09.

［11］功以才成 业由才广 牢记习近平对人才的关切［EB/OL］.中国新闻网转载央视网，2020-08-03.

［12］习近平.2016年11月10日致国际博物馆高级别论坛的贺信［N］.人民日报，2016-11-11.

［13］陈曾路.构建体系 塑造品牌——上海博物馆未成年人教育的一些思考与实践［M］//品牌——博物馆教育的追求与活力.郑州：河南人民出版社，2018.

［14］习近平.文明因交流而多彩 文明因互鉴而丰富［EB/OL］.人民网，2015-07-21.

［15］［16］胡锐韬.无边界博物馆探述——兼谈广东省博物馆的无边界博物馆实践［J］.文博，2017（4）.

以人为本 以用为本
——论博物馆人才管理

司秀琳
河南博物院

摘要：博物馆的人才培养与管理是关系到博物馆发展的长远大计，人才培养与管理是人才问题的两个方面，我们既要注重对博物馆人才的培养，也要注重对博物馆人才的管理。通过对各级博物院人才现状的分析，通过对人才管理中的岗位设置、学术评价、聘任考核等问题的研究，试图找到一条适合博物馆人才培养、持续提升、有效管理的最佳途径。

关键词：博物馆；人才；人才培养；人才管理

近年来，从博物馆数量上看，中国已跻身世界博物馆大国行列，博物馆已从封闭的收藏保管机构转变为服务社会、满足公众文化需求、知识密集型的公益性文化教育机构。但是从博物馆职能履行和功能发挥上看，与我国国际先进水平仍有差距，要实现博物馆从数量增长迈向质量提升，人才是根本，必须加强对博物馆人才的培养和管理。文博人才培养和管理一直是文博单位重点基础工作，将博物馆人才做为博物馆资源进行考量，进行有效的计划、组织、指挥、协调，通过控制人力资源成本增强博物馆竞争力；通过对博物馆人才的合理配置和使用，推动博物馆各项业务的良性运转，实现博物馆管理专业化。

博物馆人才是指博物馆内具有一定的专业知识或专业技能，能从工作实践中总结经验，对本职工作规律有所把握，并对博物馆做出积极贡献的劳动者。人才问题是关乎博物馆事业兴衰发展的战略问题，本文通过问卷和访谈进行调研，调查博物馆人才队伍情况和人才队伍培养管理举措，管窥全国博物馆行业人才培养与管理的相关共性问题，以期推动中国博物馆人才培养和管理工作的发展。

一、博物馆人才现状

笔者通过查阅《全国文物行业统计资料》制作全国各省博物馆系统专业技术人员比例图（图1），可以清楚反映出：一是专业技术人员占博物馆从业人员的比例从23.7%（陕西省）到63.9%（云南省）不等，整体博物馆从业人员中从事博物馆研究的各类专业技术人员并不多。二是高级职称人员占专业技术人员的比例全国平均只占18%，最少的不足10%，只有中央国家机关所属的几家博物馆高级职称人员才突破专业技术人员总数的30%，高级人才缺乏；甚至贵州和西藏两省（区）中高级职称总人数占专业技术人数的比例不足40%，全国各级博物馆普遍存在事业高速发展和人才断层的尴尬局面。

（一）国家一级博物馆人员情况

笔者选取湖南省博物馆、湖北省博物馆、河南博物院、上海博物馆、南京博物院、四川博物院6家国家一级博物馆作为调研案例。国家一级博物馆的建设和管理各有特色，在历次国家一级博物馆评估中名列前茅，代表国内博物馆的先进水平，对人员的管理和培训相对较为规范，引领着全国博物馆事业的发展方向。

1. 岗位情况

根据《事业单位岗位设置管理试行办法》（国人部发〔2006〕70号）、《〈事业单位岗位设置管理试行办法〉实施意见》（国人部发〔2006〕87号）的相关精神，各大博物馆陆续在2010年左右实现了事业单位岗位管理，人员岗位分为管理岗位、专业技术岗位和工勤技能岗位三种类别。（图2）由图2可见，几家博物馆都是以专业技术岗位占主体，占岗位总量的75%左右，工勤岗位占比普遍较小。

2. 在编人员年龄情况

各大博物馆职工年龄分布不均，详见图3（本文将在编人员划分为35岁以下、36-45岁、46-55岁、56岁以上四个阶段）。上海博物馆、四川博物院、湖南省博物馆、湖北省博物馆35岁以下年轻人占比较大；上海博物馆、南京博物院、湖南省

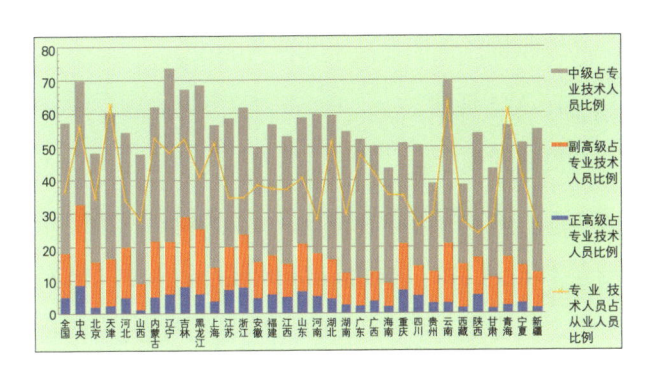

图1 全国各省博物馆系统专业技术人员人数比例图

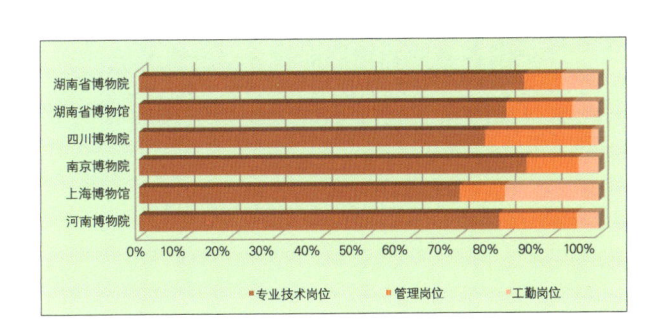

图2 博物馆岗位分布情况

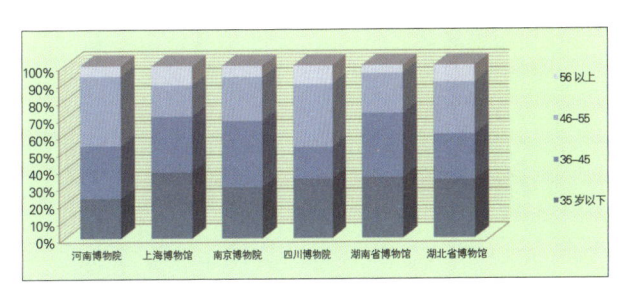

图3 职工年龄层次分布图

博物馆45岁以下人员占比将近70%；河南博物院、四川博物院46岁以上人员占比近50%，未来几年将出现老龄化现象。

3. 学历及职称层次情况

人才的学历高低侧面反映高层次人才情况，职称的高低侧面反映人才专业素质的高低。从图4可见，各大博物馆博士、硕士研究生比重在20%到35%之间，本科以上比重在80%左右。从图5可见，专业技术人员的比重总体上受各省市岗位结构的限制，作为科研单位的南京博物院，中高级职称比例明显高于其他博物馆。

4. 人才现状

根据调查数据，近年来各大博物馆高学历人才流入大，流失减少以退休为主，专业技术人员中高端人才减少较多，人才流动相对较小，人才队伍相对稳定，现有人才可以长期培养利用；这几家博物馆存在人才短缺问题，缺乏高端人才，单一性人才多，复合型人才少，事务性人才多，开拓性人才少。

5. 全国各省博物馆培训教育支出情况统计

从《全国文物行业统计资料》中抽取相关数据制作表1。我国2016年度注册备案的博物馆参训人次仅占从业人员的58%。教育与科研支出占总支出比例较低，大部分省份不足1%，教育科研投入不足。《关于大力推进职业教育改革与发展的决定》规定：一般企业按职工工资总额的1.5%足额提取职工教育经费，对从业人员技术素质要求高、培训任务重、经济效益较好的企业可按职工工资总额的2.5%提取，列入成本开支。[1] 而全国各省教育与科研投入占职工工资总额的比例有十几个省不足2.5%。由于数据统计口径为培训科研费，其中用于人才教育的培训费能占到多大比例并不能显现，所占可能更少。

6. 对河南博物院人员结构的详细分析

以2019年底数据为例，河南博物院在编人员216人，笔者采用全面调查和抽样调查相结合的方法，对河南博物院人才队伍情况进行调查分析。

（1）按照人员身份划分：干部180人、工人36人。

（2）按从业人员岗位性质划分：专业技术人员178人、管理人员79人、工勤技能人员36人。

（3）按年龄层次划分：35岁以下50人、36-45岁66人、46-55岁87人、56岁以上13人。（图6）

（4）按学历层次划分：博士7人、硕士36人、大学本科125人、大专36人、中专3人、高中及以下9人。（图7）

（5）按知识学科划分（按照最高学历统计）：

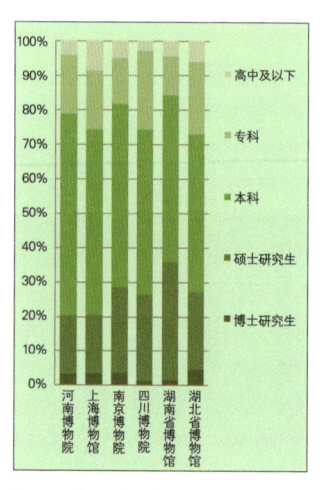

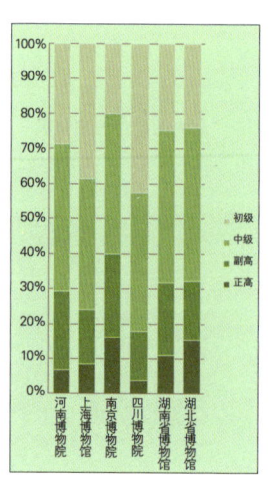

图4 人员学历情况　　图5 人员职称情况　　图6 人员年龄分布图

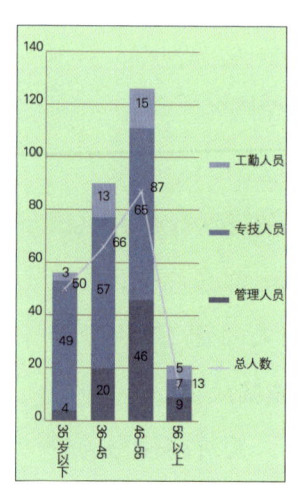

表 1　2016年度全国各省博物馆教育支出情况表[2]

省份	博物馆数量	从业人员	行政主管部门举办培训班（次）	行政主管部门举办培训班（人次）	工资福利支出（千万元）	总支出（千万元）	教育与科研支出（千万元）	培训科研费占总支出比例（％）	培训科研费占工资福利支出比例（％）
全国	4109	93431	1089	53786	564.9	2287	30.3	1.32	5.36
中央	3	2588	52	3517	31.0	166	0.89	0.54	2.87
北京	41	1196	29	2155	12.9	78	1.19	1.53	9.22
天津	22	760	1	53	7.9	24	0.18	0.75	2.28
河北	111	3764	14	740	18.6	54	0.05	0.09	0.27
山西	105	3303	31	1180	15.0	48	0.12	0.25	0.80
内蒙古	87	1625	7	600	10.1	60	0.23	0.38	2.28
辽宁	65	2159	20	603	14.6	49	0.48	0.98	3.29
吉林	77	1218	7	629	7.5	26	0.05	0.19	0.67
黑龙江	176	2867	2	104	12.1	47	0.19	0.40	1.57
上海	99	3096			41.9	165	2.45	1.48	5.85
江苏	317	6524	31	1536	44.9	145	9.04	6.23	20.13
浙江	275	4960	61	3986	32.3	138	2.15	1.56	6.66
安徽	171	2641	7	270	11.9	52	0.40	0.77	3.36
福建	98	2259	8	456	12.9	44	0.11	0.25	0.85
江西	138	3007	16	1310	14.5	51	0.14	0.27	0.97
山东	393	7152	95	4293	38.0	135	1.67	1.24	4.39
河南	270	6209	93	3196	23.2	72	1.54	2.14	6.64
湖北	183	3556	68	2789	18.5	105	0.70	0.67	3.78
湖南	115	3035	34	1844	15.8	85	0.81	0.95	5.13
广东	177	3615	39	1469	31.5	127	1.96	1.54	6.22
广西	125	2013	9	368	9.3	36	0.32	0.89	3.44
海南	18	285	9	254	1.7	7		0.00	0.00
重庆	82	2232	8	600	12.4	60	1.19	1.98	9.60
四川	239	6452	37	1097	35.9	150	1.23	0.82	3.43
贵州	73	1465	47	1198	6.2	26	0.02	0.08	0.32
云南	90	1139	5	642	7.4	26	0.11	0.42	1.49
西藏	7	226	8	418	1.3	3		0.00	0.00
陕西	274	8947	192	10854	52.9	199	2.37	1.19	4.48
甘肃	152	3371	94	4169	13.1	66	0.55	0.83	4.20
青海	23	281	47	2726	2.1	9		0.00	0.00
宁夏	13	324	5	300	2.0	11		0.00	0.00
新疆	90	1162	13	430	5.5	20	0.18	0.90	3.27

文史类69人，其中系统接受博物馆教育的14人、考古类11人、历史类24人；管理类42人；理工类34人；法学类20人；艺术类20人；经济类14人；医学类2人。（图8）

（6）按职务（职称）划分：管理，副厅2人、正处5人、副处级11人、正科37人、副科24人；专业技术，正高级12人、副高级40人、中级75人、初级51人；工勤技能，一级技师1人、技师20人、高级工11人、中级工4人、初级工1人；其他及无职称10人。（图9，图10，图11）

（7）专业技术人员按照从事专业、研究方向：文博图书类132人，工程类25人，艺术类3人，会计经济类8人，其他类（教师、编辑、翻译）4人。（图12）

（8）专家情况：目前1位专家拥有百千万人才工程国家级人选、国务院政府特殊津贴专家、河南省学术技术带头人称号，5位全省宣传文化系统"四个一批"人才，3人聘任专业技术二级岗位，2位省级非物质文化遗产项目代表性传承人，1位全国文化行业高技能人才，1位省级技术能手，3位

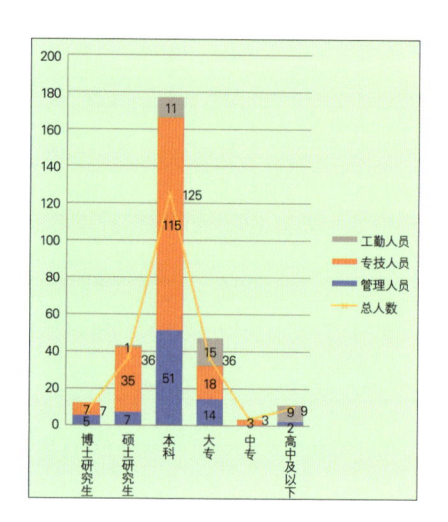

图7 各类人员学历层次分布图

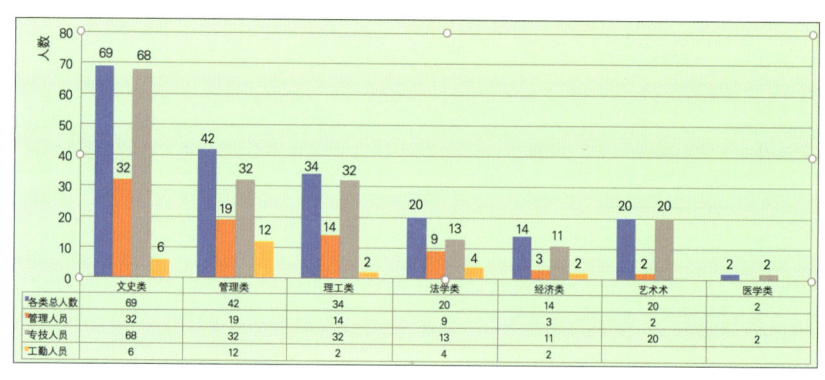

图8 最高学历学科分组情况

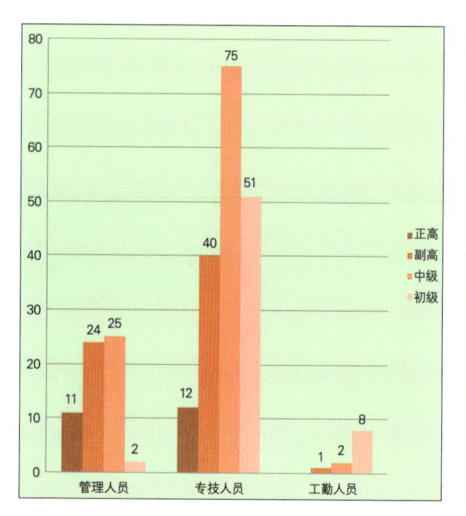

图9 各类人员专业技术职称情况（人数）

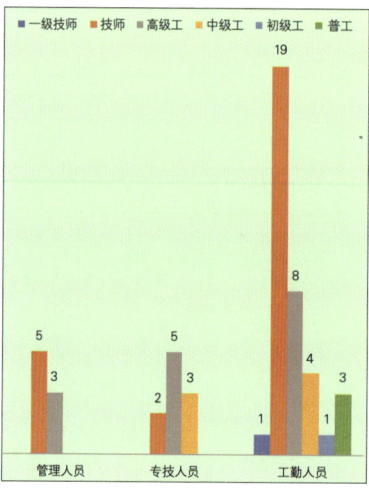

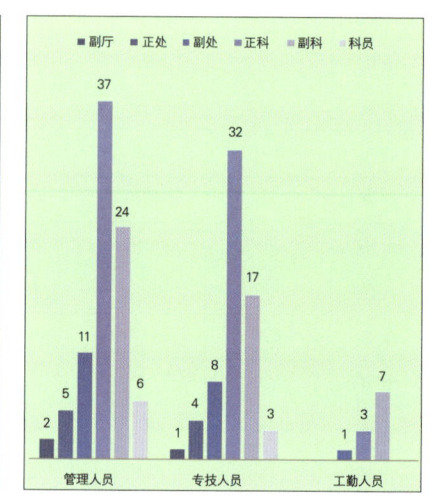

图10 各类人员工勤技能职务情况（人数）

图11 各类人员行政管理职务情况（人数）

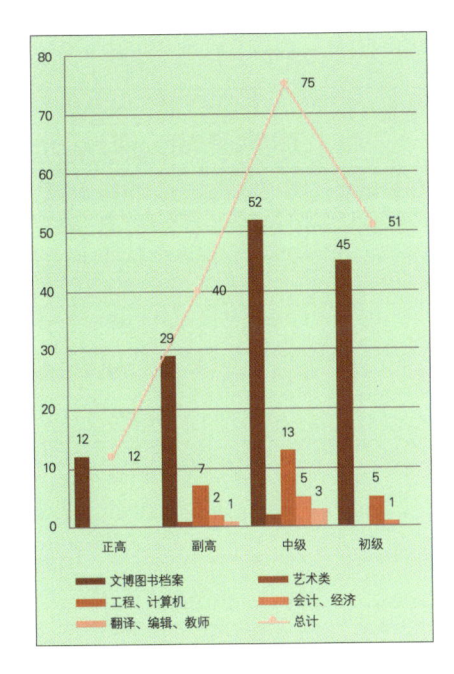

图12 专技人员从事专业情况（人数）

河南省三八红旗手,2位荣获河南省五一劳动奖章。

从图6到图12可以看出，河南博物院管理人员职称、学历层次较高，但年龄偏大，平均年龄达48岁；知识结构不合理，文史类占比较大，相应的文物保护、社会学等方面人员较少；专业技术人员占比最大，在三类人员中平均年龄最小，为42岁，高学历集中，也存在专业知识结构不合理，熟悉博物馆传播的教育学、心理学、传播学及公共关系学人员欠缺；工勤技能人员年龄偏大，平均年龄46岁，文化程度总体处于较低水平，学历专业集中在管理、法学、经济类，受聘任岗位限制，岗位聘任比例最低，近几年岗位管理制度的推行，部分工勤人员转岗至管理、专技岗位，但人数不多。

（二）河南省内三级以上博物馆人才现状

笔者翻阅《河南省文物行业统计资料》数据，2016年度文物类博物馆270家，三级以上博物馆53家（表2），整体上专业技术人才占比较低，有个别博物馆没有专业技术人员队伍。其中经费支出列支培训科研费用的只有10家单位，总体上科研培训费占总支出比例较小，市县级博物馆即使加上科研费用也达不到2.5%的比例要求，人才教育投入较低。

（三）未定级中小博物馆人才现状

目前，《博物馆评估定级办法》规定国家一、二、三级博物馆占全国博物馆数量的比例分别控制在3%、6%、9%以内，推算未定级中小博物馆占全国博物馆总量的82%，其中以县级博物馆占比较大。县级博物馆普遍存在着人员不足，学术研究能力欠缺，人员严重匮缺和工作量大的矛盾。作为基层文博单位，县级博物馆不仅要做好博物馆的运营和管理工作，还担负着所在辖区的文物管理、保护修复工作。从业人员特别是专业人才少是县级博物馆面临的主要问题，业务工作繁重，从业人员不得不身兼数职。经费和编制的限制，留住人才和人才引进均比较困难，与一、二、三级博物馆相比，他们存在有专业技术岗位没有相应的人员可聘任的现象。

博物馆高素质人才的缺乏是各类博物馆普遍面临的问题，其直接影响博物馆科研水平和对社会提供服务的质量，人员状况与博物馆的专业化要求存在较大差距，由于博物馆行业专业技术人员结构比例的限制与高等院校和科研院所专家云集的情况形成鲜明对比，加强博物馆育人机制，构建终身教育体系，提升博物馆内部从业人员的整体水平迫在眉睫。

二、博物馆人才培训管理现状

经过不断探索，各级博物馆努力调配自身内部

表2　2016年度河南省53家三级以上博物馆人员及教育支出情况表

序号	博物馆名称	级别	从业人员	正高	副高	中级	教育与科研（万元）	科研情况（省部级课题）	工资福利（万元）	备注
1	河南博物院	一级	484	12	40	73	1285.2	3	2125.2	
2	郑州博物馆	一级	101	2	7	18	20	—	438	
3	洛阳博物馆	一级	54	2	7	10	—	—	472.9	
4	南阳市汉画馆	一级	65	1	9	20	—	—	332.8	
5	开封市博物馆	一级	41	—	4	10	—	—	299.1	
6	鄂豫皖苏区首府革命博物馆	一级	65	—	—	8	—	—	275.3	
7	洛阳古代艺术博物馆（河南古代壁画馆）	二级	65	2	4	12	17.8	—	308.4	
8	洛阳周王城天子驾六博物馆	二级	15	—	1	5	—	—	90.9	
9	三门峡市虢国博物馆	二级	84	2	4	21	—	3	315.7	
10	内乡县衙博物馆	二级	106	—	2	16	3.4	—	546.7	
11	新安县千唐志斋博物馆	二级	16	—	—	1	—	—	76	
12	鹤壁市博物馆	二级	42	—	—	10	—	—	208.5	
13	南阳市博物馆	二级	105	1	19	26	—	—	593.8	
14	许昌市博物	二级	69	2	5	13	21.2	—	307	
15	新郑市博物馆	二级	23	—	2	—	1.6	—	89.6	
16	郑州二七纪念馆	二级	83	—	3	15	—	—	764.4	
17	郑州市大河村遗址博物馆	二级	28	—	2	6	—	—	195.6	
18	三门峡市博物馆	二级	50	1	4	11	—	—	183.1	
19	巩义市博物馆	二级	34	—	—	2	—	—	177.3	
20	安阳博物馆	二级	32	—	2	11	5	—	217.7	
21	洛阳民俗博物馆	二级	28	1	3	6	—	—	224	
22	洛阳匾额博物馆	二级	—	—	—	—	—	—	—	
23	平顶山博物馆	二级	26	1	2	12	5	—	137.3	
24	周口市博物馆	二级	45	1	—	3	—	—	93.4	
25	信阳博物馆	二级	123	—	—	2	—	1	366.6	
26	鄂豫皖革命纪念馆	二级	46	—	—	2	—	—	148.9	
27	驻马店市博物馆	二级	30	—	2	2	—	—	134.1	
28	洛阳龙门博物馆	二级	24	3	3	—	—	1	73.3	非国有
29	八路军驻洛办事处纪念馆	三级	9	—	3	1	—	—	85.1	
30	新乡市博物馆	三级	111	—	7	18	—	—	256.8	
31	安阳民俗博物馆	三级	—	—	—	—	—	—	—	
32	焦作市博物馆	三级	53	1	4	9	—	1	128.6	
33	沁阳市博物馆	三级	14	—	1	3	1	—	59	
34	河南省镇平县彭雪枫纪念馆	三级	21	—	—	9	—	—	117.7	

续表

序号	博物馆名称	级别	从业人员	正高	副高	中级	教育与科研（万元）	科研情况（省部级课题）	工资福利（万元）	备注
35	汝州市汝瓷博物馆	三级	—	—	—	—	—	—	—	
36	固始县博物馆	三级	20	—	3	3	—	—	40.8	
37	光山县佛教艺术博物馆	三级	28	—	—	—	—	—	47	
38	兰考县焦裕禄纪念馆	三级	70	—	—	3	—	—	187.6	
39	茶具博物馆	三级	—	—	—	—	—	—	—	
40	周口关帝庙民俗博物馆	三级	44	1	3	6	—	—	83.9	
41	南阳知府衙门博物馆	三级	27	2	2	9	—	—	141.3	
42	林州市博物馆	三级	9	—	—	3	—	—	57	
43	汤阴岳飞纪念馆	三级	48	—	—	—	—	—	260	
44	偃师商城博物馆	三级	46	—	5	8	—	—	146.2	
45	洛阳隋唐大运河博物馆	三级	—	—	—	—	—	—	—	
46	新安县博物馆	三级	12	—	—	4	—	—	93	
47	濮阳市博物馆	三级	24	1	5	11	—	—	229.2	
48	方城县博物馆	三级	7	—	—	2	—	—	26.2	
49	新县许世友将军纪念馆	三级	55	—	—	—	—	—	132	
50	济源市博物馆	三级	31	—	2	2	—	—	54.1	
51	淮滨县淮河博物馆	三级	49	—	—	—	—	—	115	
52	郑州大象陶瓷博物馆	三级	6	—	—	—	—	—	33	非国有
53	周口华威民俗文化博物苑	三级	16	—	—	—	0.8	—	62.1	非国有

资源，完善岗位设置，创新内部管理和运行模式，积极摸索适合自身发展之路。不断完善管理环境，提升自身竞争力，一方面通过公开招聘引进人才，另一方面采取各种措施提升内部人才供给，诸如加强与高等院校、职业院校、文博单位合作，优化教育资源配置，建设高水平的培训教育系统，积极全面地推进各类人才培养和管理；建立良好的激励机制，为人才成长发展提供空间。

（一）人才培养方面

河南博物院和日本奈良国立博物馆、故宫博物院、北京大学、郑州大学等签订培训交流合作书，选派青年业务骨干去交流学习，成果显著。学员携带的工作项目"鼎盛中华——中国鼎文化"荣获第十一届全国博物馆十大陈列展览精品奖，"大象中原——河南历史文化展"作为主展馆维修期间的常设展览在西配楼展出。与北京大学签订"北大文博讲堂"，与郑州大学签订"中原历史文化课堂"培训协议，课程内容集中在博物馆学、历史学与考古学方面，以学术专题的形式，侧重基础知识的普及和专业技术培训。[3]

南京博物院联合其他机构，外聘中国国家博物馆、浙江省博物馆、北京大学、南京大学等多家单位的国内知名专家对新员工进行岗前培训；为保障其传统优势领域、技能技艺的延续与传承，在2017年12月启动传帮带活动；与国外学术单位之间的科研合作交流频繁。

上海博物馆创办"博物馆与世界文明"系列讲座，对一线职工文博专业业务进行培训；承办由中国博物馆协会组织的"全国博物馆系统新入职员工培训班"及上海市文物工程班继续教育培训工作。

首都博物馆开创"蓟下博谈"，组织专业技术人员参加学术交流；与沈阳故宫博物院开展协同发展战略合作，在人才培养、联合打造学术研究平台等七大重点合作领域达成协同发展战略合作共识，促进两地博物馆事业的协同发展。

各博物馆采取各种方式提升人员素质，笔者通过对河南博物院2011年到2015年在编人员培训数据进行统计发现，一是职能部门对继续教育的重视度加强，参训人次逐年递增。二是培训机会不均等，学历层次越高、职称层次越高，参加培训的机会越多；专业技术人员参加继续教育培训的机会多，管理、工勤人员参训机会少。三是近年外出培训大多集中在国内培训和12天以内的短期培训，每年参加境外培训次数有限并且集中在高学历、高级专业技术人员身上。[1]（图13，图14，图15，图16，图17）

（二）岗位管理情况

在人才管理中，岗位管理是基础。河南博物院制定《专业技术人员岗位晋级推荐办法》，采取量化计分、民主评议相结合的方式，结合任职年限、工龄和任现岗位等级以来的综合表现等方面进行量化计分，并按照最终得分的高低，确定当年度空缺岗位的聘用顺序，依次推荐晋级人员。当岗位出现空缺，浙江省博物馆要求聘用人员必须与该岗位设置所要求的专业、职级相匹配方可聘岗。湖北省博物馆制定《专业技术岗位晋升管理暂行办法》，根据岗位空缺情况，通过个人申报—人事部门审核竞聘资格—竞聘演讲—学术委员会表决的方式竞聘岗位。广东省博物馆每四年一次对所有专业技术人员的聘用岗位进行重新核定，所有符合条件的专业技术人员均可申请一定的岗位，将申请人的工作业绩、科研成果、个人资历等条件进行量化评分，经综合考评后按由高分到低分的顺序依次聘用；当某一岗位聘用满额时，其余人员进入下一级别岗位考评聘用。广东省的方式可明显解决人员聘上职称后的惰性问题，但因各省人事岗位政策的不同，不具备推广性。

专技岗位等级每一层级下又划分为三档，岗位等级丰富，专技人员的晋升通道顺畅，管理、工勤人员每一层级下没有细分档次，再加上岗位和

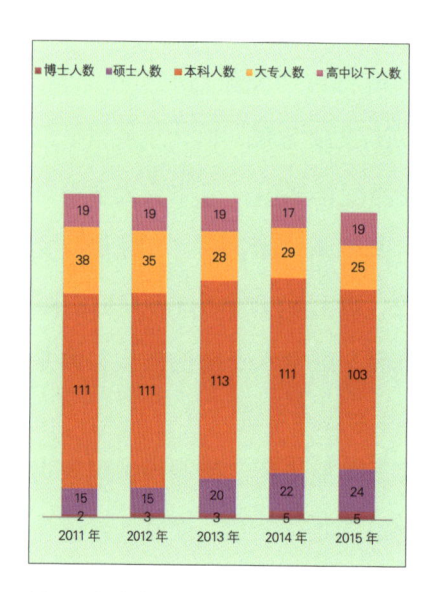

图13 河南博物院在编人员学历层次

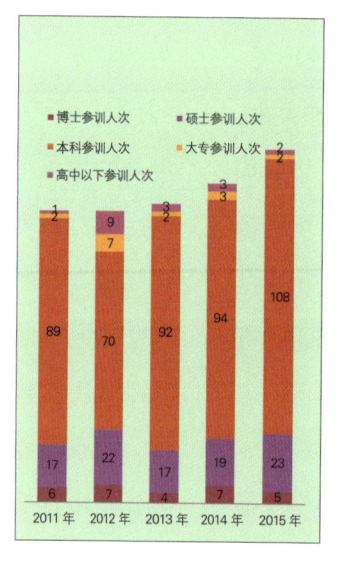

图14 河南博物院在编人员学历层次人员参加培训人次情况

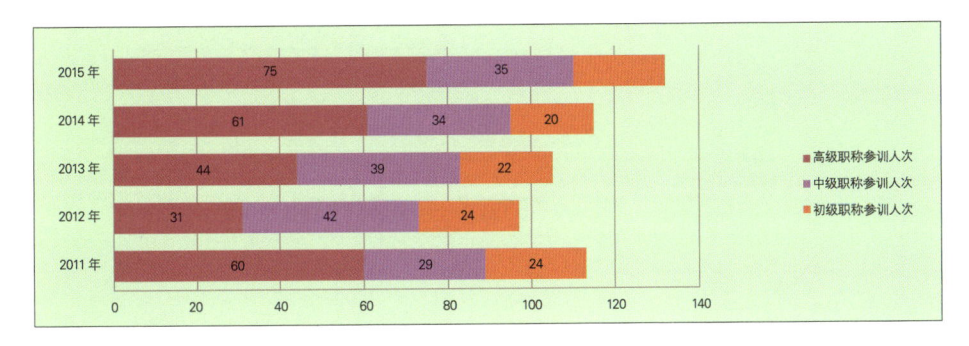

图 15 河南博物院职称各级别人员每年参训人次

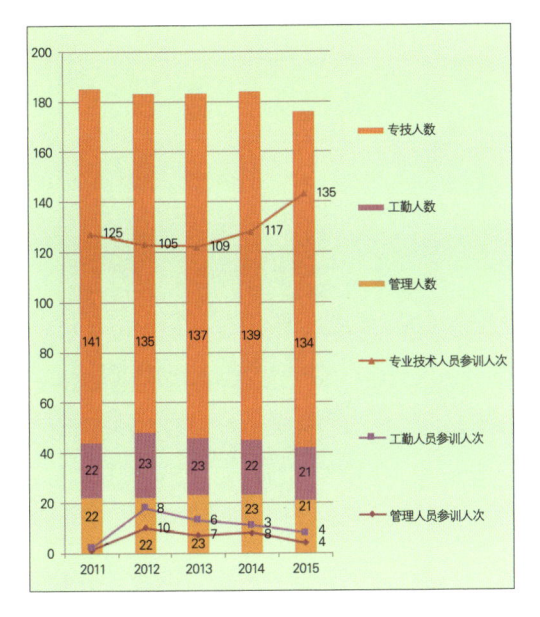

图 16 河南博物院在编人员管理、专技、工勤人员及相应参训人次比较

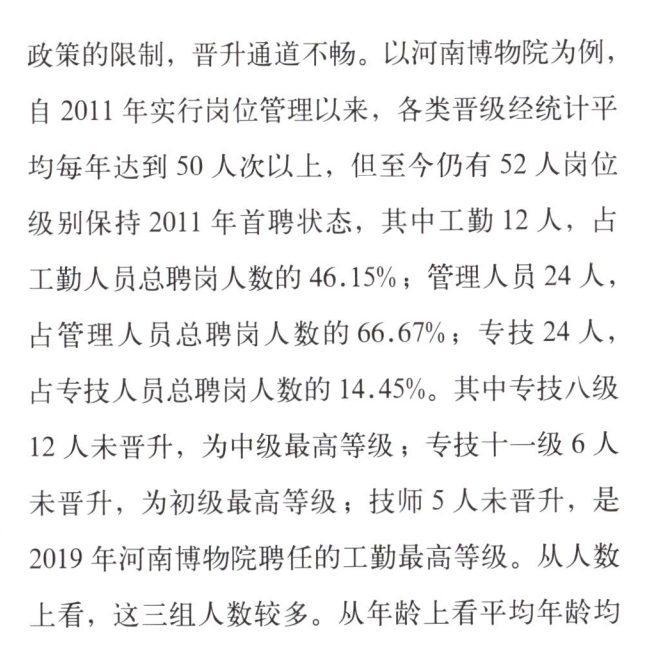

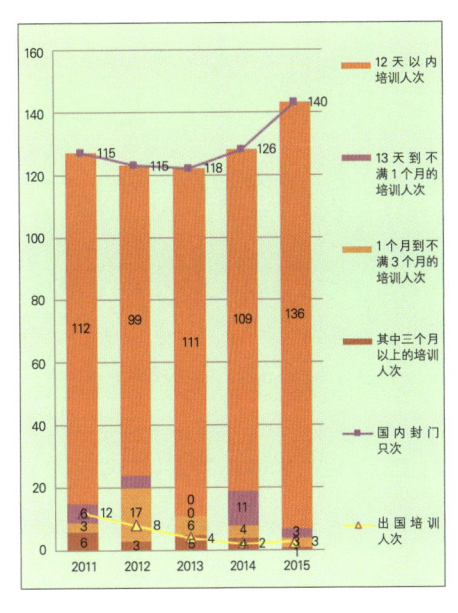

图 17 河南博物院境内外培训及培训时间情况

政策的限制，晋升通道不畅。以河南博物院为例，自 2011 年实行岗位管理以来，各类晋级经统计平均每年达到 50 人次以上，但至今仍有 52 人岗位级别保持 2011 年首聘状态，其中工勤 12 人，占工勤人员总聘岗人数的 46.15%；管理人员 24 人，占管理人员总聘岗人数的 66.67%；专技 24 人，占专技人员总聘岗人数的 14.45%。其中专技八级 12 人未晋升，为中级最高等级；专技十一级 6 人未晋升，为初级最高等级；技师 5 人未晋升，是 2019 年河南博物院聘任的工勤最高等级。从人数上看，这三组人数较多。从年龄上看平均年龄均达到 52 岁以上，年龄较大。（图 18）

（三）专业技术及工勤技能职称评聘情况

职称反映了人才学术技术水平和专业能力，职称的评聘管理贯穿于博物馆整体性的人才开发与规划、培养和使用、配置和管理各个环节，是整体人力资源管理的重要内容。专业技术人员岗位晋级及职称晋升推荐是博物馆的常态工作。

河南博物院采取"分类推荐、量化计分、指标分配"的办法，按照河南省各专业技术职称评审办法要求，根据单位专业技术人员的实际情况，将参评人员分为文博、工程、考试三个类别，分

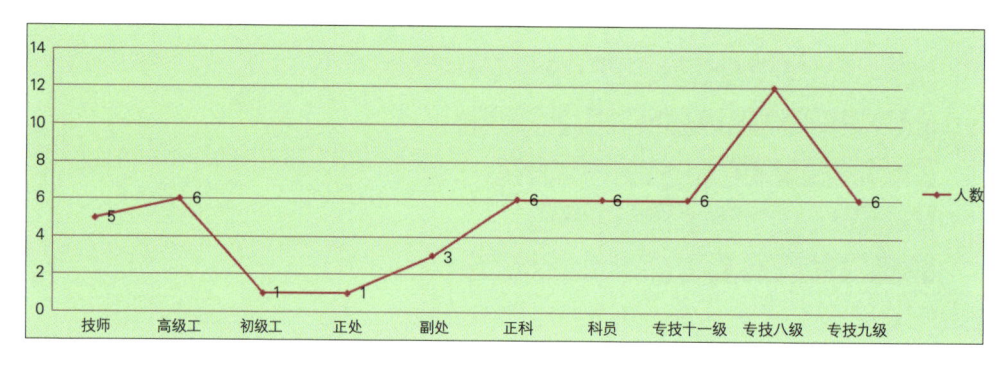

图18 2011年首聘后岗位无变化情况

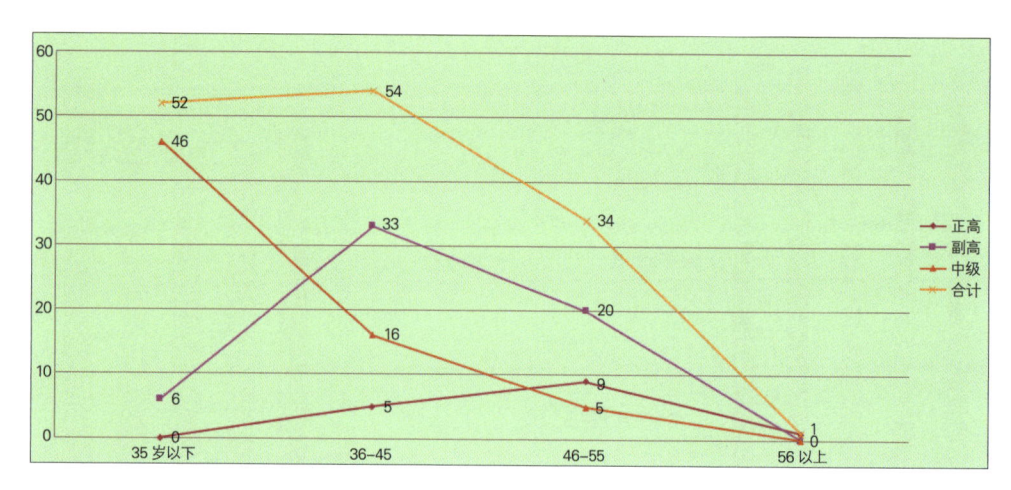

图19 职称聘任当年人员年龄层次情况（人数）

别进行评审推荐。推荐过程采用量化计分、专家评议和院党委研究相结合的方式，将个人人事情况、科研成果情况及工作业绩情况分别量化，最终根据得分高低依次推荐职称评审。这种推荐评审方式推行以来，极大地提高了员工接受继续教育、提升学历层次及日常工作的积极性，科研成果的数量也明显提高。浙江省博物馆也采取量化计分的方式推荐职称评审，将专业技术人员的专业基础、资历、工作能力和业绩以及学术成果分别量化，按照得分高低进行职称推荐。

笔者统计了河南博物院专技人才推荐评审时的年龄（图19），反映出拔尖人才不多、中青年科研能力不强的现状。高级职称在36岁到45岁之间的人比较多，侧面反映出专业技术人员职业规划上在这个年龄段干劲比较足，46岁之后处于滑坡懈怠状态。

（四）人才引进情况

按照国家事业单位岗位管理的相关政策，各大博物馆在岗位空缺的情况下采用公开招聘的方式补充工作人员。南京博物院参照科研单位进行管理，引进正高级职称、著名高校相关专业博士研究生，给予必要的安置补助，并视情况给予引进人才科研经费。上海博物馆面向全国择优招聘适合上博学术研究需要的高层次专业人员，并帮助解决住房、户口，安排其家属工作和子女入学。[4]

河南博物院自2006年起开始采用公开招聘方

式解决进人问题，自 2008 年免费开放以来不断引进人才来适应高速发展的文博事业。截至 2019 年底，通过公开招聘引进人才 39 人，其中博士研究生 2 人、硕士研究生 18 人，其他 19 人为大学本科学历人员。这些人中，文史类 16 人、理工类 8 人、法学类 1 人、艺术类 10 人、经济类 4 人。（图 20）

（五）科研管理情况

各级博物馆科研项目普遍存在短板，承担国家级、省部级科研项目少，虽然近几年自主立项的课题略有提高，但整体科研投入和产出不多。

南京博物院鼓励全院职工进行创造性劳动、将科学研究成果转化，其按照科研单位序列管理的模式更有利于科研经费的支出及对科研人员的经济奖励，制定了《科研课题管理办法》，从课题立项、课题实施、课题验收、成果管理、经费管理及奖惩几方面严格科研课题管理。首都博物馆成立学术科研小组，每一小组确定一个专题研究方向，由一名导师负责，指导学术科研的开展，并与天津博物馆、河北博物院、北京大学文博考古学院、清华大学艺术博物馆签署协同发展战略框架协议，部署和推进相关共建项目。湖北省博物馆按年度对馆内科研成果进行科研考核并进行经济奖励。湖南省博物馆有明确的科研考核、奖励及业务人员交流学习机制，每两年进行一次科研评价，以论文质量和转引率为标准划分等级进行经济奖励。上海博物馆采取特邀国内外高级专家学者来馆选题带徒、完成科研成果的办法，由上博提供课题经费、专家报酬、图书资料、临时住所和工作室等，研究成果由上海博物馆组织发表或出版。[4] 河南博物院坚持"科研兴院"的发展思路，加强科研队伍建设，通过建立科研奖励机制、设立科研项目资金等方式，调动科研人员的积极性。笔者统计 2010 年以来河南博物院科研成果的情况，从论文发表期刊等次上看，高质量的论文数量少；作为国家一级博物馆，参与国家级课题少，科研水平比较低；自主课题数量少，科研经费少。

（六）激励情况

对人员的激励有很多渠道，主要包括物质和非物质的激励。各大博物馆采取各种方式完善奖励激励机制，但仍有做得不到位的地方，详见图 21（图上虚线部分是做得不到位的方面）。

物质方面，博物馆多采取绩效工资、社会保险等方式予以奖励。河南博物院在工资薪酬方面根据岗位职责和工作标准实行奖励性绩效工资；制定科研成果奖励办法，并根据知识结构需要，以报销部分学费方式鼓励业务人员攻读与博物馆业务有关的大专、本科、硕士、博士等学历和学位。南京博物院专门设立有专项青年科研基金，每项青年科研项目有 1-2 万元科研经费支持。浙

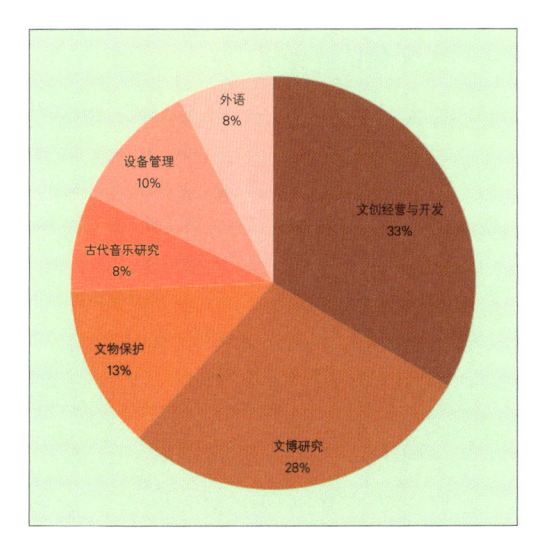

图 20 公开招聘

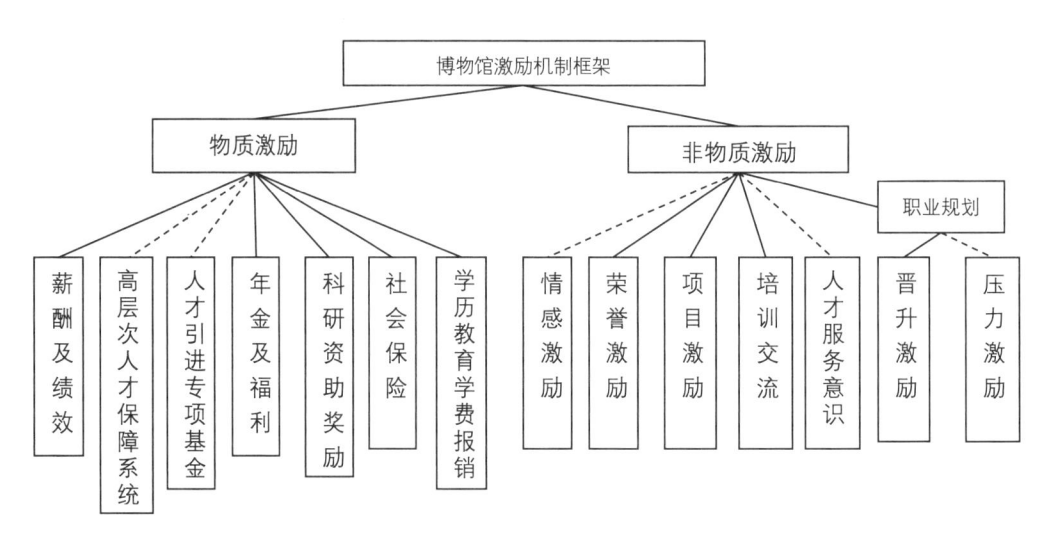

图 21　博物馆激励机制框架

江省博物馆推行馆长特别奖励实施办法，对在行政管理、专业研究、后勤保障等工作中做出突出贡献的干部职工进行物质奖励与精神激励。上海博物馆根据劳动个体在岗位上做出的贡献，工资设置为工资和岗位津贴两部分，将岗位津贴分为11个档次；每个业务部门都有专门的购书款，并建立自己的图书资料室，充分保证学术研究和业务活动的经费开支。

非物质方面，各个博物馆根据自身情况采取不同的激励措施，例如个人评先、职务聘用、岗位晋升、职称评聘、培训交流、专家推荐、科研课题等。上海博物馆根据需要派遣专业人员出国学习。笔者统计，2006年以来河南博物院推荐专家40人，通过23人，通过率为57.5%。

三、博物馆人才培养及管理存在的问题

通过调研发现，各级博物馆人才管理没有人力资源长期规划，没有将人才的管理同博物馆的战略目标统一为一体，缺乏明确的战略性人力资源管理体系，这样便出现有事没人干和有人没事干的尴尬局面，人才作为博物馆内部最有活力的资源却不能为博物馆战略目标的实现提供保障。人才配置上，级别越高、规模越大的馆，人员分工越细，专业性越强，高端人才越多，但存在对现有人才未能充分运用，定岗定责和部门分工限制，流动性差，一专多能复合型人才欠缺。市县级博物馆区域发展差别很大，人才短缺、培训不足是普遍性问题，但相对而言，复合型人才多，一专多能。

（一）人才梯队建设不完善

完善的人才梯队应由拔尖人才、中坚力量、后备人才构成，博物馆内高层次人才队伍建设"有山无峰"，高水平领军人才匮乏。博物馆没有引进高层次人才的利好政策和经费渠道，和高校比无人才引进的优势。人才梯队无法建立。人才培训投入不足，经费严重缺乏，后备人才储备不足，从而影响了高层次人才的发展；在人才培训方面，培训为受益者增加离开的资本。人才队伍梯次在老中青的配置上不够合理，学术带头人和

中青年业务骨干少，后备人才培养不足。专业人员学历及专业知识结构不合理，缺少社会教育、社会服务、文物保护与鉴定、产品开发等应用型人才。随着博物馆事业的发展，博物馆的工作越来越多元化，单一人才多，综合型人才少，原有的人才结构已不能满足博物馆日益增长的需求。

（二）激励机制不完备

管理心理学认为激励是以人的需求为基础的。当激励机制满足职工当前的需求时，激励有效，人才队伍的稳定性和对高端人才的吸引力就会提升。但博物馆现有的激励措施并未根据不同层次人才的需求制定，对不同层次人才的主观需求认识不足。人员激励措施和手段不够，并未建立完善的事业激励机制，物质激励没有竞争力；科研培训经费投入分配制度、人事分配制度、绩效工资、项目申请评奖机制等受政策或者客观条件的限制不能有效发挥作用；职务晋升、精神激励、提升激励、交流激励也会由于编制、经费及名额等的限制而灵活性偏低；现有的激励方式简单，人才绩效评估体系不科学，考核结果的应用未和激励挂钩，效果欠佳，存在着干好干坏一个样、干多干少一个样的状况，在一定程度上挫伤了工作积极性。压力激励不足，目前的绩效考核还没实施，考核流于形式，考核内容没有按岗位职责事先约定，考核结果未与续聘、解聘挂钩；职称聘后管理较弱，没有聘期考核，未能实现职称聘任"能上能下、能进能出"的目标，博物馆没有形成优胜劣汰的氛围；激励的力度及科学性目前不能适应人才自由流动形势，使博物馆难以引进甚至留住优秀人才，形成人才的逆向淘汰。

（三）人才评价不健全

人才评价机制未与组织的战略目标密切结合，仅仅以任务完成为基本，未以创新业绩为导向。职称的评定存在职称与待遇等同、职称层次与贡献大小倒挂、职称评价方法滥量化现象，聘后管理弱，存在高级职称惰性现象。目前的职称评审条件中涉及的专业技术人员业务工作主要包括田野考古、藏品及资料管理、陈列展览、社会教育、文物保护和修复、文保工程、文物鉴定及文物绘图和摄影，相比博物馆实际运行涵盖的专业工作岗位要少，博物馆学、博物馆管理、博物馆信息化、博物馆文创、博物馆建筑等专业无相关的业务工作经历能力要求，评审时没有对照标准，故评审时只能以论文和科研为主，忽略工作评价。职称评审条件中对科研成果的界定多明确数量要求，对质量没有说法，学术评价重量轻质。

工勤技能人才待遇受限，亟待拓展工勤人员的发展空间。人才评价中对科研项目管理方面存在缺乏系统性与前瞻性的问题。一般性科研人员较多，科研成果缺乏创新，缺少深度。这与目前的职称评定与科研激励办法的不完善有关。另外，项目的申报、奖项的评审等侧重高级职称，使各类资源汇集于高级职称人员手中，青年人才机会相对较少，这也从侧面反映出科研项目团队搭建得不好，人才梯队不完备；优秀专家推荐存在行政干涉学术的现象，缺乏以实际工作能力和业绩为导向的人才评价机制。

（四）人才保障系统不完善

没有建立一整套连续性的保障机制以确保留住人才，使之无后顾之忧全心全意干事业。未建立高层次人才补充保险制度，例如高层次人才补充养老、人身、意外、家庭财产等保险等；高层次专业技术人才补贴制度不完善，没有提高高层次专业技术人才的生活补贴、住房补贴和学习资料费补贴标准等相关制度。人才工作机构服务意识不强，人才管理实质上是为高层次人才科研事业、个人成长和全面发展服务。管理者就是服务者，管理者处于组织中心，是各项资源的链接和支持。管理者应巩固当前的成果，营造良好的团队氛围，对出现的不利因素加以补救，对薄弱处加强建设，使组织处于长久的良性运营和发展中；关心高层次人才、尊重高层次人才，并帮助高层次人才实现自身价值，同时也实现博物馆事业的健康发展。

（五）职业发展规划欠缺

博物馆界近十多年来的岗位责任制和目标管理制，侧重于职员职责任务的落实及博物馆各部门工作任务和目标的实现，强调对"事"的管理，并没有真正思考对人的管理。职工在追求工作带来薪资的同时，更看中的是自身职业的发展、工作的价值。员工的职业发展前景规划欠缺，缺乏针对性和发展性，作为部门领头羊或者项目负责人，并没有将部门员工或项目组成员的工作发展前景、个人晋升同部门、项目发展规划统一起来，没有在科学使用人才的基础上培育人才。

目前员工培训按照职务类型开展较多，缺少对不同领域人才的针对性培训，不能为博物馆人才提供职业前景设计。针对职务类型、岗位类型的培训开展得多，但适岗型、转岗型、针对性培训缺乏。

（六）人才培训与管理法制化不到位

法制化力度仍有加大的空间，要加强博物馆管理标准化建设，建立一套"识人、选人、用人、育人、留人"的制度体系。当人才法制健全后，人才工作便有章可循，过程清楚；当每一步工作都严格按照程序执行，可大大减少矛盾，更加公平、公开、公正。

四、应对措施

现代人才培养与管理就是人才的获取、整合、保持激励、控制调整及开发的过程。博物馆人才资源是一种能动性资源，人才资源在博物馆活动中起着主导作用，是唯一起创造作用的因素，文物资源、物质资源只有通过人才资源的加工和创造才会产生社会价值。要转变管理观念，将以往工作中的"以事为主"转变为"以人为本"。人才资源管理具有战略性，要认识到博物馆内各级领导均是人力资源管理者，管理者要站在博物馆、部门或者项目组的战略规划高度规划相应层级的人力资源；人力资源管理具有系统性，管理者要将人力资源的开发放在首位，时刻把培养人才、不断提高员工素质贯穿在整个人力资源管理中。

管理者应结合博物馆当前内外部环境及拥有的资源条件，制定适合博物馆自身发展的战略规划。以战略规划为基础，一则构建博物馆组织模式并将组织战略层层分解到岗位，构成岗位任职条件；二则通过战略规划分析战略成功要素，结合员工素质分析，将战略成功要素分解为员工素质模型，并在岗位任职条件和员工素质模型的基础上构建博物馆人力资源规划、人才招聘、激励、培养、绩效考核及员工职业规划子系统。因为子系统的构建是以岗位和人才为基础，以博物馆的战略规划为目的，岗位任职条件和员工素质模型又是通过战略规划层层分解所得，故当博物馆因内外部环境发生变化而战略规划发生变化的时候，模型内部

各子系统将自发调整，迅速应对外部机会和威胁，支撑博物馆达成组织战略目标。（图22）

（一）人力资源规划系统

人才的培养管理必须根据博物馆的发展战略，博物馆的管理者需要摸清博物馆内外环境及资源情况，对现有的人力资源进行盘点，结合人才资源现状制定人力资源规划。以博物馆人力资源战略规划为核心，在对博物馆职位和员工进行分析的基础上，建立人才招聘、人才培训、职业生涯规划、绩效考核、薪酬管理子系统，在博物馆内外部环境不停变化中，各个子系统之间协同配合，支撑博物馆达成战略目标。

（二）岗位分析系统

根据战略选择合适的组织机构，在此基础上梳理管理流程和业务流程，定位部门职能和职责权限，并将部门职能职责分解到各个岗位，形成岗位说明书，界定岗位工作内容、岗位职责及岗位条件（即完成岗位职责所需要的知识、技术、素质水平）。

（三）员工素质分析系统

岗位说明书的制定需要通过严格的员工素质分析，需要从博物馆战略目标出发，根据员工岗位内外环境要求，总结提炼博物馆各类员工的素质模型，建立一套标杆参照体系和员工能力发展阶梯，为博物馆有效配置人才，规范岗位管理，充分发挥人的潜能，改善员工绩效，为实现博物馆目标提供基础和决策依据。

（四）人才招聘系统

人才招聘选拔系统包括人才外部招聘及内部后备人才的选拔，是战略人力资源管理系统的首要环节，是博物馆吸引人才、储备人才以适应博

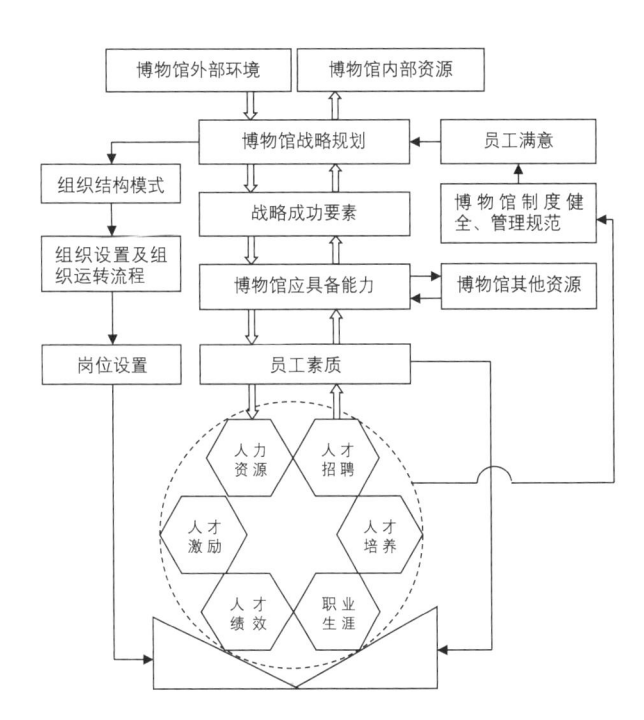

图22 基于博物馆战略的人才培训管理模型

物馆战略发展，在日趋激烈的行业竞争中处于领先的根本需要，它不仅是简单的空缺岗位的招聘录用填补，更是一种人力资本的储备。

（五）人员培训系统

基于职业发展规划的培训体系，可以自员工入职第一天起，通过完善的培训使其迅速掌握岗位所需的知识和技能，完成角色转换；工作过程中，能够帮助员工清晰看到从事岗位的发展前景，选择自己的职业路径和目标，在职业发展进程中遇到困难和瓶颈时帮助员工克服。

（六）职业发展规划系统

博物馆根据整体战略目标，通过工作分析及员工素质模型，形成明确的员工职业发展通道，确定各级各类职位的任职资格标准，建立晋升和淘汰体系，引导员工通过不断学习与提高实现职位的晋升和职业的发展。通过博物馆的成长带动人才的成

长，实现博物馆人才的成长推动博物馆成长。

（七）绩效管理系统

博物馆实施绩效管理实际上是博物馆对当前状况的反思和展望，绩效管理的目的在于绩效的改进。绩效管理目标的制定源自博物馆发展战略，当博物馆战略目标层层分解并在此基础上确定部门（团队）绩效目标与员工岗位绩效目标、组织目标与团队个人目标高度一致时，只要员工都达到了目标要求，博物馆组织绩效的实现就有了保障。

（八）薪酬激励管理系统

以绩效管理为基础的薪酬激励管理系统将员工的薪酬与博物馆战略及效益动态联系起来，以绩效考核结果为依据，以员工能力素质及员工个人和所在团队甚至组织的实际贡献为考量标准，通过以结果为导向的价值分配方式，促进博物馆战略目标顺利达成。

通过对上述基于博物馆战略的人才培训管理模型分析，结合目前实际，各大博物馆在制定组织战略目标后，能够根据战略规划构建组织机构，并将战略规划层层分解到部门及人员岗位，根据组织战略目标构建人才招聘、人员培训、奖励激励规划，并结合自身实际完善各项规章制度以实现规范管理，促进事业的合理有序发展。但基础的岗位分析系统和员工素质分析系统比较欠缺，需要通过逐步完善岗位分析和员工素质模型系统建设，将战略性人力资源规划的基础夯实，推进事业发展。

五、结语

通过以上分析，将人才管理同博物馆的战略目标统一为一体，构建战略性人力资源管理体系，博物馆人才培训与管理应该以博物馆战略为导向，高度协同地组织架构；人才引进以用为本，超前储备，合理配置人力资源；员工按需培训，结合岗位性质，开展适岗型、转岗型培训，结合素质提升，开展拓展培训和提升培训，加强培训的针对性和有效性；通过建立人才与博物馆和谐良好的环境，建立充满友情、尊重、安全感和归属感的人性化管理氛围，提高员工的工作满意度和满足感；建立倡导科学精神、严谨治学、包容开放、鼓励创新的文化环境，使人才找到归属感，自觉自愿参与管理，志存高远又脚踏实地；建立平时考核和定期考核的动态管理方式，构建与岗位能力相适应的人才评价体系，将提升岗位能力标准作为培训的目标；引入竞争机制，提高工作效率；畅通员工职业生涯通道，建立多向发展的职业通道，帮助员工及早规划职业生涯；绩效考核实行分级分类考核，构建博物馆—部门—员工三级考核体系，注重绩效过程监控；加强人才服务措施，扩大人才服务的宽度，注重人才服务的长期效果，调动人才的积极性，做到人尽其才、人尽其能、人尽其用。

---

[1] 卫潇洋. 简析博物馆继续教育现状——以河南博物院为例[J]. 时代报告，2018（10）.

[2]《全国文物业统计资料》2016年度，国家文物局编印.

[3] 北京大学考古文博学院. 北京大学考古文博学院与河南博物院联合举办"北大文博讲堂"[EB/OL]. https://archaeology.pku.edu.cn/info/1043/2230.htm.2016-01-08.

[4] 李文儒，叶春，李耀申. 上海博物馆建设和管理工作的调研报告[J]. 中国博物馆，2000（1）.

博物馆创新与发展的实践与研究

——以内乡县衙博物馆为例

王晓杰[1] 闫子琦[2]
1.南阳市博物馆 2.内乡县衙博物馆

摘要：当进入"创新与发展"为主题的新时代，创新与发展已成为博物馆持续发展的唯一灵魂和不竭动力。本文从博物馆发展的现状及存在的问题入手，以内乡县衙博物馆的实践为例，提出博物馆创新与发展的思路和途径。

关键词：博物馆；创新；发展；思路；途径

纵观中国博物馆发展历史，自1905年张謇先生在江苏南通创办第一座博物馆——南通博物苑以来，经过100多年不断发展，一个以国有博物馆为主、民办博物馆为补充、各行业和各种所有制博物馆协调发展的具有中国特色品类结构和区域布局更趋合理的中国博物馆事业体系已初步形成。然而，进入"创新与发展"为主题的新时代，创新已成为博物馆持续发展的唯一灵魂和不竭动力。只有不断创新，博物馆才有更加鲜活的生命力，博物馆才能在文化与旅游产业相融合的背景下做大做强，才能使人民群众获得更多的"文化红利"。当今，作为公共文化服务和旅游发展的前沿阵地和有效载体，博物馆的创新发展是一项涉及社会、经济、技术、资源等的综合系统工程[1]，需要在实践中不断总结经验与分析研究。笔者从事博物馆工作近20年，现以内乡县衙博物馆为例，对博物馆创新与发展的实践做出系统的整理和分析。

一、博物馆发展现状与亟须解决的问题

目前，我国博物馆事业存在的问题和矛盾是"人民群众日益增长的精神文化的需求与博物馆数量不足、设施简陋、陈列展览陈旧、服务功能不够完善的矛盾；博物馆在计划经济体制下形成的自下而上的发展模式与社会主义市场经济体制不相适应的矛盾；博物馆提高服务水平与经费短缺的矛盾；与经济领域和其他行业相比，博物馆管理体制和运行机制、经费的筹措和使用、用人制度和分配制度、专业队伍建设和高新技术的应用等方面的改革步伐相对滞后"[2]。这些问题和矛盾在一定程度上

制约和阻碍了博物馆事业的发展。要解决这些问题和矛盾唯有创新。只有创新，才能突破旧观念、旧体制的束缚，才能寻找新对策、采取新措施、形成新认识，才能充分建立适应新形势需要、充满生机与活力的管理体制和运行机制，才能充分调动博物馆工作人员的积极性、主动性和创造性。实践证明：凡是勇于创新、善于创新的博物馆，其事业必然兴旺发达。反之，必然停滞不前。为此，博物馆事业深化改革和创新愈显重要。[3]

当前，博物馆发展亟须解决的问题主要有以下几个方面：博物馆发展理念落后，导致博物馆硬件建设不到位；博物馆管理体制守旧，导致博物馆接待水平增长迟缓；博物馆市场营销被动，品牌影响力不足；智慧博物馆建设不能适应日益突出智能新时代的需求；博物馆人才青黄不接，文化研究功能发挥不到位。

二、博物馆创新与发展的思路和途径

随着我国市场经济体制的改革和完善，以"国家投资、博物馆进行藏品保护与展示、相对封闭运作"为主要特征的博物馆传统发展思路已经不能适应新形势的要求，必须进行创新和转变。下面以内乡县衙博物馆为例，分析探讨博物馆创新发展的思路和途径。

近年来，作为古建筑类博物馆，内乡县衙博物馆（以下简称内乡县衙）紧紧围绕"保护与开发并重，文化与旅游同行"的发展理念，与时俱进、开拓创新，不断完善内部硬件建设，加大古建文物保护力度，创新宣传营销方式，打造一流博物馆团队，推动内乡县衙文化旅游事业取得长足发展。

（一）创新发展理念，提升博物馆硬件建设

当前，在文旅融合发展的背景下，博物馆必须转变发展思路，打破陈旧的博物馆发展理念，不断提升博物馆的硬件建设，让文博旅游热起来，实现博物馆的可持续发展。内乡县衙以创建国家一级博物馆和国家5A级旅游景区为契机，创新发展理念，投入大量资金，提升博物馆硬件建设，促进文化与旅游融合发展。

1. 做好文物保护。一是不断完善古建保护。作为全国重点文物保护单位，内乡县衙严格按照《国家文物保护法实施条例》的规定，加大对县衙古建及馆藏文物的保护力度。制定了《全国重点文物保护单位内乡县衙保护规划》，明确了内乡县衙重点保护范围和建设控制地带，向国家文物局申请了"内乡县衙古建筑群维修保护工程"项目并获立项批准，申请国保单位古建修缮项目资金，对县衙部分古建筑进行了修缮维护，加强白蚁诱杀和防治，消除潜在的安全隐患。二是上档升级文物库房。购置文物专业保护柜，增添恒温恒湿系统等文物保护设备，更换高清智能摄像头，对库房文物进行分类入库，建立规范收藏档案，规范文物库房管理制度。严格按照国家规定的文博单位三级风险标准进行设计和施工，采用视频、音频、红外和感应四种防护手段，使馆藏文物的科学保护在硬件上得到了显著提升。三是规范管理馆藏文物。对馆藏文物进行登记造册，按照省、市、县文物部门的要求对馆藏文物进行鉴定定级。加大文物征集力度，共征集文物910件。截至目前，内乡县衙博物馆馆藏文物数量达到1194件，其中珍贵文物466件，一般文物728件。

2. 改善周边环境。为了更好地保护和开发内

乡县衙的历史文化资源，进一步挖掘县衙周边的历史文化信息，营造县衙周边环境的文化品位和氛围，内乡县衙用三年时间对县衙周边区域进行保护性整治，对历史文化街区进行详细规划和开发建设，引进了旅游纪念品、古玩字画、餐饮名吃等多种业态，形成以商贸、餐饮、休闲、文化演艺为主的服务业集群，被评为"河南省服务业'两区'十先进"、一星级特色商业区、河南省文化产业示范园区。不仅繁荣了地方经济，而且与内乡县衙的历史文化互融互补、相得益彰，更好地保护了县衙古建筑群。

3. 筑牢安全防线。积极争取项目资金，对安防、防雷、消防设施进行更新升级，确保县衙古建、文物和游客安全，实现了建馆以来连续34年安全无事故。一是完善提升消防配套设施。购置了微型消防车、消防巡逻车、消防服、防毒面具、自救呼吸面具、消防柜和破拆工具、灭火战斗服等消防设备，建立了县衙微型消防站，极大地提升了消防应急能力。二是升级改造安防配套设备。争取项目资金，实施县衙古建筑群防雷避雷工程。对部分安防工程进行升级改造，对原有互联网网络进行升级提速，景区内部、游客中心、文化广场、地下停车场实现WiFi和监控全覆盖，并将监控视频统一对接在景区智慧管理平台，实现远程集中控制。三是监控指挥中心智能高效。投资1000万元，建立功能强大、智能高效的智慧景区监控指挥中心。对所有重点部位员工和车辆安装定位系统，建立日常运营、重大节假日、应急突发事件等多场景应用模式和预案，实现多部门数据接入、分析管理、指挥调度。四是强化消防安防培训。每年都与县消防大队、县文物部门结合，举办数次大型消防培训和消防实地演练，不断对县衙员工进行消防、安防知识培训，使全体员工掌握消防基础知识、消防器械操作、初期火灾扑救知识及火场逃生自救等技能。安装了广播系统，进行分段控制，为游客提供天气预报、游客量监控等温馨提示，确保游客在景区的旅游安全。

4. 完善配套设施。投资巨额资金，高标准建设游客服务中心、地上广场和地下停车场。县衙游客服务中心为三层仿古建筑，严格按照国家5A景区标准，配套了服务大厅、景区沙盘、游客休息室、售票处、导游接待室、景区信息指挥中心、车辆调度室等旅游服务配套设施。地下停车场为上下两层，按照城区人防工程标准建设，共有停车位500个。安装智能化停车管理系统、照明自控系统、车位检测与显示系统，实现了智能管理、智能收费。地上广场包含文化长廊、景观性楼梯间、文化柱等景观建筑，依托县衙明清风格，植入中国传统官德文化、廉政文化、楹联文化和孝文化元素。

5. 进行"厕所革命"。对公厕进行硬件提升，加强公厕保洁人员培训管理，实现人性化服务。按照国家5A景区的标准，对公厕进行升级改造，配备第三卫生间和残疾人卫生间，增加手机台等人性化配套设备，统一公厕标识标牌；强化培训管理，对公厕保洁员进行接待礼仪、文明用语等培训，制定卫生间保洁管理制度，严格执行卫生间保洁标准，建立公厕"日检、周巡、月总结"的管理维护模式，确保公厕正常运行，实现公厕管理规范化、科学化和人性化。

(二) 紧跟时代脉搏，打造智慧博物馆

面对智能新时代，博物馆必须适应智能新时代的要求，实现博物馆与互联网、物联网、大数据、人工智能等信息化高科技的完美结合，打造智慧博物馆，才能满足观众不断增长的智能参观需求。从2015年开始，内乡县衙不断完善智慧景区硬件建设，配套完善景区信息化基础设施、智慧管理、智慧服务、智慧营销四项内容，建立景区智慧管理中心，实现了互联网与旅游业的深度融合，被河南省旅游局评为"河南省智慧景区"。

1. 大手笔投入，完善基础设施强保障。先后投资1000余万元，建立智慧景区管理指挥中心，安装了景区智慧管控平台及大数据采集系统，建立网络售票、智慧停车场、智慧监控管理系统等，实现了景区统一管理运营和指挥调度。

2. 精细化管控，突出智慧管理强运营。组建县衙智慧旅游管理运营队伍，实现智慧旅游运营常态化：安装了红外线人流监控仪，在手机端和景区智慧管理平台进行人流实时监控，超限自动报警，实现对游客的及时有效疏导；在景区四周和重点区域安装红外线摄像头，在各展室布置了火警自动报警器，在智慧管理平台建立了异常天气预警，并及时发布到景区信息发布平台，提醒游客及景区工作人员；建设了道尔智能化停车系统，对游客车牌的自动识别、统计分析，车流状况、停车场空位信息在景区信息平台实时发布，确保车辆通行顺畅。

3. 人性化设计，强化智慧服务显特色。依托现代化信息技术和平台，为游客提供人性化智慧旅游体验：通过县衙官网、手机网站、微信公众号等自媒体，为游客提供行程规划、在线预订、咨询建议、导游导览、在线讲解、信息分享等人性化服务；在景区电子屏和触摸屏上动态发布天气情况、交通情况、重要公告，方便游客及时查阅；游客微信扫码可获取免费讲解，方便游客清晰收听讲解；实现人工售票、自助售票和网络售票相结合，实现游客购票多元化；门禁系统实现了扫码、刷脸、刷身份证等快速入园；安装一键呼叫系统，对呼救位置突发事件进行快速有效处置；使用AR、VR、AI等新技术，创新游客体验方式；对景区进行720°全景建模，游客通过手机、电脑等网络终端实现全方位观看；开发"测官运""对对联"等多款小游戏，与游客进行实时互动，不断增加游客旅游体验满意度。

（三）创新管理体制，提升博物馆接待水平

博物馆是一座文化殿堂，其珍贵的文物、悠久的历史和厚重的文化吸引着越来越多的观众走进博物馆。但是，随着人民生活水平的不断提升和人们对精神文化的需求日益增长，墨守成规的博物馆管理体制已经不能适应不断发展的新形势，必须创新博物馆管理体制，提升服务水平，才能满足人们日益增长的文化消费能力和需求。

1. 强化员工培训，提高服务接待水平。对员工整体素质培训常抓不懈，服务接待水平显著提升：全体员工规范穿着工装、佩戴工牌，对待游客礼貌热情、耐心周到，尤其是讲解部、接待部、检票处、咨询处等重要窗口岗位人员微笑服务、热情饱满、文明用语，全部使用普通话为游客服务，想游客之所想、急游客之所急，为广大游客提供"宾至如归"的良好服务。

2. 丰富节目演绎，增加游客互动。遵循"让文物活起来，让文化动起来"的发展理念，不断挖掘文化内涵，推出《知县审案》系列节目，传统节日开展"衙门闹年""正月十六看太太""打春牛"等活动，定时定点免费推出《鼓乐迎宾》

《宣讲圣谕》《官民同乐》《三院禁约碑揭碑仪式》《县试》《知县招婿》《品茶听戏》等节目。设置了游客互动参与环节，增加了游客互动体验，成为内乡县衙的特色文化招牌。

3. 提升志愿服务，增加人性化服务。累计招募380余名热爱文博事业、具有良好素养的青年志愿者，聘请专业老师对他们进行讲解、导览和保洁服务等内容的培训。在旅游高峰期，他们统一穿着志愿者服装、佩戴志愿者工牌，为游客提供讲解、咨询、卫生保洁、安全提醒、文明旅游等志愿服务。内乡县衙博物馆志愿服务组织先后荣获"中国旅游志愿服务先锋组织""河南省文博系统志愿服务先锋组织"等荣誉称号。

4. 接待人数和游客范围不断扩大。内乡县衙吸引着海内游客、各级领导和专家学者慕名而来参观学习考察，年游客接待量由2011年的60万人次增长到2018年的130万人次，境外游客达5万人次之多，特别是随着内乡县衙廉政教育基地作用的日益凸显，前来学习受教育的党员干部数量逐年攀升。游客客源也由之前的以河南周边为主发展到目前以内乡县衙为中心，郑州、武汉和西安为半径的大辐射圈，全国各地的游客纷沓而至，参观古老的建筑群，感受厚重的衙署文化。

（四）创新人才管理，打造优秀团队

事业兴旺的根本在于人才，怎样用人决定着博物馆干部队伍的组成和努力的方向。博物馆人才素质的高低，直接影响着博物馆各项工作的效率和质量，更影响着博物馆未来的兴衰存亡。因此，博物馆必须加强人才管理，打造出一流的人才队伍和团队才能使博物馆高效持久地发展下去。内乡县衙狠抓团队建设，加强员工教育，强化党建学习，开展丰富新颖的文体活动，增强团队凝聚力，提高团队战斗力，营造出干事创业、奋勇争先的良好氛围，打造出一支高素质、高效率、务实重干、敢于拼搏的一流团队。

1. 强化党建学习。内乡县衙党总支高度重视党员干部的党性教育，把加强思想建设摆在重要位置，深入学习党章党规和习近平新时代中国特色社会主义思想，用党的最新理论武装头脑、指导实践、推动工作。充分发挥党员的先锋模范作用，增强党组织的战斗堡垒作用，认真抓好党的组织建设，扎实开展各项党建活动。通过坚持不懈的学习，全体党员干部坚定信念，始终保持高昂的工作热情，以更加务实高效的作风投入到实际工作中。

2. 规范管理培训。不断加强员工培训、规范日常管理：建立规范的制度约束机制，完善签到制度、带班制度、接待制度、安全巡查制度、交接班制度、请假制度等规章制度，强化监督，确保落实，有效提升员工干事创业的积极性；积极进行人事制度改革，以层层责任制度规范科室管理，细化工作流程，制定奖惩措施；选拔培养能担责、善攻坚的骨干队伍，创新形式，强化培训，制定详细培训计划；班子成员上党课，邀请专家授课，邀请消防部门讲课、进行实地消防演练，对讲解部、接待部等窗口岗位进行技能大练兵，以赛代训，强化培训效果。

3. 丰富文体活动。内乡县衙党总支积极开展丰富多彩的文体活动，增加县衙团队的向心力、凝聚力和战斗力：坚持每年开展"文明科室""文明个人""文明家庭"评选活动，努力营造讲文明、讲作风、讲服务的良好氛围；举办职工趣味运动会，增进员工之间的相互交流和团队协作，树立员工百折不挠、勇于拼搏的进取意识；每年"七一"建党节开展"重温入党誓词"主题活动、主题演讲比赛，增强党员干部自律意识，提升党性修养；开展普通话展演、朗诵比赛、春节联欢晚会、元宵节晚会等文艺活动，培养团队合作精神，将比赛和晚会中的精诚合作、竞赛拼搏融入工作中，使全体员工始终保持着高昂的凝聚力和战斗力。

（五）创新宣传营销方式，扩大品牌影响力

随着信息化、智能科技越来越发达，博物馆必须与互联网、物联网、大数据、虚拟现实、人工智能等新的科技手段相结合，创新营销方式，扩大品牌影响力。近年来，内乡县衙内抓建设和管理，外塑形象和口碑，不断提升服务质量，丰富宣传推介平台，创新宣传推介形式，扩大内乡县衙品牌影响力。先后荣获中国楹联文化重点教育基地、中国楹联博物院、河南省社科普及基地、河南省博物馆志愿服务先进单位、河南省文明单位、河南省智慧旅游景区、河南省研学旅游示范基地、中国世界地质公园人文景区、中国摄影基地等荣誉称号。

1.以活动为载体，创新宣传营销方式。不断创新宣传营销方式，开展丰富多元活动，扩大品牌影响力：以传统节日为依托开展民俗活动，宣传衙门文化和传统文化。在立春日开展"打春牛"大型民俗活动，在元宵节进行"衙门闹年""正月十六看太太"等衙门民俗表演，在端午节开展"知县夫人教你包粽子、带香囊"活动，在中秋节开展"知县邀你尝月饼"活动，在国庆节开展"万面红旗为祖国庆生"活动等；积极搭建平台，通过"千人朗诵县衙赋""内乡县衙建馆三十周年访谈（河南电视台）""世界博物馆日万人签名""文化遗产日非遗精品节目展演""弘扬传统文化、千人朗诵官德名联"等活动造势、宣传营销、扩大影响；精心策划制作《内乡县衙厚重得以远播》《高以永》《元好问》等官德动漫电影，在各大网站播放，受到广大网民和游客的高度评价，其中《高以永》荣获河南省网络作品"七个一工程"优秀作品奖；与百度、新浪、网易等主流网站进行合作，及时发布内乡县衙新闻动态，全方位、多角度进行宣传推介；积极参加省、市旅游局和文物局组织的各种文博旅游展览会，到北京八达岭长城博物馆举办临展，走出去宣传推介。

2.以科技为支撑，创新宣传营销手段。以智慧景区为依托，对客源进行精准化分析，采用智能科学营销手段，实现智慧营销增效益：利用智慧景区大数据平台，对游客进行数据分析，为宣传、推介、推广等项目做数据支撑，实现了精准营销；利用内乡县衙自身的公众号、网站、微网站进行宣传推广；通过智能购票、线上支付等智能平台，将游客的附加信息导入内乡县衙数据中心系统，为智慧营销提供大量基础数据；根据游客网络购票和车辆信息，对游客旅游信息进行分析，通过网络舆情监测、口碑、曝光度和热搜检索，开展分析和研判，指导宣传营销重心；根据大数据分析的年龄构成和地域分布，有针对性地开发新节目、推出新展览、研发新产品，扩大品牌影响力。

3.以衙门文化为特色，创新文创产品。结合独特的衙门文化内涵，以突出特色、注重质量、赏用结合、贴近展览、注重研发、加强创新为原则，设计开发独具衙门文化元素的文创产品20多个系列180多个品种，这些文创产品紧跟时代，设计新颖，紧贴衙门文化内涵，并带有内乡县衙的注册商标，不仅取得了良好的经济效益，而且提升了县衙的品牌形象。

4. 紧跟时代步伐，创新宣传营销思路。紧跟文化旅游发展的新形势和时代进步的新步伐，适时调整宣传营销思路，抓住新的旅游热点和旅游增长点，制定适应时代发展的宣传营销方案。积极打造廉政文化教育基地。全方位挖掘丰富的官德文化、楹联文化、廉政文化等传统文化资源，高标准打造廉政文化教育基地。通过独特新颖、内涵丰富的廉政建筑、廉政楹联、廉政官箴、廉政典故、廉政专题展览、廉政节目表演和《内乡县衙廉政文化》等廉政专著吸引着每年80万党员干部前来学习考察。积极打造研学旅游基地。研学旅游已成为当前文化旅游发展的新趋势和新方向。内乡县衙以弘扬优秀传统文化为宗旨，制定了以参观考察、聆听讲解、观看节目和动手体验为主的"十个一"研学旅游课程，引导学生学会在与历史、文化等方面的接触中获得真实体验，让学生在参与中不断成长。目前，内乡县衙已成为各大中专院校和中小学进行综合社会实践的主要目的地。内乡县衙以弘扬传统文化为主题的研学旅游成为文化旅游发展的新模式、新亮点，"河南研学旅游示范基地"已成为内乡县衙响亮的新名片！

(六) 创新业务研究思路，深入博物馆文化研究

在当前的信息化时代，博物馆作为文化研究机构，只有创新业务研究思路，融入智能手段，才能深入文化研究，取得丰硕的研究成果。

1. 以科技为支撑，提升陈列展览档次。近年来，内乡县衙精心策展推出"古代廉政文化展""高以永蜡像展""古代赋税文化展""中国楹联文化展""打春牛非遗项目专题文化展""官德文化展""邓窑瓷片展"等12个展览；更新升级了"清代文武官服饰展""清代皇帝画像展""三堂东西厢房展"等展览；还专门开辟了临展区，举办了"宝天曼风光图片展""内乡风光图片展"等11个临时展览；还创新展览模式，到北京举办"内乡县衙打春牛展览"，在北京长城博物馆举办"古衙艺影图片展"，受到北京市民一致好评。特别是新开辟的展览中采用智能高科技手段布展，利用电子互动、电子翻书、电子触摸屏、电子抢答等现代展览展示设备，让文物变静为动，鼓励观众亲自动手，在参与中学习和探索；展品设计注重科学性、知识性、趣味性相结合，不但使展览美感效果突出，也迎合了新时代游客的审美需求，同时也更为形象直观地让游客欣赏展品，了解展品的时代背景及特点以及展品背后的历史文化；制作了360度网上虚拟博物馆展览，在县衙官网进行宣传，受到广大游客和网友的好评，成效显著。"清代文武官服饰展""古代赋税文化展""内乡县衙基本陈列展览"相继荣获河南省优秀陈列展览；在国家文物局"弘扬优秀传统文化、培育社会主义核心价值观"主题展览项目征集活动中，"中国楹联文化展"入选社会主义核心价值观主题展览，并被中国楹联学会命名为"中国楹联博物院"。

2. 创新研究模式，确立衙署文化研究中心地位。自建馆以来，内乡县衙先后举办了三届衙署文化研讨会，在全国衙门博物馆中产生了巨大影响，引起全国专家学者研究的热潮，成为中国衙署文化的发源地。近几年，内乡县衙高规格举办了第四届衙署文化研讨会，在北京大学举办了中国衙署文化高端论坛，聘请故宫博物院原院长郑

欣森、中国社会科学院近代史研究所周溯源、中国社会科学院研究员刘小萌、中国人民大学清史研究所教授王道成等文博界知名学者担任学术顾问，并与各大高校合作，建立学习实践教育基地，吸引了大批专家学者深入研究衙署系列文化，特别是内乡县衙优秀的官德文化、廉政文化、楹联文化、古代官制文化等受到专家学者的高度关注，他们撰写了一系列高质量、高水准的学术论文，产生了巨大的文化影响，进一步确立了内乡县衙署文化研究中心的地位。

3. 注重文化创新，研究成果硕果累累。积极搭建文化创新平台，健全创新激励机制，加强知识产权的保护运用，文化创新成果丰硕。内乡县衙"打春牛"作为二十四节气之一"立春"被列入世界非物质文化遗产名录；出版了与内乡县衙相关的衙门文化专著20余本；内乡县衙成功申报注册了"内乡古衙""内乡县衙"等16个商标，其中"内乡古衙"商标荣获河南省著名商标；成功申报注册国家实用新型专利11项、国家外观设计专利25项，共计36项国家专利；取得社科成果11项、科技成果9项、省级科技成果6项、市级科技成果3项，获得省市其他研究课题28项。

（七）创新宣教职能，打造公益事业新亮点

内乡县衙积极响应国家"坚决打赢脱贫攻坚战"号召，大力探索创新"党建＋旅游＋扶贫"的扶贫方式，发挥博物馆宣教职能，打造出文化扶贫的公益事业新亮点。按照"产业到村、扶持到户"的思路对结对帮扶的贫困村积极开展项目扶贫、产业扶贫，采取多种帮扶措施，从财力、物力和人力上全力扶贫，使帮扶的贫困村发生了翻天覆地的变化：水利、道路、用电、文化广场、卫生室、村委会都高标准建设，村容村貌焕然一新，村委班子凝心聚力带头发展，群众致富劲头足，该村已由组织涣散村变成先进村、模范村，获得市、县、镇三级政府肯定和奖励。内乡县衙博物馆真抓实干、倾力帮扶的扶贫工作为新时代旅游扶贫做出积极贡献，成为旅游发展的新亮点。还积极参与各项公益活动，每年都组织员工为贫困大学生捐款捐物；在每年读书月，为当地社区、中小学校及贫困小学捐送衙门文化书籍。内乡县衙奉献爱心、积极参与公益事业也为新时代旅游发展树立了新标杆。

三、结语

综上所述，在文旅融合发展的背景下，博物馆要想取得长足的发展，必须把握时代脉搏，与时俱进，不断创新：创新发展理念，提升博物馆硬件建设；紧扣时代脉搏，打造智慧博物馆；创新管理体制，提升博物馆接待水平；创新人才管理机制，打造优秀团队；创新宣传营销方式，扩大品牌影响力；创新业务研究思路，深入博物馆文化研究；创新宣教职能，打造公益事业新亮点。要探索更多文化资源创造性转化、创造性发展的方式，更好地保护、展示、传承和发扬中华民族珍贵的文化遗产！

---

[1] 孟庆金，耿玉德. 现代博物馆经营理念创新研究[J]. 大连理工大学学报（社会科学版），2005（3）.

[2] 张建雄. 论博物馆事业创新[J]. 广东文物，2003（2）.

[3] 蔡丽芬. 浅谈博物馆事业创新和可持续发展[J]. 艺术时尚（理论版），2014（7）.

浅谈文物视频供给侧服务
——河南博物院《中原藏珍》系列短片摄制推送的实践与思考

王文析
河南博物院

摘要：2019年1月，河南博物院启动了《中原藏珍》系列视频的摄制，其成了不少"河博粉"的必追剧目。截至2020年12月4日，《中原藏珍》浏览版共拍摄文物105件，推送100集；《中原藏珍》讲述版共拍摄26期，推送25集。相比《奔跑吧》《歌手》《王牌对王牌》等热门综艺，《中原藏珍》系列短片通过聚焦河南厚重历史文化，讲述文物背后的故事，连续两年成为文博界的网红产品。《中原藏珍》系列短片的热播，在让文物活起来、火起来的同时，也持续扩大了河南博物院的影响力。这对于打造河南文化高地，增强中原文化自信起到了重要的作用和影响。

关键词：《中原藏珍》；河南；厚重文化；文物；文化自信

"好看""转发了""很美""长见识了""这视频做得欢喜极了"……在河南博物院"今日头条"号上，关于《中原藏珍》系列短片的评论精彩纷呈。

随着以互联网为载体进行信息传播的新媒体时代的到来，观众接收信息的渠道和方式愈来愈多样，互联网+、微博、微信、抖音、头条号等新媒体凭借其快速的传播速度、良好的传播反馈和极强的互动性，迅速成为博物馆宣传运营的重要阵地。

习近平总书记强调，文物承载着灿烂文明，传承着历史文化，维系着民族精神，是老祖宗留给我们的宝贵遗产，是加强社会主义精神文明建设的深厚滋养。2019年9月16日至18日，习近平总书记在河南考察时指出，要推动文化繁荣兴盛，传承、创新、发展优秀传统文化。

常年与年代久远的文物为伴，博物馆该如何

与现代科学技术相结合，利用互联网技术，传播与弘扬传统文化，走出一条创新之路，对博物馆来说是一个重大考验。为深入学习贯彻习近平总书记的重要讲话精神，2019年以来，在新媒体时代浪潮的推动下，河南博物院顺应时代趋势，推出了《中原藏珍》系列短片，打造形成了自己独有的文博传播特色。

一、用短视频讲述文物故事，河南博物院开全国先河

河南，华夏文明起源与繁盛之地，地下文物全国第一，地上文物全国第二。河南博物院是中国较早建立的博物馆之一，馆藏17万件（套）历代珍贵文物，堪称一座集珍藏、研究及展示中华文明历史的文化艺术殿堂，是河南的重要文化窗口，是国际上具有典型代表性的博物馆之一。

2019年初，由于河南博物院还在主展馆改造当中，当时的"大象中原——河南古代文明瑰宝展"展出文物珍品仅有200余件（套），更多的国宝深藏"闺中"。一方面是人民群众对传统文化的需求高涨，另一方面是现有条件不能很好地满足人民群众的需求。在这样的形势下，河南博物院用短视频讲述文物故事、展示厚重历史，开了全国先河。

（一）精心策划、主动服务，《中原藏珍》紧跟时代节拍

党的十八大以来，习近平总书记对文物工作多次做出重要指示批示，强调要"让文物活起来"。为了贯彻新思想、新观点、新要求，河南博物院不能只静待观众来，要主动服务观众。

随着科技的进步，互联网作为当今时代最具发展活力的领域，已经全面融入生活的方方面面。古老博物馆走上互联网之路是大势所趋，尤其是国家文物局、发改委、科技部、工信部、财政部联合印发了《"互联网＋中华文明"三年行动计划》。在此背景下，利用网络媒介有效传播中华优秀传统文化，成为博物馆探讨的重要课题。

在新形势新要求下，在主展馆维修期间，河南博物院首先瞄准了当前互联网最火的短视频。展厅的面积是有限的，但是网络空间是无限的。2019年1月，河南博物院精心策划、主动服务，推出了百集文物系列短片《中原藏珍》，将因改造无法展出的部分国宝拍成纪录片，以短视频的形式让观众在家里、在路上、在任何地方，掏出手机就能零距离与文物"对话"，真正实现让文物活起来，让文物"对你说"。（图1）

图1 《中院藏珍》拍摄现场

（二）质感强、内容精，《中原藏珍》受热捧

《中原藏珍》系列短视频，每集聚焦一个重量级文物，时长两到三分钟，以旁白加画面的形式，中间穿插有动漫等时尚、趣味元素，并配有制作精良的片头。

2019年3月，全国"两会"期间，《中原藏珍》系列短视频在河南代表团驻地播放，这也是《中原藏珍》的首次亮相。大片级的质感、精良的画面内容，《中原藏珍》短时间内就被刷屏，成为"网红"产品，引起了业界广泛关注和网友强烈反响。据不完全统计，超过40家媒体转载《中原藏珍》相关信息，不仅"学习强国""新华网"移动客户端、"人民网""中国网"等国家级媒体平台积极转载，腾讯天天快报、百度、今日头条、新浪微博、阿里ＵＣ等平台也进行了发布。相关关键词"中原藏珍"全网相关数据约10166万条。

2019年9月初，在日本京都举行的国际博物馆协会第25届大会上，河南博物院拍摄的原创视频《莲鹤方壶》，闪耀全场，摘得国际博协国际视听多媒体艺术节大奖银奖（图2），该视频也是《中原藏珍》系列短视频中的一部力作。之后，荣誉接踵而来。2020年6月，《中原藏珍》系列视频荣获国家文物局"中华文物全媒体传播精品（新媒体）"入围项目第一名（图3，图4）；2020年9月，《中原藏珍》系列短视频获"河南省2019年度'五个一百'网络正能量精品推选活动——百项网络正能量专题"奖；2020年10月，《中原藏珍》系列短视频荣获国家互联网信息办公室指导、中国互联网发展基金会主办的"网聚正能量奋进新时代"第五届"网络正能量专题活动"奖；

图2 《莲鹤方壶》获国际博协国际视听多媒体艺术节大奖银奖

图3 《中原藏珍》视频获"中华文物全媒体传播精品（新媒体）"入围项目第一名

图4 "中华文物全媒体传播精品（新媒体）"颁奖现场

2020年11月，《中原藏珍》与喜马拉雅合作的"把国宝讲给你听"获国家广电总局"优秀网络视听作品推选活动"奖。

在2019年网友参与评选的中国十大最"著名"博物馆中，河南博物院仅位于中国国家博物馆、故宫博物院、台北故宫博物院之后，名列第四。这也得益于河南博物院在新媒体领域的发力。

更令人振奋的是，在河南博物院的示范带动下，省内省辖市兄弟博物馆也行动起来，主动邀请河南博物院到当地拍摄珍藏文物。两年间，河南博物院拍摄团队已经到平顶山、安阳等地进行了拍摄，拍摄文物近百件。通过短视频，不仅展示了河南各市深厚的历史文化，也把全省的文物资源动员了起来，营造了浓厚的文化氛围，真正实现了全省博物馆馆藏共享、共赢的理念。

二、圈粉背后，《中原藏珍》五大特色亮眼

《中原藏珍》系列短片推出后，圈粉无数，特别是随着互联网浪潮成长起来的一批"90"后"00"后，更是成为铁粉。圈粉背后，《中原藏珍》五大特色亮眼。

（一）在策划理念上，定位高、聚焦准

《中原藏珍》策划之初，河南博物院的出发点不只是把它作为主展馆维修期间的有力补充，更重要的是为以后博物馆数字化建设打下基础，可以说定位很高。与此同时，河南博物院聚焦短视频形式，也瞄准时下的传播风口。

"短视频的形式，既迎合当下移动互联时代人们的阅读习惯，又能让人们随时随地在手机上零距离与文物'对话'，大大拓展了博物院的物理空间，在潜移默化中宣传了河南厚重多彩的历史文化，同时也彰显了河南人的文化自信。"作为《中原藏珍》系列短视频的策划人，河南博物院党委书记万捷对《中原藏珍》寄予厚望并非常重视。

（二）在文物选择上，分量重、影响大

河南博物院藏品数量众多，青铜器、玉石器、陶瓷器、石刻造像等最具特色，并且大多数为国宝级文物，这为《中原藏珍》的内容质量提供了有效保证。在文物的拍摄选择上，河南博物院结合文物特点，把具有一定历史性、科学性、艺术性的国宝作为首选，另外将最近几年新近收藏品也作为拍摄对象。目前拍摄文物近百件，其中贾湖骨笛、杜岭方鼎、莲鹤方壶、武则天金简、天蓝釉刻花鹅颈瓶均为河南博物院镇馆之宝，为"招牌"产品，"明星"产品。其余几十件均为国家一、二级文物。涵盖青铜器、玉器、陶瓷器、象牙器、金银器等各种类型。（图5，图6，图7，图8）

（三）在拍摄制作上，技术精、标准高

由于文物的特殊性，考虑到安全问题，河南博物院在库房搭设专业摄影台进行拍摄。采用专业4K电影机、电动智能轨道、摇臂等多种设备，多机位全方位拍摄。文物种类不同，材质不同，对光的反应也不同，所以每一件文物都有自己特设的灯位及造型，以便更为准确地、艺术地展现文物所拥有的特质。

在后期软件制作上，河南博物院使用最先进的3D扫描技术，对文物进行全方位的信息采集，通过多种科技手段全面细致地展示了珍宝的全貌和细节，彰显出文物的历史价值和永恒魅力，让

图 5　玉牌

图 7　海兽葡萄纹铜镜

图 6　贾湖骨笛

图 8　象牙萝卜

沉默的文物鲜活起来。

（四）在展现形式上，内容全、手段多

2 分钟的短视频让人们对文物有了一个直观印象，但它背后有哪些故事、当时又是什么样的场景，可能并不为人所知。为全面展现文物价值、内涵，2019 年 6 月，《中原藏珍》再度升级，在原来 2 分钟短视频的基础上，推出了 10 分钟以内《中原藏珍·讲述》（下文称《讲述》）系列长视频，通过专家深度讲述文物背后的故事，让人们对文物有更深层次的认识。（图 9）

河南博物院院长马萧林等一批专家担纲文物解说嘉宾、形象逼真的三维动画直观展现文物精湛工艺、珍贵的历史影像资料再现发掘场景……《讲述》的推出，进一步展现了河南厚重历史文化，不断提升了中原文化的影响力。（图 10）

（五）在传播方式上，形式新、途径广

"学习强国"、大河网和微博、微信、今日头条、抖音短视频作为目前用户使用基数颇为庞大的互动交流平台，是博物馆必须重视打造的网络信息传播阵地。《中原藏珍》不仅在河南博物院网站上展示展播，还在这六大平台上重点推出，并根据平台的不同特点，力求发挥各自优势，实现传统文化内容的创新性传播转化。

"学习强国"是中宣部为了贯彻落实习近平总

图9 《讲述》拍摄现场

图10 《讲述》截图

书记关于加强学习、建设学习大国的重要指示精神，强化新形势下理论武装和思想教育工作，推动习近平新时代中国特色社会主义思想宣传不断深入，而开发建设的学习平台。《中原藏珍》从2019年4月17日开始在"学习强国·河南学习"平台的"文化河南"版块推出，全媒体形式展现"活起来"的文物，一起见证多彩河南。截至2020年12月，学习强国在线观看合计487万+。

微博。作为互动性最强的平台之一，截至2020年12月，河南博物院官方微博平台共发布近千条关于《中原藏珍》的微博动态，且微博热度持续走高，引发网友的极大关注。

微信。作为一对多的传播方式，微信公众号的信息达到率和被观看率几乎达到100%。每期《中原藏珍》短片完成后，河南博物院微信都会选择在首条发布，将最新内容精准投送到"河博粉"中。

今日头条与抖音短视频。河南博物院官方今日头条平台主要以打造正统知识平台为导向，线上信息干货满满，是《中原藏珍》和《讲述》文物纪录片的首发平台。截至目前，两平台粉丝9.3万人，获赞6.3万条。抖音短视频制作百余条，成为"90"后、"00"后等年轻群体的聚集地，除了发布《中原藏珍》正片外，还发布了拍摄花絮和预告片。

截至2020年12月4日，《中原藏珍》浏览版共拍摄文物105件，已推送100集；《中原藏珍》讲述版共拍摄26期，推送25集。现在，系列纪录片《中原藏珍》每月推出四集短视频（每周一期）、两集讲述版长视频（每半月一期），分别在"学习强国"平台、"学习强国·河南学习"平台、"腾讯·大豫网"等社会重要媒体平台，以及河南博物院网站、官方头条号、官方抖音号、官方微博、微信公众号上持续播出，成为社会看点和亮点。

三、《中原藏珍》引发的启示与思考

《中原藏珍》的热播，是昙花一现还是开辟了河南历史文化传播的新天地？作为一种现象级产品，《中原藏珍》也带给人们许多启示和思考。

（一）激发动力，形成长效机制

每集两三分钟的《中原藏珍》，看似很简单，但背后其实需要耗费大量的人力、物力。从前期选文物，要对接库房，确定拍摄时间，到中期拍摄，什么文物要用什么道具、什么形式来拍，以及后期剪辑、配音，是否需要配插图、漫画等都需要考虑。全程下来，需要动用大量的人力、物力。

当前，除了《中原藏珍》的拍摄，河南博物院还有很多业务需要开展，要以《中原藏珍》为契机，激发更多员工的内生动力，形成创新、创意产品生产的长效机制。比如，拍摄要常态化，要制定年度计划，根据不同时间节点，策划、拍摄、推出相应的视听产品；播出系统化，要精准定位各传播平台，将视听产品根据内容、形式、风格分发在不同平台，同时固定时间段播出，让读者形成"追剧"习惯；推广专业化，不能仅仅囿于自有平台传播，要形成专业的宣传样本，一个新的产品推出，线上线下如何推广都要形成特有的专业模式；对象精准化，针对不同年龄、不同职业、不同爱好甚至是不同性别的观众，分类推送。

（二）线上线下，保障公共文化服务

2020年年初，新冠肺炎疫情爆发，对博物馆的正常工作造成了严重的影响。博物馆应以"科学真实、积极导向"为原则，提供的文化服务信息应积极向上，化解民众的恐慌情绪，帮助民众构建积极应对的心态。河南博物院克服闭馆困难，保证传统传播渠道的畅通外，开拓新的传播内容，通过互联网和融媒体平台推送百集《中原藏珍》系列短视频，为公众提供公共文化服务，让观众有效保持与河南博物院的密切联系。疫情促使各个博物馆尝试新的服务方式，也使河南博物院的《中原藏珍》在疫情期间发挥了应有的社会作用。

疫情虽然在一定时间内阻断了公众迈进博物馆的脚步，但是并没有切断博物馆公共文化服务的途径。2019年10月31日，电信、移动和联通共同宣布启用5G商用服务，在"互联网＋"、大数据等国家战略的推动下，移动互联网应用已经开始实施于公共文化服务领域，各类移动智能应用平台功能日益完善，移动新媒体已成为民众获取信息的主要途径。博物馆可以运用人工智能技术，可以对观众使用移动平台中的数据进行分析，获取观众查询的重点文物、浏览视频的数量等信息，还可与观众建立引导、互动，缩短观众的学习时间，降低观众对于文物的陌生感，在特殊时期，建立更好的公众服务桥梁。

（三）与时俱进，共谋数字化发展

博物馆是征集、典藏、陈列和研究自然和人类文化遗产实物的场所，对馆藏物品分类管理，为公众提供知识、教育和欣赏的文化教育机构、建筑物、地点或者社会公共机构。从电气时代到当下的信息时代，推动文化资源开放和知识共享，始终是博物馆的价值追求。为切断病毒传播途径，避免人员聚集引发感染，疫情防控期间，中国和世界各地的博物馆都在一定时间内相继闭馆。特殊时期，让人惊讶的是庞大的线上流量，直观反映了社会公众对于博物馆在线文化服务的强烈渴求。据文化和旅游部统计，仅在2020年春节期间，中国各地博物馆就推出了2000余项网上展览，总浏览量超过50亿人次。面对这些数字统计，博物馆非常需要一套完善的线上资源展示和数字化展览服务。

互联网时代下，高清藏品影像、展览全景视频、教育课程视频数据等数字文化资源，通过各

种网络平台，面向社会无偿提供，有利于提升博物馆的文化传播和教育功能，是博物馆基本价值的体现。20世纪中后期，伴随着计算机、互联网等数字技术的兴起，世界各国的博物馆开始重视数字化建设，包括数字故宫、数字敦煌等专业网站相继开放，面向公众开放线上资源和数字化展览已经形成了一种趋势。

2020年，国际博物馆协会将国际博物馆日主题确定为"致力于平等的博物馆：多元和包容"，强调为不同身世和背景的人们创造有意义的体验。在新冠肺炎疫情特殊背景下，河南博物院《中原藏珍》系列短视频被各大网络平台关注，线上呈现精美文物，确实给足不能出户的人们提供了愉悦的审美体验，在一定程度上舒缓了人们由于疫情引起的焦虑情绪，河南博物院做到线上数字资源最大化利用，博物馆的公共文化服务职能被体现。所以，《中原藏珍》就是河南博物院对数字文化资源的开放，是让不同地域、不同民族、不同年龄、不同社会阶层人群共享博物馆的魅力，是对"致力于平等的博物馆"这一主题的直接诠释。

展厅是有限的，网络是无限的。进入21世纪以来，大数据、云计算、移动互联网、物联网等新一代网络技术快速发展，特别是高清影像采集和在线影像传输功能的不断拓展进步，给博物馆数字化展览建设带来了无限的可能。线上资源展示和数字化展览是未来的发展方向，延续《中原藏珍》系列短视频的特点和优势，积极推动藏品资源数据的采集与加工，积累河南博物院丰富的文化资源数据。在网络空间内，以网性结构为基本设计语言，内容准确生动、形式严肃活泼，再贯穿历史年代标尺，在科学手段的定位下运用多媒体技术，通过点，引出线，带出面，多角度、多手段传播，实现学术性、知识性、艺术性、趣味性和互动性的有机结合，以达到未来博物馆的各种传播需求，为我院成为世界级著名博物馆助力。

（四）形成品牌，打造"国际河博"形象

自2019年1月至2020年12月，《中原藏珍》每周一集，连续推出100集，这在全国博物馆界尚属首次，让观众形成了"追剧"的习惯。（图11，图12）

河南博物院主展馆历经5年的抗震加固、改造提升和3个月的试开放，于2020年12月26日全面开放。这是一次华丽的蜕变。"泱泱华夏　择中建都"大型主题基本陈列隆重登场，"明清河南""中原楚国青铜艺术"及"院藏明清珍宝展"专题展览各具特色。在这些展厅中又能看到《中原藏珍》的身影，不仅更清晰、更详细地介绍展出文物，并且与多媒体互动结合，不仅能点着看，还能画、能拼。《中原藏珍》俨然已成为河南博物院的明星品牌。

专业的影像人才、高昂的设备器材、不菲的后期制作……这对于河南各地市博物馆来说，《中原藏珍》这种视频化的文化呈现形式，在实现上存在不小的难度。2019年至2020年，在平顶山博物馆、安阳博物馆、开封市博物馆、叶县县衙博物馆等博物馆的邀请下，河南博物院拍摄团队到当地拍摄了珍藏文物。（图13）这种协同联动的形式，既节省了各地市大量的人力物力投入，又丰富了各地的展览、展示内容，更进一步加深了河南的历史文化底蕴。同时，证实了《中原藏珍》

图 11 《中原藏珍》海报 1

图 12 《中原藏珍》海报 2

图 13 平顶山博物馆拍摄现场

的品牌效应已经辐射全省博物馆。

《中原藏珍》将继续坚持服务公众文化的职责，与博物馆未来发展方向步伐一致，深入积累文化资源，助力于博物馆事业的健康发展，积极传播与弘扬中华优秀传统文化。

馆藏图书资源建设与开发案例研究
——以中国现代文学馆作家文库为例*

姚 明

中国现代文学馆

> **摘要**：作家藏书具备藏品、文物、史料、学术、文学创作以及美学等多方面意义与价值，中国现代文学馆是国内保存作家藏书最多的机构，通过设立以作家名字命名的文库来对相关藏书进行保存、管理与开发，在业务工作中形成了独特的资源分类建设方式，蕴含了档案、图书、藏品管理的思想内涵，形成了以数字化、展览陈列、目录出版为主的资源开发路径。
>
> **关键词**：藏书；图书档案；博物馆；资源建设与开发；中国现代文学馆；作家文库

1985年，在文学巨匠巴金先生的倡议、推动下，中国现代文学馆在北京建成，开启了文学馆事业发展的序幕。[1] 文学馆建立之初，就开始与海内外的中国现当代作家和家属，以及文学评论家、研究者建立广泛的联系，征集和接收中国现当代作家的各种文物文献资料和与中国现当代文学有关的各种史料。经过30多年的征集与作家家属的主动捐赠，目前已经拥有各类藏品70余万件，其中书籍50万册、杂志2100多种、手稿3万件、文物4000余件，对作家整批捐赠的文学资料，建立了以其姓名命名的文库，目前已建立的有巴金文库、冰心文库、唐弢文库等作家的文库80多个。[2]

作家文库成为中国现代文学馆馆藏的重要组成部分，数量最多，其中公开出版的图书比重最大，对其分类分级管理成为业务工作的特色，兼具文学研究中心、图书馆、档案馆、博物馆特征，构成了一种特殊的文化现象。

一、多元化视角的资源建设方式

（一）作者—作家视角

1. 官方认可

文库的建设以作家名字命名，收藏作家藏书。

---

*本文系国家社会科学基金一般项目"新文学作品版本发掘、整理与研究"（17BZW185）的研究成果之一；中国作家协会2019年重点作品扶持项目"中国现代文学馆馆藏研究丛书"的研究成果之一。

对于作家文库的设立与未来更多作家文库的设立所涉及的征集工作的主要方向、重点难点，受到官方认可的主流文化的影响。

首先是荣誉认可。入选标准是对我国文学事业的影响巨大，长期以来受到党和政府的高度重视，在国家政治生活的进程中，产生了一大批受到推崇与认可的作家，受到党和国家领导人的褒扬，受到人民的赞美与热爱，并受到国家级的荣誉表彰，如"人民艺术家"老舍先生、"人民艺术家"王蒙先生，如习近平总书记在文艺座谈会上高度赞扬的"鲁郭茅巴老曹"，如在纪念改革开放40周年大会上受到表彰被授予"改革先锋"称号的蒋子龙、路遥。其次，在中国特色的文学艺术实践中，存在中国文联、中国作家协会这样的联系团体，作为党和政府联系广大作家、文学工作者的桥梁和纽带，是繁荣文学事业、加强社会主义精神文明建设的重要社会力量。中国作家协会作为党领导的中国各民族作家自愿结合的专业性人民团体，以中国作家协会全国代表大会为最高议事机构，设立主席团、全委会委员、代表委员、会员等，作为现代作家文艺成就软性的综合评价，中国当代优秀作家均囊括其中。官方认可具有权威性，是中国现代文学馆文库设立的重要参考。

2. 学界认可

纵观中国现代文学史，部分作家、评论家、翻译家、藏书家，在文学艺术界的贡献卓著，但是由于其所研究和涉及的领域相对"小众"，没有为广大民众所熟知，所以在有关作家藏书征集与文库设置规则章程中，综合审视并加入了中国现当代文学史关于相关作家的论述与评价，从文学史的视角进行了有益的补充。

（二）作者—作品视角

习近平总书记说："衡量一个时代的文艺成就最终要看作品。"重点作品收藏与保存，与之相关的副本、手稿、作家口述与影像记录都会被关注。除了对《女神》《子夜》《边城》《雷雨》《家》《骆驼祥子》《围城》等位居"第一梯队"的新文学经典作品的关注外，也对当代文学的作品收藏十分关注。对于获奖作品、在传播中口碑良好的作品与作家，在藏书保存、征集、展览、研究中，获奖作家与作品会受到关注与重视。

1. 获奖的作品

目前，在中国文化走出去的背景下，一批优秀的作品被翻译成外文广泛传播。部分作家获得国际大奖，如莫言获得诺贝尔文学奖、刘慈欣获得雨果奖、曹文轩获得安徒生奖，铁凝、刘震云、余华获得法国文学艺术骑士勋章等。

在我国，好的文学作品为人民群众所热爱和追捧，文学奖项也受到广大群众的关注。具有广泛影响力的为人民大众所普遍认可的政府颁发的文学奖主要有：面向长篇小说的茅盾文学奖，面向中短篇小说、诗歌、译作等的鲁迅文学奖，面向少数民族作家评选的全国少数民族骏马奖，面向儿童文学作品的全国优秀儿童文学奖，面向宣传思想工作的中宣部"五个一工程奖"。优秀的作品往往受到广泛认可，兼具多个奖项的表彰。作家的文学地位由作品奠定，受作品影响。

2. 传播与口碑

好的作品反映现实，受到大众追捧，常常突破原有的艺术形式被改编为电视电影作品，并在上映之后受到良好的评价，产生良好社会效益，成为人们街谈巷议的话题，满足人民群众文化需求，如电视剧《装台》改编自陈彦的《装台》，《手机》改编自刘震云同名小说，《人民的名义》《人民的正义》改编自周梅森的小说等。电影如《背靠背脸对脸》改编自刘醒龙的《秋风醉了》，《幸福使馆》改编自莫言的《师傅越来越幽默》，《天下无贼》改编自赵本夫作品，《让子弹飞》源于马识途的作品，《我不是潘金莲》《一句顶一万句》改编自刘震云的同名小说，《流浪地球》改编自刘慈欣的作品，《敖包相会》是玛拉沁夫在《科尔沁草原的人们》改编电影过程中进行的填词等。

（三）作品—纸本视角

1. 纸本形态特征

特殊"形态"的图书。馆藏文献中有大量的"毛边本"图书，毛边书是书籍印刷装订后不经最后一道裁切工序，书页呈参差不齐的折叠原状，读时需要将书一页一页裁开的一种版本形式，其书口看起来毛茸茸的，称为"毛边书"，又称未切本、毛装本或毛边本。[3]毛边本图书种类繁多，形式多样，是存在于特定历史时期、研究特定时期出版行业的印刷用纸、装订风格的史料基础。

传承有序的"珍贵"图书。文库的藏书征集往往通过作家个人或其家属来进行，作家去世后其家属会主动联系文学馆进行捐赠，由文学馆来进行专业的保存保护。然而由于历史原因，一些影响极大的作家藏书未能直接征集，而是通过传承获取。如唐弢藏书，在鲁迅众多弟子与追随者中，唐弢是追随先生脚步而有所成就的佼佼者，承续先生思想与艺术一脉而卓立于文坛，成为中国现代文学史上颇有成就和影响的大家。唐弢的鲁迅藏书全面系统，既有传承的鲁迅藏书，也有其自身作为大藏书家所收集的藏书，为此单独辟出区域建立"唐弢文库"，进行计划单列管理。

其他的还有将出版时间较早的图书，尤其是1949年之前出版的图书进行标注，给予相应的保护措施，如无酸纸盒、定期查看记录等，甚至包括部分图书自然损坏后的人工修复等。

将孤本、珍本、善本图书从原有书库中抽取出来，进行特藏式集中管理，如1921年初版本的郭沫若《女神》、1903年出版的译作《俄国情史》、1924年出版的鲁迅著《中国小说史》线装铅印本等。

2. 纸本痕迹特征

作家留下"笔记"的图书，如签名签章与题注、批注与笔记。如巴金藏书中《沫若文集（一）》的扉页有毛笔笔记"巴金先生：集子，我是不大喜欢送人的。谨如嘱奉赠，您有暇时指正。郭沫若。一九五七年九月十八日。北京"。[4] 如《北平笺谱》上的鲁迅签名笔记等[5]，这是近现代文坛中的签名本作为文学档案的独特存在，其笔记形态与内容都是重要的文化记录，图书也被赋予新的价值内涵，是进行学术研究的第一手资料，有助于对作者及其作品进行研究考证，具有很高的研究价值。

二、资源建设特征

（一）基于档案"来源原则"的"全宗式"文库设立

来源原则是档案学的核心理论和基本原则，来源原则作为整理原则，是档案特有的分类单元；作为组织原则，保证了档案专业的独立性；作为研究原则，维护了档案的证据价值，而使研究者得以探究事物的历史发展过程，呈现事件的全貌。[6] 全宗是指"同一活动过程中形成的有密切联系的档案文件整体"，与来源原则一样属于分类原则，全宗则体现为保存过程中的内部排列。作家文库藏书征集以作家为来源单独设立，将文库视为"全宗"进行整理与管理。

（二）基于"图书分类"的中图分类法架位排列

作家文库藏书来源于作家，由于作家身份的多元化与阅读的综合性，其藏书以文学类为主但并不局限文学类，政治学习类的马列经典、工具书如字典词典、文化类历史类图书等都是其重要组成部分。在对文库中的图书进行分类架位排列的过程中，并没有选用传统图书馆的《中图分类法》进行分类，文库中大量图书被赋予"I"类的分类号，并给予相应的架位号，实现了文库内部图书的有序化，便于查找与管理。

（三）基于"文物典藏"的"藏品式"保藏环境与借阅规则

"文物典藏"的"藏品式"保藏环境与借阅制度是作家文库的又一特点，体现了对于作家藏书的综合性审视视角，即是图书馆视角下的"图书"，也是档案学视角下"历史档案"，还是博物馆视角下的"藏品"。[7]

对于作家文库的保存环境、借阅规则等，依据博物馆领域的相关法律法规如《文物保护法》《博物馆条例》等，制定了相应的管理规定，执行比一般图书馆要求更高的、更加适宜藏书保存温度、湿度的书库库房标准。对于藏书的管理，执行博物馆藏品的"多人多锁"制度，对于有关展览、研究涉及藏书的借出与阅览，要求较高，规定细致，且需要层层审核，层层审批。通过制作复制品、图书数字化等方式尽量减少重要藏书的使用，以避免损坏，这既体现了图书馆中图书可流通的原则，也体现了博物馆对于藏品的严格保护。

三、资源开发与利用路径

（一）面向图书借阅与档案查询的数字化

文学馆以国家文物局全国第一次可移动文物普查工作为契机，进一步完善了作家文库的图书编目信息，实现图书的信息化、数字化，参与文化机构数字化标准制定及应用推广，实现资源的融合，扩展服务的广度、深度、厚度，实现图书查阅与档案查询的信息化与数字化展示。

（二）面向展览与陈列的图书展示

作家藏书具有极其珍贵的文化价值、审美价值，可以唤醒人们记忆深处的文学情怀[8]，藏书的展陈是资源开发的重要途径，以展览为表现形式。在《中国现当代文学展》中，分为"20世纪文学革命的前奏""五四文学革命""左翼和进步文学的崛起""战火洗礼中的文学""社会主义新中国文学""新时期文学的繁荣发展""迈入21世纪的文学"七大主题展区，全面、生动、立体地展示了百年中国文学波澜壮阔的发展历史，特别是毛泽东同志《在延安文艺座谈会上的讲话》发表70年以来，中国文学的光辉历程再现了中国现当代重要作家、文学流派的创作实绩和其背后感人至深的故事，以实证的方式呈现和还原了中国现当代文学"百花齐放"的辉煌成就。展览规模大，创意新，史料丰富珍贵，700多位作家、300多本初版本图书、4000多张图片以及北大红楼、鲁迅的老虎尾巴书房、郭沫若和茅盾书房、左联成立会议室等场景的还原复制都令人印象深刻、流连忘返。[9]还有特色的"作家文库展""台港澳及海外华人作家捐赠展"等，与常设展览相对应还举办了很多临时展览，如柏杨捐赠陈列展、砥砺奋进——党的十八以来文学成就展等，大量的作家文库藏书及藏书复制品得以展陈并与观众见面。

（三）面向文学研究的目录编辑与出版

作家文库藏书中的签名签章与题注、批注与笔记，以及藏书本身所代表的重要文化意义，对于还原当时的历史情境具有非常重大的意义，受到广大研究者的关注。对于相关藏书的目录编纂与文本呈现是资源开发的途径之一。一方面是日常工作中的书目编纂，另一方面也受到了国家社科基金重大项目"中国现代文学馆馆藏珍品的发掘、整理、研究与出版"、中国作家协会重点作品扶持项目——"中国现代文学馆馆藏研究丛书"等课题的资助，出版了系列书目，如馆藏珍品大系：书目卷第一辑——《巴金文库书目》，馆藏珍品大系：书目卷第二辑——《唐弢藏书·图书总录》等，为现当代文学的研究提供了重要信息来源。

四、结语

藏书与阅读关系紧密，文学阅读是思想和艺术的汇集，中国文学正是传统文学、外来文学、中国现代文学由不同时代作家的"阅读—创作"不断汇集而成的。[10]在这个过程中，中国文学形成了自身的传统，作家也赢得了在思想和艺术方面的自信。文学历史发展的基点和枢纽是作家的创作，一个作家创作的价值只有在文学生产的流程里才能得到最终实现，这种内部循环由"阅读—创作—阅读"构成，不仅决定着作家创作在艺术方面的可能性和文学自身传统的建立，而且还左右着文学历史展开的方向。作家个人阅读史成为认识新中国文学发展的一个重要维度，作家文库是一座可持续开发的"宝藏"，其所蕴含的"文化密码"与"文化基因"值得去解密与探寻，藏书涉及多学科、多视角、多维度，对其研究是一项意义深远的工作。

---

[1] 巴金. 创作回忆录之十一——关于《寒夜》[M]. 北京：人民文学出版社，1982.

[2] 姚明. 多功能综合性文化服务机构个案研究：藏品来源、职能定位、发展路径[J]. 图书馆研究与工作，2020（10）.

[3] 阿滢. 百年风流毛边书[J]. 出版广角，2009（2）.

[4] 徐莹. 签名本：文学档案的另一个视角[J]. 中国档案，2018（6）.

[5] 向敏. 鲁迅、郑振铎辑印《北平笺谱》史实初探[J]. 中国编辑，2017（5）.

[6] 黄世喆. 档案整理：从事由原则到来源原则的演进[J]. 档案学通讯，2009（2）.

[7] 姚明."馆员"职称发展路径研究[J]. 山东图书馆学刊，2021（1）.

[8] 王雪. 作家手稿档案征集研究——基于中国现代文学馆的考察[J]. 档案学研究，2019（5）.

[9] 舒晋瑜. 中国现代文学馆：守护文学的梦想[N]. 中华读书报，2013-05-22.

[10] 郭洪雷. 认识新中国文学发展的一个重要维度——从作家个人阅读史出发的考察[J]. 天津社会科学，2019（4）.

黄河流域博物馆体系建设的若干思考

薛 华
黄河博物馆

摘要：黄河流域九省区已经形成了较为完整的博物馆体系，这种体系以行政建制为主轴，以历史文化为主线，形成了独具特色的中国博物馆体系。反映黄河主题的博物馆，数量较少，层次不高。以黄河为主题，主要是黄河水利与黄河治理的博物馆较少，至少没有成为在海内外较有影响的博物馆或龙头博物馆。要加快建设黄河国家博物馆，黄河国家博物馆要成为全方位展示黄河与黄河文化的龙头性博物馆；要打造最具特色的黄河博物馆集群。

关键词：黄河流域；博物馆体系

黄河流域九省区已经形成了较为完整的博物馆体系，这种体系以行政建制为主轴，以历史文化为主线，形成了独具特色的中国博物馆体系。但是由于对黄河的定位缺少高度，黄河博物馆体系建设仍然层次不高。2019年9月18日，习近平总书记到郑州主持召开了黄河流域生态保护和高质量发展座谈会，提出将黄河流域生态保护和高质量发展上升为国家重大战略，并较为详细地论述了黄河文化保护、传承、弘扬的重大意义。这为黄河博物馆体系建设指明了方向，提升了高度，也为黄河流域博物馆体系的发展指明了方向。

一、黄河流域博物馆体系骨干网络已初步形成

新中国成立以来，黄河流域的博物馆建设取得了长足的发展。国家文物局公布的2018年各省博物馆数量显示，前四名为山东、浙江、河南、陕西，其中山东博物馆的数量达到541家。陕西历史博物馆藏品数量，位居故宫博物院之后，中国国家博物馆之前，在全国占第2位，反映了黄河流域博物馆的总体情况具有一定的优势。黄河流域博物馆具体特点表现为：综合性博物馆的骨

干网络作用已经形成,专题性博物馆已初具规模,特色博物馆需要特别加强。

(一) 综合性博物馆骨干网络已经形成

第一,省级博物馆(院)的骨干作用已经形成。青海省博物馆、甘肃省博物馆、宁夏回族自治区博物馆、陕西历史博物馆、山东博物馆、河南博物院、山西博物院、内蒙古博物院、四川博物院。这些省馆(院)历史非常悠久,文物非常丰富,在全国省级博物馆中,有的占有较为重要的地位。如陕西历史博物馆,依托周秦汉唐都城的重大考古优势,其藏品、陈列、馆舍均具有重要地位。河南博物院,也有近百年的建院历史,依托中原的历史文化优势,在史前文化、夏商文化等方面的藏品具有优势。省级博物馆的建设目前最少是第二代馆舍,有的甚至已进入第三代馆舍的建设。

第二,市级博物馆基本实现全覆盖。市级博物馆具有承上启下的重要作用,目前各省的发展不太平衡,河南等省的市级博物馆基本达到全覆盖,有的为近年来的新建馆舍,如郑州博物馆的建设已进入第三代,洛阳博物馆、开封市博物馆等均为新馆,其藏品资源极其丰富,也极具特色。青海有玉树州博物馆、黄南州博物馆等;四川有阿坝州博物馆等;甘肃有天水博物馆、临夏回族自治州博物馆等;宁夏有固原博物馆、石嘴山市博物馆等;内蒙古有鄂尔多斯博物馆等;陕西有西安博物院、咸阳博物馆等;山西有大同市博物馆、临汾博物馆等;河南有三门峡市博物馆、焦作市博物馆、新乡市博物馆等;山东有济宁市博物馆、菏泽市博物馆等。

第三,重点县已有专门的博物馆。县级博物馆没有普及,而且大部分不设博物馆,或有名无实,但个别重点县也有反映地方特色的博物馆。如青海海晏县有西海郡博物馆,该馆有虎符石匮等镇馆之宝。甘肃有庆城县博物馆、武山县博物馆、靖原县博物馆、皋兰县博物馆等。有的县级馆成为较有特色的专题馆,如瓜州县丝绸之路博物馆、陇西县耕读博物馆等。陕西有绥德县博物馆、米脂县博物馆等,也有勉县武侯祠博物馆、蓝田县蔡文姬纪念馆等。山西有文水县博物馆、平遥县博物馆、襄汾县博物馆等,也有上党戏曲博物馆、祁县晋商庙会博物馆、左权县文史博物馆等。河南有巩义市博物馆、新郑市博物馆、新安县博物馆等,也有兰考县焦裕禄纪念馆、偃师商城博物馆、嵩县古陶文化博物馆等。山东有新泰市博物馆、章丘市博物馆、沂水县博物馆、长青县博物馆等,也有济南市历城区辛弃疾纪念馆、即墨老酒博物馆等。

(二) 专题性博物馆已初具规模

专题性博物馆反映某一专题或门类的藏品收藏与展示,千姿百态,各具特色,代表了博物馆的总体发展方向。青海有青海柳湾彩陶博物馆、青海省民俗博物馆、果洛州格萨尔博物馆、玉树市文成公主纪念馆。甘肃有嘉峪关长城博物馆、红军西征胜利纪念馆、甘肃省钱币博物馆等。宁夏有回族博物馆、西北农耕博物馆、贺兰山自然博物馆、宁夏民俗博物馆、盐池博物馆等。内蒙古有内蒙古自然历史博物馆、内蒙古河套文化博物院等。陕西有秦始皇帝陵博物院、西安半坡博物馆、西安碑林博物馆、宝鸡青铜器博物院等。山西有太原艺术博物馆、吕梁北武当古兵器博物馆、太原北齐壁画博物馆、中国煤炭博物馆(太原)、山西"老西儿"民俗博物馆等。河南有郑州二七纪念馆、郑州大河村遗址博物馆、开封市报纸博物馆、开封市包公司法文化博物馆、洛阳民俗博物馆、洛阳古代艺术博物馆等。山东有山东华夏书信文化博物馆、山东书信文化博物馆、济南市石敢当摩崖艺术博物馆、淄博煤矿博物馆等。专题博物馆中有大量的私人博物馆、行业博物馆，这也是该类博物馆大量衍生的活力所在。

二、黄河博物馆集群有待加强

(一) 黄河流域博物馆体系建设中存在的问题

黄河流域博物馆体系建设取得了重大成绩，也存在着一些问题。一方面，表现在黄河流域博物馆体系建设已初具规模。形成了以历史文化、考古展示、经济社会、民族宗教、革命遗存为主的具有地域特色的博物馆体系。尤其是地方综合博物馆的建设，成为博物馆体系的主要支撑。陕西历史博物馆、河南博物院、山西博物院等，甚至可以和中国国家博物馆、故宫博物院相媲美。另一方面，从黄河的角度看，反映黄河主题的博物馆，数量较少，层次不高。以黄河为主题，主要是黄河水利与黄河治理的博物馆，还不多见，至少没有成为在海内外较有影响的博物馆或龙头博物馆。同时，反映黄河文明的重大考古发现不少，但真正建成博物馆者数量有限。

在黄河治理与黄河水利方面，早在20世纪50年代，水利部黄河水利委员会已建设了黄河博物馆，并已完成第二代甚至第三代馆舍建设，但投资较少，馆舍较小、藏品有限，极大制约了黄河博物馆的发展。类似的黄河类博物馆，还有山东东营的黄河文化博物馆、内蒙古的河套文化博物院、宁夏黄河楼博物馆、河南郑州黄河地质博物馆等，总的来说与黄河重大治理、重要事件、主要成就、重要人物等关联的黄河类博物馆数量较少，没有形成黄河流域博物馆体系中的黄河博物馆集群。在黄河文明与黄河文化的展示上，虽然已经建设了举世闻名的陕西秦始皇帝陵博物院、西安半坡博物馆，河南中国文字博物馆、二里头夏都遗址博物馆等，宁夏世界岩画馆、水洞沟遗址博物馆，青海喇家遗址博物馆、柳湾彩陶博物馆等，但是西安的周秦汉唐帝都考古发现，洛阳的五大都城遗址，尤其是河南巩义双槐树、河南登封王城岗、河南郑州西山遗址、河南舞阳贾湖、山西襄汾陶寺、甘肃秦安大地湾、陕西神木石峁，以及河南内黄三杨庄汉代村落遗址等重大考古发现，个别仅有现场保护房，均没有建设反映黄河文化影响力的大型博物馆。以上这些应该是黄河流域博物馆体系建设的关键问题，亟待完善。

(二) 黄河流域博物馆建设的主要目标

第一，黄河流域博物馆建设要有龙头。河南博物院、陕西历史博物馆作为国家重点骨干博物馆，其影响力是不容置疑的。但是这些博物馆，只是以历史考古为主线的省级综合类博物馆的代表。从黄河的角度来看，它们在某些方面可以说是黄河文化的代表，但是不能全面代表黄河文化，更不能代表黄河。水利部黄河水利委员会下属的黄河博物馆，应该成为以黄河为主题博物馆的龙头代表。但就目前来看，该馆在整体的建筑规模、藏品质量和数量方面，以及对黄河和黄河文化的研究方面，都还与这种龙头地位有一定的差距。因此立足于黄河博物馆，建设国家级的黄河国家博物馆,已势在必行。

第二,黄河流域博物馆建设要体现特色。这个特色就是要立足黄河,从不同角度反映黄河治理的历史,反映黄河与中华民族的关系,反映黄河对中华民族形成的影响。黄河、黄土、黄种人这三者的关系,深刻揭示了黄河与中华民族的关系。但从博物馆的角度,这一类的专题馆以及综合馆,从展陈的角度都没有达到这样的高度。以黄河流域重大考古发现为依托的考古遗址博物馆的建设,目前仍有较大的发展空间。

第三,黄河博物馆集群发展要成为趋势。黄河流域博物馆的体系已初步形成,但是这一体系中最具区域特色的黄河博物馆集群的发展应成为发展的方向。体系重在完整性,集群最具特色性。黄河博物馆集群更多地表现为大与小的结合,骨干与分支体系的结合,重大问题与专门问题展示的结合。尤其要在建设国有骨干博物馆的同时,加大推进私人专题博物馆的建设力度。要在郑州、西安、济南、洛阳、开封等重要城市,推进博物馆之都的建设。

第四,要充分发挥黄河流域博物馆联盟的作用。黄河流域博物馆联盟的成立,是域内文博界响应习近平总书记关于黄河流域生态保护和高质量发展国家重大战略的具体举措。要充分利用这一平台,积极推动域内博物馆联盟成员之间加强合作,优势互补。尤其是要充分发挥联盟发起单位大型骨干博物馆的作用,吸纳更多的博物馆加入到联盟中来。要完善联盟的运作机制,发挥博物馆在黄河文化保护、传承、弘扬方面的独特优势,使联盟真正成为推动黄河流域博物馆大发展、大提升的重要力量。

三、黄河流域博物馆体系建设要发挥大型骨干博物馆的作用

(一)加快建设黄河国家博物馆已成社会共识

黄河博物馆,为水利部黄河水利委员会直属的自然科技类博物馆,也是全方位反映黄河的权威性博物馆。1955年正式成立之初称"治黄陈列馆",1972年更名为"黄河展览馆",1986年正式称名为"黄河博物馆"。2005年由紫荆山老馆正式迁移至迎宾大道新馆,占地40亩,陈列面积1200平方米。2019年9月,习近平总书记专门到黄河博物馆视察,也将黄河博物馆新馆的建设再度提到了议事日程。

第一,早在2017年,水利部黄河水利委员会一直与郑州市委市政府进行沟通,希望在花园口黄河岸边建设楼阁式的黄河博物馆新馆。水利部黄河水利委员会专门成立了黄河文化研究与交流中心,每年都召开黄河文化方面的专家研讨会,推动黄河博物馆新馆建设在专家层面取得共识。

第二,2019年9月,习近平总书记专门到黄河博物馆视察。黄河博物馆引起了社会极大关注。水利部、文化和旅游部、国家发改委正式将黄河国家博物馆的建设纳入到相关的规划中。河南省委省政府将黄河国家博物馆的规划建设,作为落实黄河流域生态保护和高质量发展战略的重点任务进行规划部署。郑州市委市政府会同黄河水利委员会,成立专班运作,加快推动黄河国家博物馆建设,力争尽早将规划变成现实、方案变成行动。建设浓缩黄河文明精华、揭示黄河自然变迁、

展示人民治黄巨大成就、提升民族文化自信的具有国家影响力的黄河国家博物馆，已成全社会共识。

（二）黄河国家博物馆要成为全方位展示黄河与黄河文化的龙头性博物馆

第一，要提升对黄河国家博物馆建设意义的认识。习近平总书记在讲话中特别强调，黄河是中华民族的母亲河。"黄河宁，天下平"，从某种意义上讲，中华民族治理黄河的历史也是一部治国史。九曲黄河，奔腾向前，以百折不挠的磅礴气势塑造了中华民族自强不息的民族品格，是中华民族坚定文化自信的重要根基。黄河文化是中华文明的重要组成部分，是中华民族的根和魂。保护、传承、弘扬黄河文化，对实现中华民族伟大复兴的中国梦，凝聚精神力量具有重要意义。因此，黄河国家博物馆必须具有较高的站位，较大的气势，较全的功能，必须代表国家水平，必须成为黄河流域博物馆体系中的龙头性博物馆，成为国内最具代表性的国家级博物馆。

第二，要在标志性地点建设以黄河国家博物馆为标志的大型黄河文化园区。以黄河中下游交汇处为标志性地点，形成馆舍与园区的结合，博物馆与论坛会址的结合，形成博物馆为主地标建筑的黄河文化景观，使黄河文化园区与黄河自然人文景观交相辉映，成为全国最有名的黄河文化代表性园区，成为全国以黄河文化为主题的文旅融合代表性园区。

第三，要将全方位反映黄河作为展陈内容。要集中展示自然黄河、治理黄河、文化黄河等方面的内容，利用现代化手段再现黄河场景，再现黄河景观。要通过国家文物主管部门，向沿黄各省征调与黄河相关的文物，充实黄河博物馆的馆藏。要将黄河博物馆建成黄河文化的展示中心，黄河文化的研究中心，黄河文化的宣教中心，黄河文化的体验中心，黄河文化的创意中心，成为黄河博物馆集群中的最具代表性的龙头博物馆。

（三）要打造最具特色的黄河博物馆集群

第一，要建设一批最具代表性的黄河博物馆集群。山东东营建设了黄河文化博物馆，内蒙古巴彦淖尔建设了黄河河套农耕文化博物馆，河南洛阳正在建设黄河非物质文化遗产展示体验馆，河南长垣也计划建设黄河文化博物馆。要加强黄河文化为主题的博物馆的建设，要扩大门类，提高品位，建设一批黄河文化的专题博物馆，各具特色的黄河文化体验园区。

第二，发动全社会支持黄河博物馆集群建设。动员和支持各个行业、各个地方，支持各具特色的黄河博物馆建设。鼓励民间资本、非公企业对博物馆建设的投入。形成以国有主干黄河类博物馆为主体，地方、行业、社会共同参与的具有中国特色的黄河博物馆体系，使黄河文化的保护、传承、弘扬真正落到实处，使黄河博物馆成为黄河文化保护、传承、弘扬的重要载体。

彩色3D打印技术应用于古陶瓷修复的初步研究

文化遗产与保护

戴维康[1]　卜卫民[1]　张珮琛[1]　宋　宁[2]

1 上海博物馆　2 华东理工大学

摘要：三维扫描与3D打印技术日趋成熟，从无色打印发展至全真彩色打印，应用于文物保护行业的案例逐渐增多。本文以彩色3D打印技术应用于修复明代青花瓷盘为例，进行了工艺流程和材料性能的测试，并与传统手工古陶瓷修复流程与材料进行比对。实验结果证实，3D打印工艺流程简化、容错率低，其材料的稳定性较好，耐变色性优于古陶瓷修复材料爱牢达2020环氧树脂，其模拟的纹饰和胎体一次生成，修复效果能满足博物馆陈列需求。

关键词：彩色3D打印；古陶瓷修复

　　当代古陶瓷修复技术的研究逐渐趋向于材料研究[1]与前沿科技与装备的介入[2]。随着我国日益重视文化遗产保护与文物保护工作，高新科技的介入逐渐成为发展趋势，3D扫描与打印技术因其较好的应用性，在文化遗产保护工作中得到了重视与应用。

　　近十年来，该技术的应用案例逐年增多。2012年陕西历史博物馆采用3D扫描与打印技术修复完成一件隋代白瓷高足杯[3]，这是我国较早的应用案例。随后几家博物馆和研究机构也投入了研究力量进行该技术的应用与拓展[4]。但是相关研究与应用没有技术性和理论性的突破，仍然沿用无色输入与输出的扫描与打印技术。与此同时，该技术面临设备昂贵、材料种类局限和打印尺寸与颜色不足等问题。[5]但随着关键技术的突破，3D打印输出的颜色表现力得到提升，早在2015年，德国Fraunhofer计算机研究人员已开始研究体素彩色3D打印，通过"traversal algorithm"实现体素打印高度还原颜色、色彩梯度和丰富的细节。[6] 2018年，麻省理工学院与哈佛大学研究小组研发的体素级3D打印方法，采用点云数据搭建了增材材质与虚拟图像数值的桥梁，实现超高精度打印，确保每个点云数据真实，使3D输出的材质还原度与真实度得到提升。[7]

但该技术的研发与应用成本高，掌握体素建模技术的工程师稀缺，3D打印制造商Stratasys声称采用体素技术打印尚未到普及的时候。

关于如何使用彩色打印技术改进文物修复流程的文献较少，但该技术的需求却不断涌现。本文的研究目的是验证现阶段彩色3D打印是否能满足博物馆陈列修复的要求。目前，实现彩色输出的技术方法是三维数字扫描，数据修改与数字贴图技术结合，模拟修复对象的尺寸、颜色与质感。本文以一件明代中期的青花大盘为实验样本，通过三维扫描采集数据并编辑，最终以3D打印输出进行修复拼接。同时，进行材料耐老化测试，并与古陶瓷修复常用材料进行比较。最终，以得到的数据和修复效果比较，验证该技术流程和材料在古陶瓷修复中应用的可行性。与此同时，探讨数字化修复方法是否影响了文化遗产保护的价值，与手工修复之间的冲突。

一、实验方法

（一）实验材料与设备

实验采用3D公司Stratasys的J750打印机，该设备可使用透明基材的热塑性材料VeroClear（RGD810）进行打印，可实现真实的全彩色3D打印，与以往的无色打印相比，质量提升显著。关于材料具体性能可见表1，数据资料源自Stratasys公司。文物保护修复使用一种热固性材料——爱牢达2020环氧树脂黏结剂，为古陶瓷常用修复材料。本次实验采用的仪器设备见表2。

（二）实验过程

测试3D打印材料VeroClear（RGD810）与爱牢达2020环氧树脂的性能差异。实验过程主要包括：制样；热老化；压缩性能测试；邵氏硬度测试和红外光谱测试。

表1 材料性能数据

	数据值
拉伸强度（MPa）	50—65
表面硬度（Shore D）	83—86
断裂伸长（%）	10—25
弯曲强度（MPa）	75—110
弯曲模量（MPa）	2200—3200
拉伸模量（MPa）	2000—3000
热变形温度（@0.4MPa）	45—50

表2 实验设备

	设备名称
3D扫描设备	照相式三维光学扫描仪OKIO-5M
高清照相机	佳能5Ds全幅数码相机5000万像素
3D打印设备	真实全彩色STRATASYS J750 3D打印机
红外光谱仪	傅立叶变换红外光谱仪 Nicolet 5700
压缩性测试仪	力学性能试验机 Exceed Model E44
邵氏硬度测试仪	数显邵氏硬度测试仪 TH210
实验材料老化箱	北尔盾高低温湿热试验箱

1. 制样

制作尺寸为1厘米×1厘米×2.5厘米的长方体样品。环氧树脂样品采用模具浇注抽真空制成。3D打印材料由电脑设定尺寸，选择透明材料，然后打印机输出。（图1）肉眼观察发现，爱牢达2020环氧树脂样品比3D打印材料VeroClear（RGB810）的颜色更白、透明度更高。

2. 热老化测试

使用干湿热老化箱进行老化实验，老化条件详见表3。

图 1　3D 打印材料 VeroClear 与爱牢达 2020 环氧树脂样品

表 3　处理条件及样品编号

处理条件	环氧固化物	3D 打印材料
未处理	1-1	2-1
热处理（80℃/100 小时）	1-2	2-2
湿热处理（湿度 85%，80℃/100 小时）	1-3	2-3

表 4　压缩性能

样品	样品编号	最大力（N）	压缩强度（MPa）	压缩模量（MPa）
环氧固化物	未处理 1-1	7.213	72.1	2088
	热处理 1-2	6.190	61.9	1857
	湿热处理 1-3	5.630	56.3	1811
3D 打印材料	未处理 2-1	8.199	82.0	2019
	热处理 2-2	8.694	87.0	2099
	湿热处理 2-3	5.880	58.8	1598

表 5　邵氏硬度

硬度测试	编号	邵氏硬度 -D（°）
环氧固化物	未处理 1-1	89.1
	热处理 1-2	91.8
	湿热处理 1-3	80.2
3D 打印材料	未处理 2-1	92.4
	热处理 2-2	92.2
	湿热处理 2-3	91.9

3. 压缩性能测试

对于环氧固化物而言，随着热处理和湿热处理，材料的压缩强度和压缩模量随之降低；热塑性材料热处理后压缩强度和模量少量提高，湿热处理后，压缩模量有明显的降低。具体数值可见表 4。

4. 邵氏硬度测试

从测试结果可以看出，对于环氧固化物，热处理后硬度稍有增加，而湿热处理后硬度降低明显，说明硬度对湿度敏感。对于热塑性材料，热处理对其硬度基本无影响，湿热处理影响也不大。具体数值可见表 5。

5. 红外光谱分析

环氧树脂固化后的红外光谱分析图见图 2、图 3、图 4，分别为未处理、热处理和湿热处理后的三张分析图谱。通过图谱分析可以看出，热处理和湿热处理对环氧固化物的红外图谱没有明显改变。

热塑性材料老化实验后的红外光谱分析图见图 5、图 6、图 7，分别为未处理、热处理和湿热处理后的三张分析图谱。

对于热塑性材料，热处理和湿热处理后，1112 处出现明显吸收峰，应该为 C－O 伸缩振动峰，推测为热塑性材料热处理和湿热处理中氧化生成碳－氧键，发生老化现象。

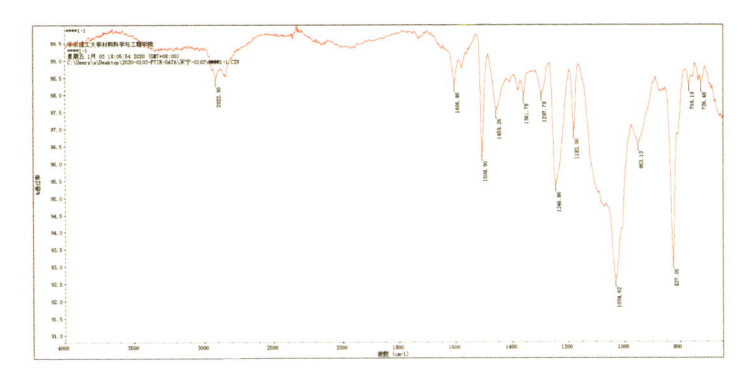

图2　环氧固化物未处理

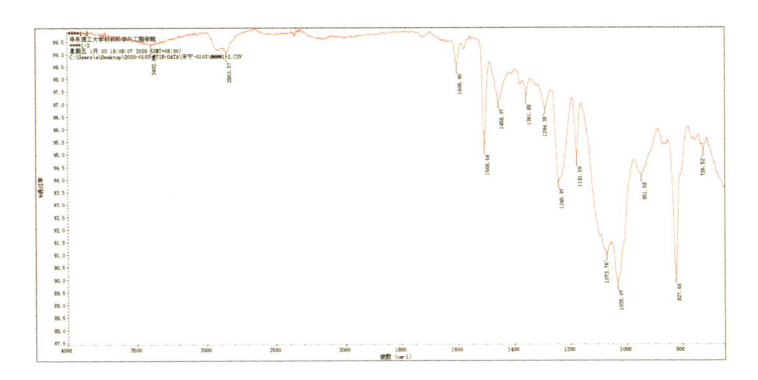

图3　环氧固化物热处理

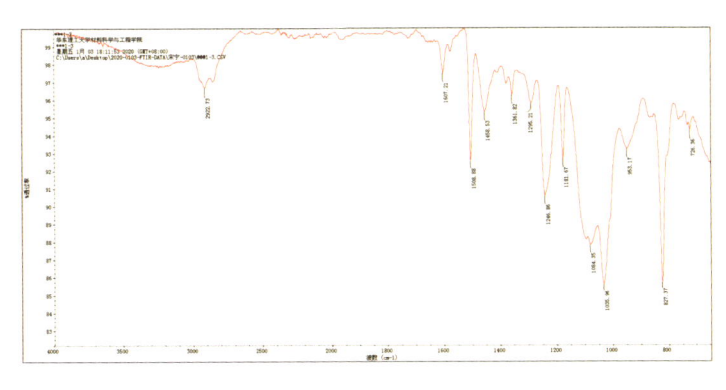

图4　环氧固化物湿热处理

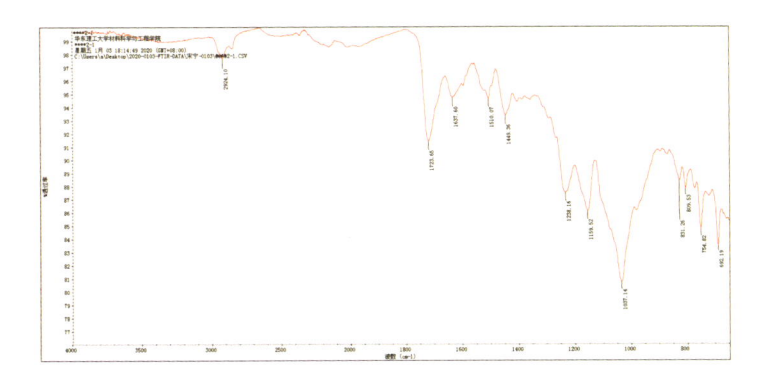

图5　热塑性固化物未处理

观察老化后的材料（图8）发现，古陶瓷修复材料爱牢达2020环氧树脂黏结剂在老化实验后明显变黄，而3D打印材料VeroClear的颜色变化较小。

（三）工艺流程

通过三维扫描设备和高清照相机分别采集三维数据和彩色二维数据，软件处理阶段采用Photoshop处理二维数据，包括图像尺寸和颜色；Rhino 3D软件处理三维建模数据，修改细节，微调尺寸；使用GrabCAD PrintTM处理STL输出文件，直接匹配PANTONE色彩，然后完成全彩色3D打印输出，最终喷涂保护层进行拼接完成修复。具体工艺流程可见表6。

二、分析与讨论

（一）工艺流程比较

传统古陶瓷修复技术的工艺流程以手工操作为主，主要步骤为清洗、粘接、翻模、补缺、打磨、上色和上光。资深修复师一般独自完成所有工序，工作效率稳定可控。3D打印技术的工艺集合了翻模、补缺、打磨和上色几个步骤，理论上减少了修复工序，缩短了工时。然而，实际应用中，使用三维扫描和打印需专业技术，扫描效率取决于器物颜色和形状，精准性受限于操作人员的经验，若操作不当更费时、费力，可能会产生打印后产品精度低，无法与原器物吻合

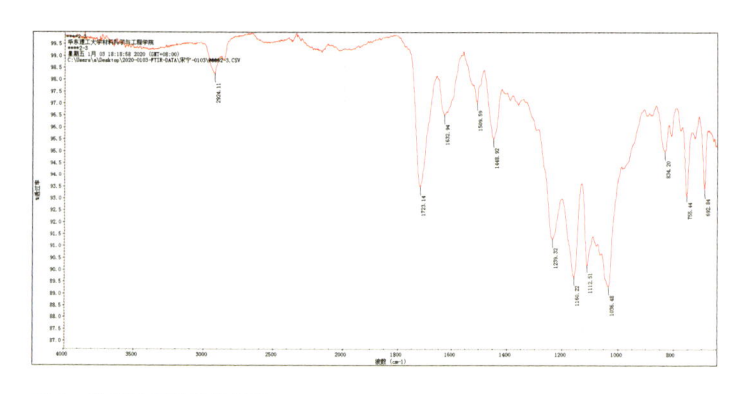

图6　热塑性固化物热处理

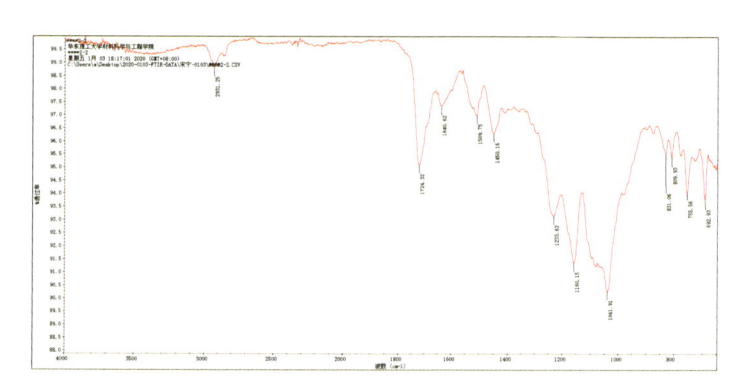

图7　热塑性固化物湿热处理

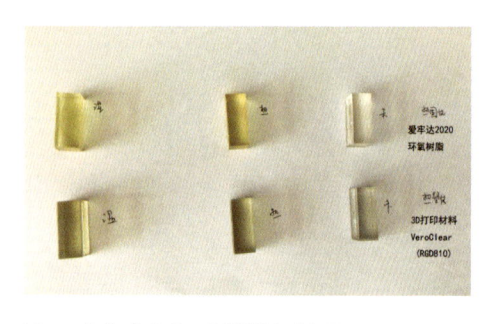

图8　老化试验后两种材料的对比图

表6　工艺流程

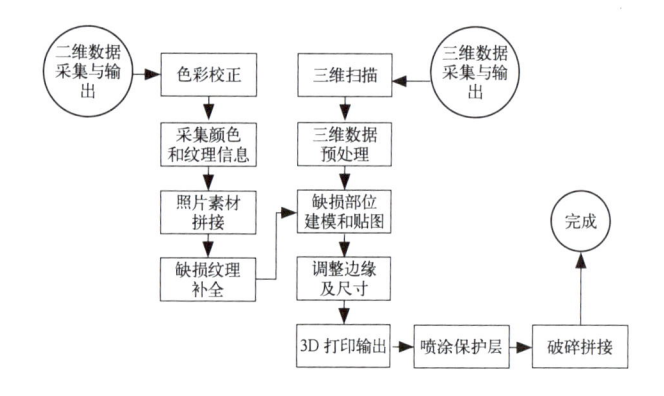

拼对等问题，造成返工。因此3D技术需经验和技术的累积才可能提高工作效率。

本次实验以这件青花大盘为例。(图9) J750 3D打印机的特性是输出透明件，因此可以实现层层累加和套色的效果，从工艺上接近手工修复的原理与效果。一般情况下，正式输出3D打印材料前，需进行多次小样测试（图10），因为材料越大打印时间越久，直至颜色和质感接近实物。一般调整内容为改变建模层数，提升质感，微调颜色，最后与潘通色卡对比，选择更符合的颜色并调整明度。调整后，在电脑软件中将呈现叠影的视觉效果。(图11)

通常情况下，3D打印机输出后的材料表面会形成交叉状纹理，需经过处理操作后使表面平整。(图12) 打印机输出后的材质，表面失光，需经过打磨抛光再上光达到瓷质光亮的效果。通常使用的上光材料为文物保护修复材料Golden Polymer UVLS Varnish。完成打磨上光工艺后，使用树脂黏结剂再次黏结。(图13) 完成拼接后，达到视觉上的完整和质感上的统一。青花图案有层次，釉层有厚度。虽不及手工修复的高度完美，但符合博物馆展厅陈列的保护修复要求。

（二）材料的选择

一方面，爱牢达2020环氧树脂黏结剂是目前文物修复中常用的材料，拥有良好的耐老化、耐变色和强度高的特性。另一方面，3D打印材料VeroClear这款产品的耐老化和耐变色能力出众，虽然在湿热老化后有明显材料老化现象，压缩模量下降，但整体处于可控范围。主观上观察，其耐变色能力明显强于爱牢达2020环氧树脂黏结剂，100小时老化实验后仅略微发黄，而爱牢达已严重泛黄。日常工作中，古陶瓷修复工作常受到材料易老化和易变色困扰，VeroClear这款热塑性材料能够改善这一不足，为博物馆展陈环境下的修复材料变黄问题提出了一种解决方法。

（三）数字化修复的挑战

布朗认为人类已经进入一个机器时代。[8]当机器取代人类进行文化遗产保护工作时，那么这些文化遗产还有人类的文化属性和价值吗？3D打印技术的成熟改进了古陶瓷修复技术的工艺，数字化技术的逐渐普及为文化遗产保护提供了新平

图9　明代中期青花大盘

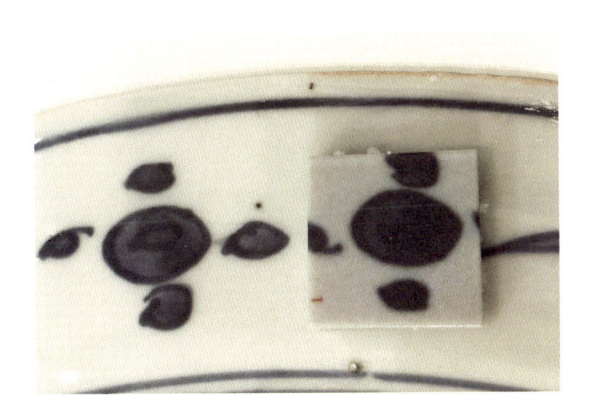

图10　样品测试：颜色与质感调试

图12　3D材料刚打印完成

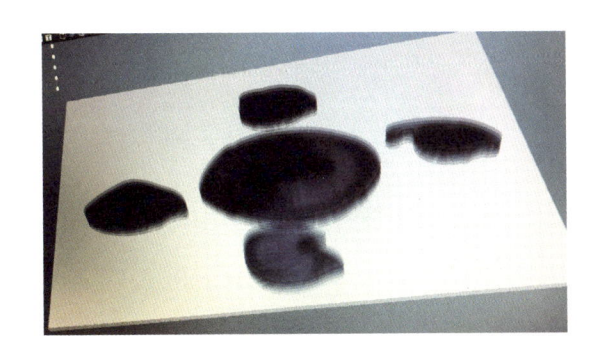

图11　Rhino软件处理建模与贴图模块

图13　完成拼接

台，传统手工修复面临着严峻挑战。尽管目前数字化修复方法并不能代替手工，仅是提供新的技术路线和方法，但是文化遗产数字化，再由数字化打印输出形成现实文化遗产的一部分，可能是未来继续发展的方向，因此文物保护修复师将面临更多的道德、伦理和技术的挑战。

三、结论

3D打印机和三维扫描仪技术的成熟，为古陶瓷修复工艺的发展提供了新的发展平台。3D打印机J750打印透明材质的性能，较好地实现了陶瓷的釉质打印效果。虽然热塑性打印材料在湿热环境下容易被氧化，但材质整体强度较好，抗变色能力强于传统热固性材料，完成后的产品符合博物馆展陈效果。但也有不足之处，打印机的颜色已达50万色，但在微调输出时仍然不便，与此同时并未实际提升古陶瓷修复的工作效率，反而增加了研究和实践的工作量，容错率较低。数字化输出技术有种种不便和缺陷，但彩色打印技术的进步和这次实验的成功，证明了文物修复数字化输出应用于文物修复的可行性。

[1] 李佳佳，张秉坚. 国际文物保护材料研究现状——基于Web of Science数据库2000—2016年期刊论文的定量分析[J]. 东南文化，2017（3）；刘潮，李其江，吴隽，等. 古陶瓷保护修复常用材料抗色变性能研究[J]. 中国陶瓷工业,2019(3).

[2] 戴维康，卜卫民. 便携式色度仪在古陶瓷修复中色温问题的探讨[J]. 文物保护与考古科学，2018（5）；戴维康. 干冰清洗技术应用于陶瓷文物清洗的探索研究[J]. 文物保护与考古科学，2015（1）.

[3] 李文怡，张蜓，杨洁. 三维扫描及快速成型技术在文物修复中的应用[J]. 文博，2012（6）.

[4] 杨蕴. 浅谈3D打印技术在陶瓷类文物修复和复制中的应用[J]. 文物保护与考古科学,2015（2）；蒋道银，蔡怡婷，周凯华. 3D打印技术在文物修复、复制运用和探索[J]. 文物修复与研究，2016；刘亮，李园，吴小燕. 3D打印技术在文物修复上的应用和探讨——以鹊尾炉修复为例[J]. 湖南省博物馆馆刊，2018.

[5] 史宁昌，曲亮，高飞，等. 三维打印技术在文物修复保护中的应用[J]. 博物院，2017（4）.

[6] Brunton, A.Arikan, C.A.Urban, P.（2015）*Pushing the Limits of 3D Color Printing: Error Diffusion with Translucent Materials*. ACM Transactions on Graphics, 35（1）, Article 4.

[7] Bader, C. Kolb, D.Weaver, J. C.Sharam, S. Hosny, A. Costa, J. Oxman, N.（2018）*Making data matter: Voxel printing for the digital fabrication of data across scales and domains*. Science Adavneces.

[8] Brown, A.The Robotic Moment.2013.［online］Asme.org. Available at: https://www.asme.org/topics-resources/content/the-robotic-moment.

河南省馆藏纸质文物病害现状调查

金玉红　曹晋
河南博物院

摘要：河南省的纸质文物主要有古籍、书画、契约文书、拓片及近现代纸质文物几类，通过对河南省各地纸质文物进行调查，发现纸质文物主要存在的病害有水渍、污渍、皱褶、折痕、变形、断裂、残缺、烟熏、炭化、变色、粘连、微生物损害、动物损害、糟朽、絮化、锈蚀、断线、书脊开裂等纸张普遍病害，以及写印色料脱色、晕色、褪色、字迹扩散、字迹模糊、字迹残缺等病害问题。

关键词：纸质文物；纸张；病害；调查

纸质文物是指以纸张为载体的历代遗留下来的书画、古籍、拓片、经卷、手稿、文献、证书、票证、契约、图书、报纸等文物，是国有收藏机构和文物单位以及图书馆、档案馆、艺术馆、个人收藏家的重要收藏品。纸质文物是研究历史、政治、科技、文化、艺术的原始材料，对于研究人类社会的进步和科学技术的发展有着十分重要的价值。

在所有的文物类别中，纸质文物是数量极为庞大的一类。根据第一次全国可移动文物普查数据，按文物类别统计，数量最多的五个类别中有古籍图书、档案文书。珍贵文物中，数量最多的五个类别中有书法、绘画和古籍图书。古籍图书、档案文书、书法、绘画等这些文物的材质都是纸张。从普查的数据中可知，纸质文物数量非常巨大。

河南省是我国重要的文物大省，拥有种类齐全而又藏量丰富的纸质文物是河南省文物资源的优势，但是，由于库房的硬件设施不够完备、保护措施不科学、修复人员不足等，导致馆藏纸质文物劣化情况十分严重。为做好纸质文物保护工作，河南省分别于2010年、2019年进行了两次纸质文物调查工作。本文主要以2019年调查为主介绍河南省馆藏纸质文物病害情况现状。

一、河南省纸质文物概况

河南省纸质文物藏量较大，其中郑州、洛阳、新乡、开封、三门峡、驻马店、焦作、安阳、南阳、信阳、许昌等地或所属区域藏量尤为丰富。为了做好河南省纸质文物保护工作，2019年至2020年，我们对河南省各馆现藏纸质文物的数量、类型、病害、保存状况等进行了调查。

从138家单位调查表得知：河南省馆藏纸质文物总数量为277795件（册），其中一级品为278件（册），二级品2162件（册），三级品48378件（册），珍贵文物总计50818件（册），占纸质文物总量的18.3%。数量最多的为古籍，总量高达85067件（册），占纸质文物总量的30.6%；其次是拓片，总量76321张，占纸质文物总量的27.5%；再次是契约文书，占纸质文物总量的23.9%。纸质文物主要收藏单位有河南博物院、新乡市博物馆、洛阳博物馆、洛阳市文物考古研究院、洛阳民俗博物馆、辉县市博物馆、郑州博物馆、开封市博物馆、灵宝市文物保护管理所、汝南县文物管理所等。

二、纸质文物的病害情况统计

纸张是以麻、树皮、竹、草、木材等植物纤维为原料制造的。植物纤维的主要化学成分为纤维素、半纤维素和木素，此外，还含有少量果胶、灰分和无机盐等次要成分。这些成分在水、光、高温等条件下会发生降解，同时，造纸时制浆、漂白、打浆、施胶等过程也会对纸张的耐久性产生影响。[1]

纸张的材料和抄造过程决定了它非常脆弱。温湿度的变化、光照的影响、酸性有害气体、灰尘等空气污染物、微生物的侵蚀及虫蛀鼠咬都会破坏纸张从而影响其寿命。纸张是纸质文物的载体，纸张的耐久性直接影响纸质文物健康。

纸张上的写印色料（有时也称字迹材料）也是纸质文物的重要组成。书画、古籍、契约文书等文物上的写印色料有墨迹、印章、颜料三类。常用的颜料、印泥多为矿物颜料，也有植物染料，写印色料并非单一成分，其中最常添加的辅料就是胶类，矿物颜料成分中还有高岭土、白垩、白云母等成分。这些材料中的胶易受环境影响失去作用，从而导致字迹晕色、掉色、脱落等病害。

根据本次调查，我省纸质文物主要存在的病害有水渍、污渍、皱褶、折痕、变形、断裂、残缺、烟熏、炭化、变色、粘连、微生物损害、动物损害、糟朽、絮化、锈蚀、断线、书脊开裂等纸张普遍病害，以及写印色料脱色、晕色、褪色、字迹扩散、字迹模糊、字迹残缺等病害问题。(图1)

整理调查统计数据得知，病害程度为重度的纸质文物数量为42217件（册），中度为

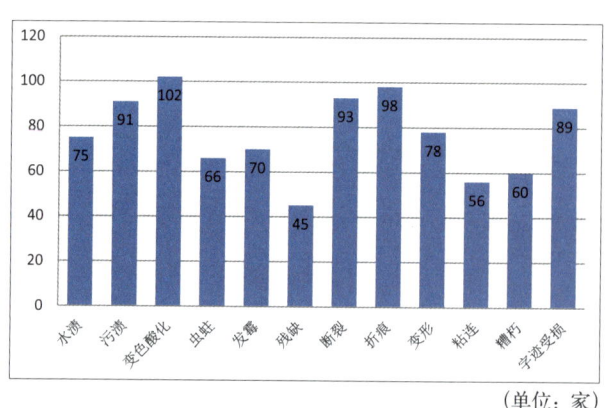

（单位：家）

图1　河南省百余家单位纸质文物主要病害统计

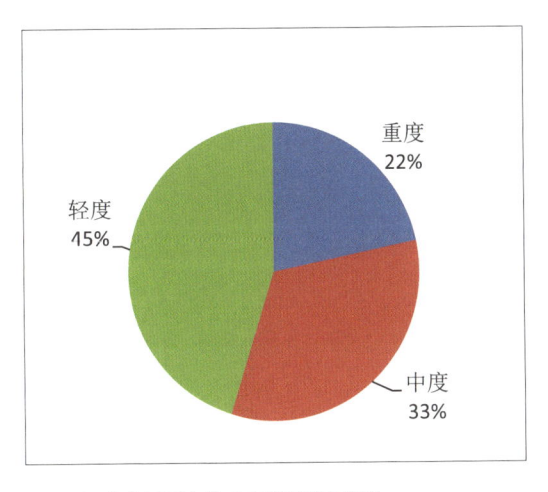

图2 河南省纸质文物病害状况整体评估

图3 急需抢救性修复的纸质文物数量

64601件（册），轻度为87593件（册），合计为194411件（册）。（图2）

在统计的数据中，急需抢救的纸质文物数量为44094件（册），占纸质文物总量的15.87%。（图3）

三、纸质文物病害现状实地调查

在对河南省馆藏单位纸质文物的数量、种类、病害类型、保管措施、库房环境等调查统计的基础上，我们实地走访了30余家纸质文物数量多、等级高的文物收藏单位，查看文物病害及保存状况。调查发现，各地纸质文物库房保管条件不一，但病害都比较严重，表1中是纸质文物现场看到的部分病害状况。

表上只是列举了部分病害图片，而在实际调查中，纸质文物的病害远比我们想象的严重，即便是馆藏环境非常好的地区，文物病害依旧十分

表1 河南省纸质文物病害现状

| 纸张断裂、字迹残缺 | 画杆缺失 | 纸张变色、糟朽 |

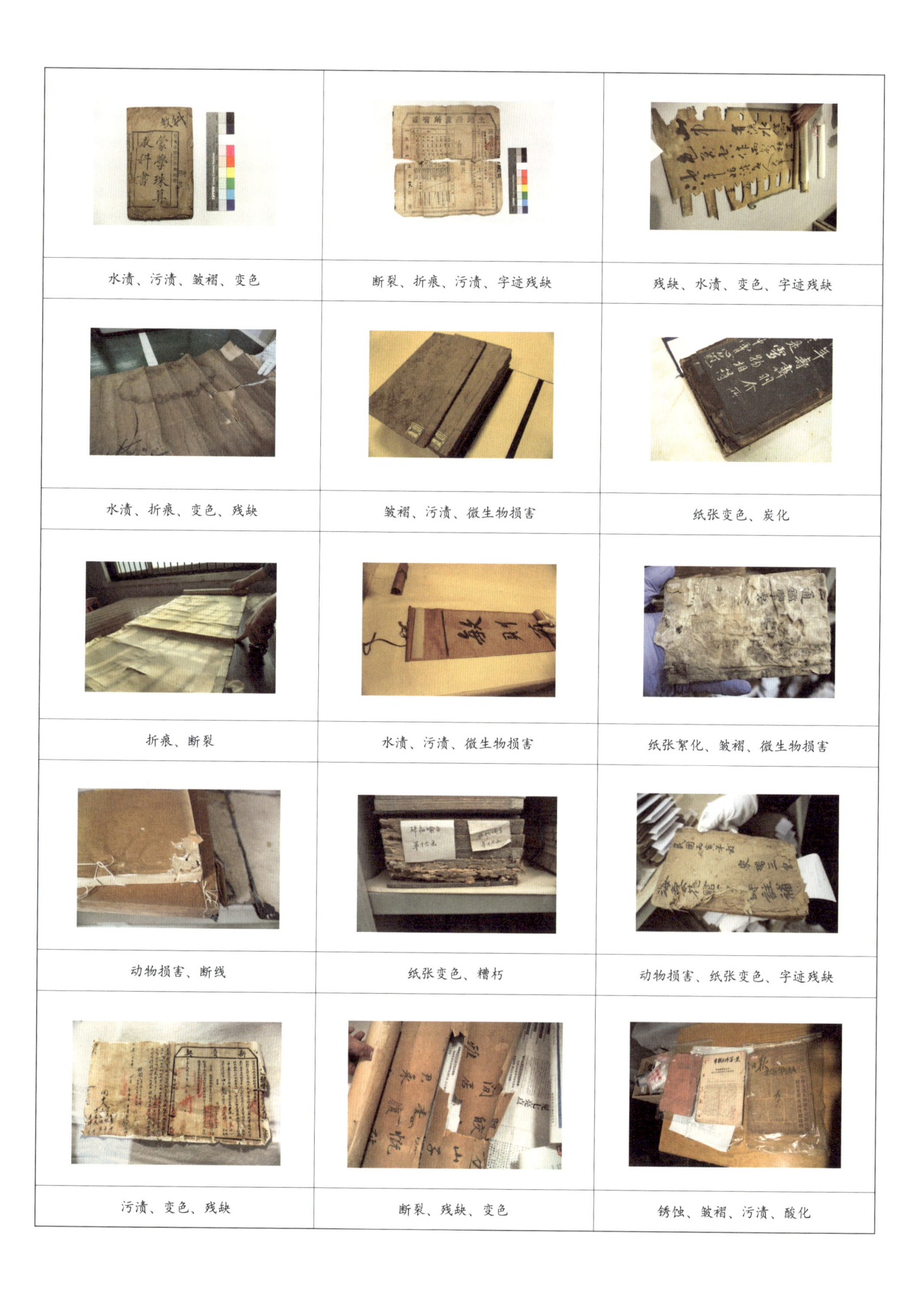

水渍、污渍、皱褶、变色	断裂、折痕、污渍、字迹残缺	残缺、水渍、变色、字迹残缺
水渍、折痕、变色、残缺	皱褶、污渍、微生物损害	纸张变色、炭化
折痕、断裂	水渍、污渍、微生物损害	纸张絮化、皱褶、微生物损害
动物损害、断线	纸张变色、糟朽	动物损害、纸张变色、字迹残缺
污渍、变色、残缺	断裂、残缺、变色	锈蚀、皱褶、污渍、酸化

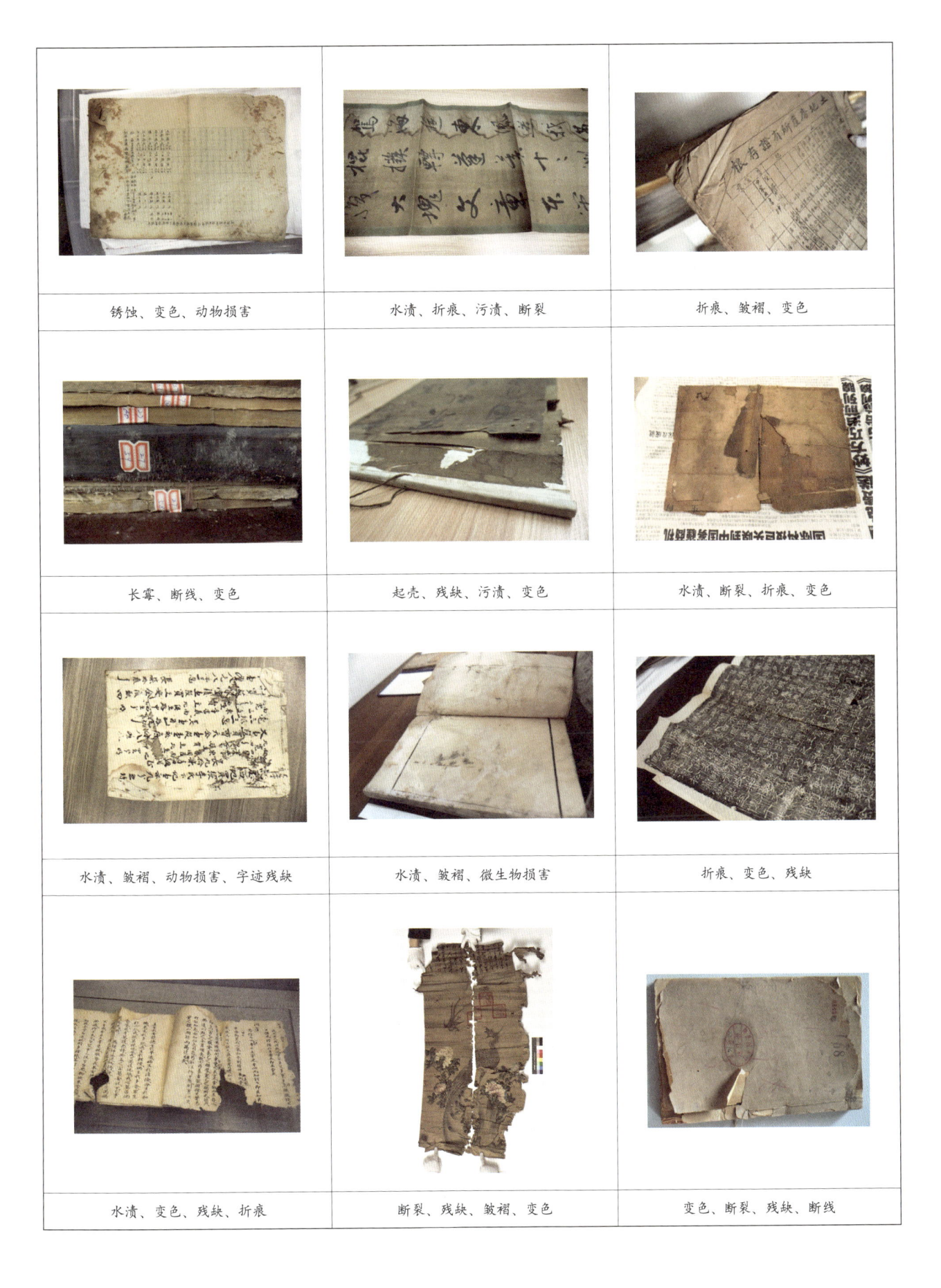

锈蚀、变色、动物损害	水渍、折痕、污渍、断裂	折痕、皱褶、变色
长霉、断线、变色	起壳、残缺、污渍、变色	水渍、断裂、折痕、变色
水渍、皱褶、动物损害、字迹残缺	水渍、皱褶、微生物损害	折痕、变色、残缺
水渍、变色、残缺、折痕	断裂、残缺、皱褶、变色	变色、断裂、残缺、断线

残缺、污渍、断线、变色	炭化、变色、变形、断线	纸张变色、酸化
断线、皱褶、污渍、变色	大面积残缺、污渍、变色、糟朽	水渍、污渍、变色、起壳
皱褶、折痕、残缺	变色、折痕、锈蚀	

骇人,许多纸质文物已劣化到无法展开、一碰就酥粉的地步,纸质文物整体泛黄,酸化严重,需要及时抢救保护。

四、河南省纸质文物病害现状分析

河南省纸质文物数量庞大,通过调查发现河南省纸质文物病害特别普遍,基本上所有的馆藏单位纸质文物都存在病害,大部分还都比较严重。书画文物主要存在的病害多是水渍、污渍、折痕、变色、起壳变形、微生物损害、天地头断裂、镶料破损、天地杆缺失等;古籍普遍存在残缺、断线、纸张变色酸化、糟朽、絮化、动物损害、微生物损害、书籍变形等病害;拓片和契约文书普遍存在折痕、皱褶、残缺、断裂等病害；而近现代纸质多出现断裂、折痕、锈蚀、变色、字迹晕色和残缺、不当修复（胶带粘接）等病害。这些病害在文物上并不单一出现，往往都是混合病害。

这些病害的产生往往与流传、收藏历史和馆藏环境有关。此外，库房条件也是导致病害的关键原因。纸质文物保管库房是纸质文物是否能长久保存的关键因素。根据调查发现，河南省纸质文物库房建设非常不平衡、差别巨大。个别地区博物馆、古籍馆库房硬件设施相对较好，采用了恒温恒湿控制系统，实现了纸质文物存放温度、湿度、光线、灰尘等条件要求，大多配备了樟木柜或者密集柜，避免了因保存环境而带来的文物病害。相对而言，还有大量的文博单位纸质文物库房环境较差。库房老旧出现漏水、地板开裂等严重问题，或文物混放灰尘大、纸质文物保存现状不佳，或没有库房，借用其他馆库房，对纸质文物保存十分不利，急需提升和改善。

五、结语

通过调查发现，河南省纸质文物数量大、病害严重，纸质文物的健康状况堪忧。大量纸质文物整理、杀虫灭菌、除酸、抢救性保护修复等工作亟待展开。例如对于大量的古籍需要定级、分类，集中杀虫消毒、配置函套，以防止虫害、霉变等病害加剧；对于大量不符合纸质文物保管条件的库房，根据各地实际情况应采取库房改造或者纸质文物集中保管等最有利于文物长久保存的措施；集中采购温湿度调控设备和保管员培训，做好纸质文物预防保护工作等，从而进一步提高河南省纸质文物健康水平，延长其寿命。

---

[1] 郭莉珠.档案保护学技术教程[M].北京：中国人民大学出版社，2000.

《河南博物院院刊》征稿启事
并2021年下半年专题指南

  为适应文博事业发展的新内容、新趋势和新要求，提升文博学术研究水平，搭建学习交流的平台，推动河南文博事业的创新发展，河南博物院集结出版《河南博物院院刊》，每年两期。刊物栏目如下：

1. 考古探索（考古资料及相关理论方法研究）
2. 博物馆学（博物馆学理论方法与实践探索研究）
3. 展览评议（以国内外原创性展览为主要研究对象）
4. 文物品鉴（馆藏及考古出土文物研究）
5. 史学发微（历史文化研究）
6. 院史专题（河南博物院早期历史研究）
7. 文化遗产与保护（物质、非物质文化遗产的保护研究）
8. 艺文园地（艺术史、艺术作品等方面研究）

  《河南博物院院刊》2021年下半年计划推出"保护和弘扬黄河文明"等专题；文章的选题要求以黄河文化为主题的陈列展览、文物研究、文化遗产研究。

  现将投稿要求和具体格式启事如下：

1. 投稿文章，敬请提供电子文本，提供文章的关键词、中文摘要及作者简介（工作单位、职称、主要研究方向、邮政编码、联系方式等）。投稿时请标明"投稿《河南博物院院刊》"。

2. 来稿要求文字精练、标题准确、层次清晰、观点鲜明、图文并茂。引文核对准确，注释一律放在文末并注明出处，注释的格式参照国际标准；图片请提供600dpi以上的清晰大图，图表请注明名称、来源。

3. 自收稿之日起，编辑部将在3个月内给作者答复来稿处理意见，如在此期限内未收到采用通知，作者可另行处理稿件并告知我刊。稿件恕不退还，请自留底稿。

4. 凡向本刊投稿，稿件录用后即视为授权本刊，并包括本刊关联的出版物、网站及其他合作出版物和网站。

5. 在不改变原意的前提下，本刊有权对来稿进行必要的文字处理。

6. 所有稿件应为作者独创，不得侵犯他人著作权或其他权利，如有侵权，由稿件署名人负责。

7. 本刊已许可中国知网以数字化方式复制、汇编、发行、信息网络传播本刊全文。本刊支付的稿酬已包含中国知网著作权使用费，所有署名作者向本刊提交文章发表之行为视为同意上述声明。如有异议，请在投稿时说明，本刊将按作者说明处理。

通讯地址：河南省郑州市农业路8号河南博物院研究部 邮编：450002
电话：0371-63511064 电子信箱：hnbwyyk@163.com

《河南博物院院刊》编辑部